인공지능 시대 미래 핵심 역량 향상을 위한

교직실무의 이해

신재한
조진호

박영story

머리말

교직의 개념은 가르치는 일에 종사하는 직업을 의미하여 가르치는 일에 종사하는 사람을 교직자 또는 교육자라고 부르고 교직자는 직업 측면을, 교육자는 교육 측면을 강조한 의미이다. 교직은 미성숙한 아동을 대상으로 그들의 전인적인 성장 발달을 도모하고 훌륭한 사회인이 되어 사회와 국가 발전에 기여할 수 있도록 교육하는 전문적이고 봉사적인 특성을 가진 직업이다. 따라서, 교직의 전문성은 교사로서 갖추어야 할 지식, 기술, 태도의 개인차원, 교사의 직무와 관련된 조직차원, 사회와 문화에서 교사에게 요구하는 사회차원 등 3가지 차원에서 확보되어야 한다.

현재 전 세계는 인공지능이 중심이 되는 '4차 산업혁명 시대'를 맞아 정치, 경제, 사회, 문화 등 다양한 분야에서 변화의 움직임이 대두되고 있다. 4차 산업혁명 시대는 과학기술간의 경계, 실재와 가상현실의 경계, 기계와 생명의 경계가 희미해지는 시대로서, 이전의 그 어떤 혁명보다도 가장 큰 변화를 가져올 것으로 예상할 수 있다. 이러한 변화하는 시대를 맞이하는 교사들도 새로운 관점에서 교직을 바라보는 것은 물론, 교직생활을 하는 실무 역량도 변화해야 한다.

본 저서는 1부 교직의 기초, 2부 교육과정 운영을 위한 교직실무, 3부 수업 실행을 위한 교직실무, 4부 학급 경영을 위한 교직실무, 5부 학교 행정을 위한 교직실무 등 크게 5부로 구성되어 있다. 1부에서는 교직과 교사, 교직윤리 및 교직단체, 교원자격제도와 교원의 임용, 교원의 인사, 복무, 보수로 구성되어 있고, 2부에서는 학교 교육과정의 이해, 학교 교육과정의 평가, 수산해양교육과정의 이해로 구성되어 있으며 3부에서는 교육방법의 이해, 4차 산업혁명시대 교육 방법, 성취기준과 성취수준, 과정중심 학생 성장 평가 등 수업 실행을 위한 교직실무를 제시하고 있다. 또한, 4부에서는 생활지도 및 상담, 학교 및 학급 경영, 학교 안전교육 등으로 구성되어 있고, 5부에서는 교육행정 및 장학, 교육제도 및 법규, 학교생활기록부 작성 및 관리, 학교운영위원회의 이해, 교원능력개발평가의 이해 등 학교 행정을 위한 교직실무로 구성되어 있다.

본 저서는 미래 교직생활에 필요한 핵심 실무 역량을 기를 수 있는 이론과 실제적인 내용으로 구성하였으므로, 유치원, 초등학교, 중학교, 고등학교의 예비교사 및 현직교사, 교육전문직 등에게 매우 유용할 뿐만 아니라, 실제 사례를 중심으로 구성되어 있어 누구든지 쉽게 이해할 수 있다. 아무쪼록 본 저서가 교직실무의 이해와 방법을 실천하는 데 기초가 되는 기본 지침서가 되기를 바라는 마음이다. 끝으로 본서 출판에 도움을 주신 박영스토리 가족 여러분께 감사를 드린다.

2022년 2월

신재한

차례

제 1 부

교직의 기초

CHAPTER

01 교직과 교사

1 교직의 개념

교사의 정의는 광의의 개념 측면에서 사회적으로 학식이 있거나 존경하고 본받을 만한 사람을 가리키고, 협의의 개념 측면에서는 학교에서 학생들을 가르치는 사람과 가르치는 일을 직업으로 하는 사람을 통칭할 때를 의미한다.

특히, 교육현장에서 교육과 관련된 사람 즉, 교원에 포함되는 영역은 학생을 대상으로 수업에 참여하는 사람, 학생을 위해 전문적인 지원을 제공하는 사람, 교육서비스의 경영과 행정에 참여하는 사람, 학교의 유지와 운영을 지원하는 직원, 일시적으로 근무하고 있지 않은 직원, 학교나 다른 교육기관에 서비스를 제공하는 기업에 하부계약 관계로 근무하는 직원 등이 포함된다(한국교육개발원, 2004).

한편, 교직의 개념은 가르치는 일에 종사하는 직업을 의미하여 가르치는 일에 종사하는 사람을 교직자 또는 교육자라고 부르고 교직자는 직업 측면을, 교육자는 교육 측면을 강조한 의미이다(강갑원 외, 2006).

2 교직의 특성

교직의 특성을 살펴보기 위해서 [그림 1-1]과 같은 직업이 형성되는 관계요소의 망에 비추어 보면 쉽게 알 수 있다.

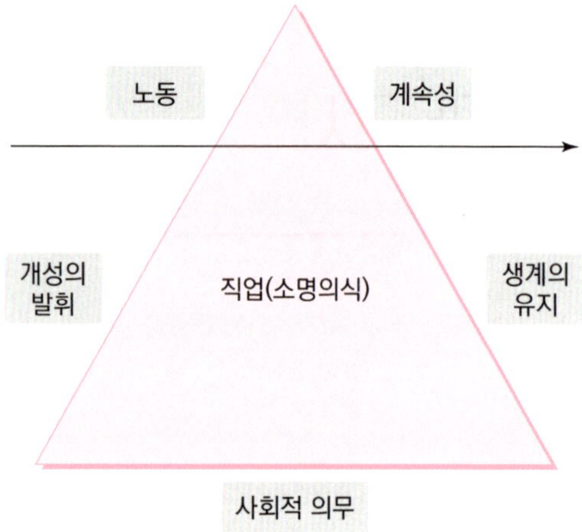

▲ 그림 1-1 직업 형성의 관계요소

자료: 김운삼(2003). 교육학개론. 창지사, 재구성.

특히, [그림 1-1]에서도 알 수 있듯이, 교직은 생계유지를 위한 수단을 제공하고 개성의 발휘를 목표로 하며 사회적 책무를 강조하며 직업의 계속성과 노동이 뒤따라야 하는 다섯 가지 직업적 속성을 가지고 있다(한은숙 · 김종두, 2008).

표 1-1 교직의 특성

구분	세부 내용
생계 유지	• 사회 목적달성에 공헌하여 보상 형식으로 받는 보수 • 생계유지를 위한 경제적 유인가 제공
개성 발휘	• 자신의 적성, 흥미, 능력, 미래 발전가능성 고려 • 인간에 대한 헌신과 봉사를 전제로 하기에 적성 중시
사회적 책무	• 개인의 삶 개선 및 인간적인 권리 신장 • 사회의 발전과 개혁
노동	• 정신적인 노동 • 무엇인가를 생각, 추리, 기획, 가치 판단하는 활동
계속성	• 교사자격증 제도를 통해 사회적으로 전문성을 인정받고 있는 동시에 계속적인 연찬과 자기발전 중시

자료: 김운삼(2003). 교육학개론. 창지사, 재구성.

구체적인 교직의 특성을 정리하면 <표 1-1>과 같이 요약할 수 있다.

따라서, 교직은 미성숙한 아동을 대상으로 그들의 전인적인 성장 발달을 도모하고 훌륭한 사회인이 되어 사회와 국가 발전에 기여할 수 있도록 교육하는 전문적이고 봉사적인 특성을 가진 직업이라 할 수 있다(강갑원 외, 2006).

3 교직관의 변천

교직을 바라보는 관점은 과거의 전통적인 성직자관에서 교육을 경제유지의 수단으로 인식하는 노동자관으로 변천하여 현대에는 교직수행의 특수성, 자율성, 책임성을 강조하는 전문직관을 중시하는 경향을 보이고 있다(한은숙·김종두, 2008). 이러한 교직관의 변천을 특징을 살펴보면 <표 1-2>와 같이 요약할 수 있다.

표 1-2 교직관의 변천

구분	관점	특징	장·단점
성직자관	• 성직자 같은 성스러운 정신적, 봉사적 소명의식을 가진 활동 • 인간의 영혼과 정신을 대상으로 하는 정신활동	• 한없는 사랑과 헌신, 희생과 봉사의 정신활동 • 사회생활, 정치적 활동 등 제한 • 지식전달자 역할 • 교수방법 무관심	• 교사의 높은 인격성과 도덕성 강조 • 교사 권리 침해 및 희생 요구
노동자관	• 노동자의 근무조건과 처우 개선을 위한 단체활동 가능 • 교사 자신의 교육권, 학습자, 학부모의 학습권 보호	• 노동조합을 통한 집단행동으로 정부나 고용주에 맞서 투쟁 • 교사 경제적 지위 향상 중시	• 교직은 전문직이므로 노동자라는 것은 부적절
전문직관	• 성직자관과 노동자관 통합 • 전문적 교육이론, 방법, 기술 등을 훈련하여 자율성 보장 • 전문단체를 통한 권익옹호 및 윤리강령 준수 • 영리추구보다 사회봉사 우선	• 전문 자율성 중심 • 교과내용의 전문가, 학생 발달에 대한 전문지식 보유	• 오랜 교육연한, 자격증 제도, 사회적 우대, 자율성, 전문직 단체의 기능과 역할 등 전문직 조건을 충족시키지 못함

자료: 강갑원·박영진·안병환·이경희(2006). 교육학개론. 교육과학사, 재구성.

4 교사의 자질

교사의 자질은 전공교과에 대한 전문적인 지식, 훌륭한 인성, 교육하는 방법와 기술, 교육에 대한 열정과 신념있는 태도 등으로 제시할 수 있는데, 이 외에도 계속 노력하는 교사, 학생과 함께 지내며 사랑할 줄 아는 교사, 젊음과 총명성을 지닌 교사, 개인차를 존중하는 교사, 공평무사한 교사, 명랑한 성격을 지니고 열의와 성의가 있는 교사, 자기평가를 하는 교사로 요약할 수 있다(김운삼, 2003).

또한, 교사가 갖추어야 할 바람직한 자질로 전문적 자질과 개인적 자질로 구분하여 <표 1-3>과 같이 나타낼 수 있다.

표 1-3 교사가 갖추어야 할 바람직한 자질

구분		세부 내용
전문적 자질	교직에 대한 태도 및 가치관	• 교직에 대한 사명감 • 건전한 교직관
	교직에 대한 지식 및 이해	• 교과에 대한 지식 및 이해 • 학생에 대한 지식 및 이해 • 교육조직 생활 및 업무처리에 대한 지식 및 이해
	교직에 대한 기술 및 실기능력	• 교과지도에 대한 기술 및 실기능력 • 학생지도에 대한 기술 및 지도능력 • 특별활동 지도에 대한 기술 및 능력 • 교육 조직생활 및 업무처리에 대한 기술 및 능력
개인적 자질	인성과 인품	• 원만한 인격, 올바른 언행과 예절, 건전한 자아개념과 인생관
	정신적 건강	• 정서 · 심리적 안정감 및 건강
	신체적 건강	• 교직수행에 필요한 신체적 건강

특히, 좋은 교사의 자질은 교직으로부터 부름을 받았다는 소명의식이 필요하고 깊은 이해심과 사랑과 봉사의 정신을 가져야 하며 인간을 존중하는 태도를 가지고 행동으로 옮기는 사람, 학생들에게 희망을 주는 사람이 됨으로써 넓고

신성한 교육관을 실천해야 한다(이형행, 2007).

한편, 오늘날 학교현장에서 기대하는 이상적인 교사상은 [그림 1-2]와 같이 도식화할 수 있다.

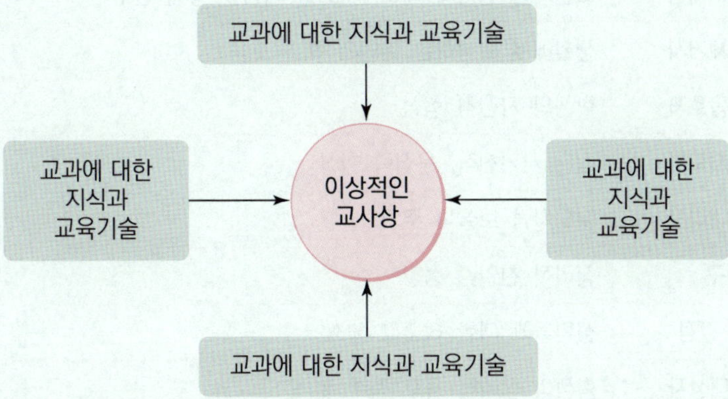

▲ 그림 1-2 이상적인 교사상

자료: 김운삼(2003). 교육학개론. 창지사.

5 교사의 역할

Redle과 Watenberg에 의하면 교사로서 수행해야 할 역할을 14개 항목으로 구분하였다(<표 1-4> 참조).

표 1-4 교사의 역할(1)

구분	세부 내용
사회대표자	사회의 가치와 규범, 생활양식 전달
판단자	교과성적이나 행동발달 상황 평가
지식 자원	지식 전수
학습의 조력자	학습활동의 제 활동에 조력

구분	세부 내용
심판관	갈등과 대립에 대해 시비를 가림
훈육자	사회생활에 적응하는 데 필요한 습관 형성
동일시 대상	모범적인 행동과 태도, 사고를 시범을 통해 전수
불안 제거자	생활에서 발생하는 불안의 해소 도움
자아 옹호자	학생의 자신감 형성
집단 지도자	집단 사기진작, 응집력 향상
부모 대리자	부모처럼 보살펴 주기
친구	심리적 친밀감 형성
적대 감정	성인들에 대한 적대감 해소
애정 대상자	학생의 심리적 욕구 충족 및 인도

자료: 강갑원 · 박영진 · 안병환 · 이경희(2006). 교육학개론. 교육과학사, 재구성.

또한, 강갑원 외(2006)는 교사의 역할을 학급에서 역할, 학교에서 역할, 사회에서 역할 등 <표 1-5>와 같이 구분하였다.

표 1-5 교사의 역할(2)

구분		세부 내용
학급에서 역할	학생 지도자	교육목표 설정, 교육내용 선정 및 조직, 수업 운영, 생활지도, 교육평가
	학급 경영자	교실환경 정리정돈, 장부 정비, 학생실태 파악
학교에서 역할	학급경영 참여자	교육조직, 사무조직, 운영조직
	행사 교육자	국가적 행사, 지역사회적 행사, 학교 자체 행사
	직장인	조직체 일원, 다른 구성원들과 협력 및 인간관계 유지
사회에서 역할	사회 모범	학생의 행동 모델
	변화 촉진자	사회 통합 및 문화 전달 기능 및 창조적 기능
	교권 신장 주체	자율권, 생활권, 신분유지권 신장
	연수 및 연구자	학생 특성이해, 교육이론, 교육실제 등 지속적인 연구

이 외에도 김운삼(2003)은 교사로서의 역할을 학생과 교사와의 관계를 통해 인생을 배우는 인생안내자로서 역할, 학생들의 학업성장과 학습 조력을 수행하는 학습조력자 역할, 사회의 가치와 규범, 생활양식을 배우는 모형으로서 역할 등을 제시하였다.

6 교사의 유형

교사의 유형은 일반적으로 전제형, 자유방임형, 민주형 등 <표 1-6>과 같이 구분할 수 있다.

표 1-6 교사의 유형

전제형	자유방임형	민주형
• 교사 권위에 따른 결정 • 교사에 의한 전제적 방법 • 교사의 자의에 따른 상찬, 벌, 체벌 등 양극적 평가 • 학생의 창의성 부재, 적극적인 자기반응 및 자기평가 부재	• 개인 자의에 의한 결정 • 교사는 관여하지 않고 개인의 자유에 일임 • 개인 활동에 대해 원칙적으로 평가하지 않음 • 무책임한 정신 자세, 교육적 사랑과 열정의 포기 및 단념	• 집단 토론에 의한 결정 • 민주적인 토론과 협동을 통한 참여 및 권장 • 객관적인 사실이나 기준에 따른 상과 벌 • 집단활동의 적극 참여, 봉사, 협동정신, 대화와 관용 중심, 교사와 학생의 상호작용

7 교직의 전문성

교직의 전문성은 교사로서 갖추어야 할 지식, 기술, 태도 등의 개인차원, 교사의 직무와 관련된 조직차원, 사회와 문화에서 교사에게 요구하는 사회차원 등 [그림 1-3]과 같이 도식화할 수 있다.

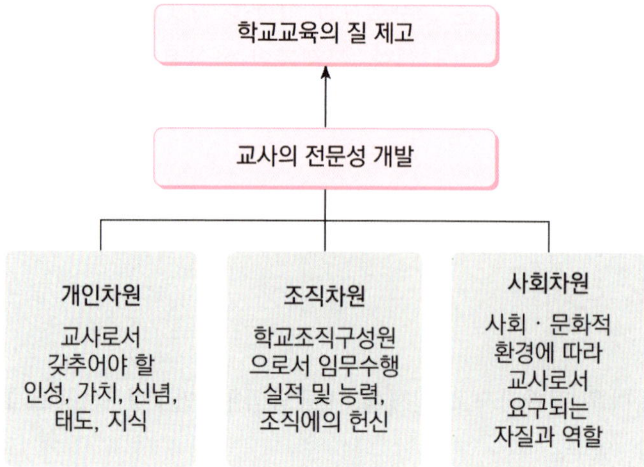

▲ 그림 1-3 교직의 전문성 차원

자료: 강갑원·박영진·안병환·이경희(2006). 교육학개론. 교육과학사.

8 교원의 권리와 의무

교원의 권리는 <표 1−7>과 같이 적극적 권리와 소극적 권리로 구분하고, 교원의 의무는 <표 1−8>과 같이 적극적 의무와 소극적 의무로 구분할 수 있다(한상길 외, 2007).

표 1-7 교원의 권리

구분		내용
적극적 권리	자율성 보장	• 교육의 자주성과 교육의 전문성, 정치적 중립성 보장
	생활보장	• 교원의 경제적, 사회적 지위가 우대되고 신분이 보장되는 법률적 생활보장
	근무조건 개선	• 학생과 수업에 대한 부담, 과다한 행정업무 등 개선
	후생,복지제도 확충	• 보수, 연금제도, 자녀 학비 지급제도, 교원 공제회 제도, 보건보험제도, 주택자 융자제도

구분		내용
소극적 권리	신분보장	• 권고사직 금지, 불체포 특권 등 강력한 신분보장
	쟁소제기권	• 징계처분 기타 그 의사에 반하는 불리한 처분에 대해 소청 기타 행정상 쟁소제기권 보유
	불체포특권	• 현행범을 제외하고는 소속 학교장의 도의 없이 학원 안에서 체포 불가
	단체행동권	• 교원단체 조직 및 운영을 통한 유대강화, 복지향상 도모

표 1-8 교원의 의무

구분		내용
적극적 의무	교육 및 연구활동	• 전문지식인으로서 사표로서의 품성과 새로운 학문적 지식 전달의 선도적 역할
	선서, 성실, 복종	• 근무기강 확립, 직장이탈 금지, 당직근무, 출장, 공무원으로서 업무 수행
	품위유지	• 공 · 사적으로 모든 행위에 있어 품위 손상 금지
	비밀엄수	• 재직 중이나 퇴직 후에도 직무상 알게된 비밀 엄수
소극적 의무	정치활동 금지	• 정치적 중립성 보장
	영리업무 및 겸직금지	• 공무 이외의 영리 목적으로 인한 업무에 종사하지 못하고 직무수행에 지장이 없는 한 소속기관장은 겸직 허가
	집단행위 금지	• 제한적으로 단체행동권 보장

참 고 문 헌

강갑원 · 박영진 · 안병환 · 이경희(2006). 교육학개론. 교육과학사.

김운삼(2003). 교육학개론. 창지사.

이형행(2007). 교육학개론(전정 2판). 양서원.

한국교육개발원(2004). 교육통계핸드북. 서울: 한국교육개발원.

한상길 · 김응래 · 박선환 · 박숙희 · 정미경 · 조금주(2007). 교육학개론. 공동체.

한은숙 · 김종두(2008). 교육학개론. 교육과학사.

CHAPTER

02 교직윤리 및 교직단체

1 교직윤리

가. 교직윤리의 개념

윤리(ethics)의 규범적 의미로 '인간행동의 옳고 그름에 대한 표준규범' 그리고 공동체 생활을 하는 사람들이 무엇을 어떤 기준에 의해 행할 것인가에 대한 원리의 체계화 및 준거를 말한다.

교직윤리란 교육 활동을 수행하는 교사들이 지켜야 할 공식적, 비공식적 규범이며, 교육의 질 내지는 교육의 수월성을 제고하기 위한 교사행동의 지향점이 되는 윤리규범을 말한다.

1) 인지적 특성

교직과 관련된 윤리적 지식을 습득하고 활용하는 것에 관한 이론적 토대로 콜버그(L. Kohlberg)의 도덕심리학을 들 수 있다. 이는 도덕성 발달을 경험적으로 서술하고, 도덕성 단계를 계열화한다.

보편적인 정의의 도덕 원리에 의거해서 합리적인 도덕 판단, 의사결정을 내릴 수 있는 인지적 능력을 발달시키고자 도덕성 발달 수준과 전문 직업 간의 관계, 전문가의 윤리적 과제를 이해하는 데 도움을 준다.

2) 정의적 특성

나딩스(Nel Noddings)는 배려의 의미를 배려하는 사람과 배려 받는 사람의 '관계성'을 중심으로 설명한다. 배려하는 사람이 배려를 해줄 때 배려를 받는 사람이 그것을 인지하고 수용함을 보여주는 경우 '배려관계'는 형성된다.

나딩스는 배려 윤리에서 '대화'의 중요성을 강조한다. 배려는 다른 사람에 대한 관심에서 시작되고, 이는 대화에서 구체적으로 나타난다. 배려는 교사가 학생과의 상호작용을 심사숙고하는 전문적 선택을 하는 하나의 방법이며, 교수·학습 상황에서의 배려는 도덕적·지적 관계를 의미한다(최문기, 2007).

3) 실천적 특성

교직 윤리의 과제는 '성찰적 사고'로 나아갈 수 있는 물음을 학생 스스로 묻게 해야 한다. 성찰적 사고란 '주체가 대상 및 대상과의 관계를 가치에 비추어 이해하고 해석하는 의미 구성 과정을 통해 자기이해에 이르는 사고'로 여기서는 교사가 학생들에게 새로운 문제해결에 도달하는 방법을 알려주는 것을 의미한다.

▲ 그림1-4 교사 윤리

나. 교직윤리의 범위

1) 교사 - 학생 간 윤리

교사는 학생들을 이해하고 사랑하는 것에서부터 출발한다고 할 수 있다. 한 개인으로서 인격과 개인차에 대한 존중, 공평한 지도가 이루어져야 하며, 사회 평등 및 공정한 사회를 만들기 위해 교사의 위치에서 무엇을 해야 하는가를 고민하고 실천해야 한다.

2) 교사 - 학부모 간의 윤리

교사와 학부모는 학생들의 교육을 위한 협력적 동반자로서 교사는 교육자다운 권위와 품위를 유지하며, 학부모는 학교의 교육방침과 교사들을 믿는 등 상호협력을 통해 학교 경영에 반영할 수 있어야 한다.

3) 교직원 상호 간의 윤리

교직원 상호 간 인격과 전문성을 인정하고 존중하는 풍토 위에서 화합하고 협력하는 명랑하고 활기찬 학교분위기가 성공적인 학교 교육목표 달성의 기반이 된다. 교사, 교직원 개개인이 양보의 바탕 위에 교직동지로서 합심 단결하여 공동의 목표를 추구하는 활동에 적극 동참하여야 한다.

4) 교직자로서의 윤리

교직에 대한 긍지와 전문직으로서의 자세를 견지해야 한다.

"교사가 되는 것은 인류의 가장 건설적인 모험에 참여하는 일이다. (케르센슈타이너)"

다. 교직윤리의 중요성

1) 교원의 직무가 전문직이라는 것
2) 교원으로 하여금 높은 수준의 교육력을 갖도록 함
3) 학생의 건전한 성장과 바람직한 발달을 도모하기 위함
4) 교원의 윤리는 인간적인 사회의 재건을 위해 강조되어야 함

읽을거리 미국 교육자 선서

미국 미시간주립대학교 사범대학 졸업생들이 실시하는 "교육자 선서"는 모든 교사들이 수행할 전문직에 대한 의무를 담고 있다.

<교육자 선서>

나는 이 자리에서 교직에 헌신할 것을 다짐한다. 이 다짐과 함께 나는 보편적인 복지를 향상시키고, 인간의 이해와 능력을 증진시키며, 교수와 학습에 충실하는 교사의 책무를 기꺼이 받아들인다. 나는 스스로 이러한 의무를 질 것이며, 동료들이 그러한 의무를 다하도록 노력할 것이다. 나는 항상 지식탐구를 통해 학생의 지력을 향상시키기 위해 최선을 다할 것이다. 나는 과업을 어렵게 하는 장애로 실패에 대한 책임과 비난에 지치고 이를 피하고 싶을 때조차도 변함없이 헌신을 다할 것이다. 학습하는 생활에 대한 존중과 모든 학생에 대한 존중을 높이기 위해 나의 헌신을 계속할 것이다.

이러한 전문직으로서의 의무를 충실히 수행하기 위해 담당할 교육내용, 수업과 나의 지도하에 있게 될 학생을 더욱 잘 이해하기 위해 항상 노력할 것이다. 나는 교수와 학습의 질을 향상시키는 정책을 추구하고 지지하며, 수월성을 성취할 수 있도록 모든 관련된 교육기회를 제공할 것을 언약한다. 나는 내가 육성하려는 능력을 위해 노력하며 민주적 생활방식을 간직하고 존중할 것을 언약한다.

나는 특권과 지위를 거부하고, 불평등에 대한 편견과 옹호를 거부하며, 나의 노력을 좌절시키고 희망을 줄이려는 주장에 대항할 것이다. 그

러나 나는 이러한 노력과 목표의 추구가 나를 교직에서 가치롭게 해주며 교직이 자유로운 사람을 가치롭게 해준다는 신념을 충실히 간직할 것이다.

여러분들 앞에서 나는 스스로 이 선서를 한다.

2 교원 단체

가. 교원 단체의 정의

우리나라 교원단체의 역사는 해방 후 「교육법」에 근거한 '교육회'로 출발하였으며, 1998년 개정된 「교육교원단체법」에서 '교원단체'라는 명칭으로 교원단체를 대표하는 조직이 되었다. 교직단체는 교육의 발전과 교원의 경제적·사회적 권익과 복지, 전문성 향상을 도모하기 위한 교원들의 이익단체를 의미한다.

교육법 제80조에는 "교원은 상호 협동하여 교육의 진흥과 문화의 창건에 진력하며 경제적 또는 사회적 지위를 향상시키기 위하여 군, 시, 도, 중앙별로 교육회를 조직할 수 있다."로 명시하고 있으며 교원 단체가 가지는 성격은 다음과 같다.

첫째, 교원 단체는 교원들의 대표하는 단체로서 이익집단의 성격을 가진다. 교원의 다양한 의견과 주장들을 수렴하여 국가 정책에 반영할 수 있고 교육과 사회의 발전에 기여할 수 있는 단체라 할 수 있다.

둘째, 교원 단체는 교원 자신들은 물론 교육을 받는 청소년, 학생들의 이해관계를 대변하는 사회봉사활동의 성격을 가지고 있다.

셋째, 교원 단체는 교원들로 구성된 전문적 단체이다.

나. 교원 단체의 역할

교원단체는 교육목표 달성을 위해 교원의 전문성 신장과 사회·경제적 지위 향상을 추구함과 동시에 교권 신장을 통해 각종 교육정책 결정 과정에 참여함으로써 공교육 정상화를 위한 노력을 지속하고 있다. 이러한 교원단체가 가지는 역할 측면에서 나아가야 할 교원단체의 역할과 기능은 다음과 같다.

1) 학교교육의 질 향상
2) 교원의 전문적 자질 향상
3) 교직단체의 이상 사회의 실현

다. 우리나라의 교원 단체

우리나라의 교원단체는 설립법률에 달리하여 이원화된 구조를 가지고 있어서 교원단체와 교원노조로 나누어져 있다. 교원단체는 교육기본법에 의해 설립된 한국교원단체총연합회(한국교총)이며, 교원노조는 교원의 노동조합 설립 및 운영 등에 관한 법률(이하 교원노조법)에 의해 설립된 노동조합으로 전국교직원노동조합(전교조), 한국교원노동조합(한교조), 자유교원조합(자교조), 대한민국교원조합(대교조)등이 있다.

1) 한국교원단체총연합회(한국교총)

가) 설립

한국교총은 대한민국 정부가 수립되기 이전인 1947년 11월 23일 100여 명의 교육자가 서울 종로에 있던 덕수초등학교 강당에 모여 '조선교육연합회'라는 이름으로 창립하여 1949년 『교육법』 제80조에 의거 교사들의 단결권이 인정되어 1989년 지금의 명칭인 한국교원단체총연합회로 명칭이 변경되었다.

나) 목적

한국교원단체총연합회(약칭 한국교총)는 교원의 사회적·경제적 지위향상과 교직의 전문성 확립을 기함으로써, 교육의 진흥과 문화의 창달에 기여함을 목적으로 하는 사단법인체이다.

다) 법적 근거

『교육기본법』 제15조(교원단체), 『교원지위향상을 위한 특별법』 제11조(교원의 지위 향상을 위한 교섭·협의) 등

2) 교원 노동조합법에 따른 교원노조

『교원의 노동조합 설립 및 운영 등에 관한 법률』(1999년 발표)에 의하여 국·공·사립학교 교원의 노조 활동을 보장받게 되었다.

교원노동조합의 설립 및 운영에서 교원노조의 활동의 법률적 제약으로, 교원의 노동조합은 일체의 정치활동을 하여서는 아니 되며,(『교원노조법』 제3조) 단체교섭을 하거나 단체협약을 체결하는 경우에 관계 당사자는 국민여론과 학부모의 의견을 수렴하여 성실하게 교섭하고 단체협약을 체결하여야 하며 그 권한을 남용하여서는 아니 된다.(『교원노조법』 제6조)

3) 전국교직원노동조합(전교조)

가) 설립

1999년 7월 3일 『교원의 노동조합 설립 및 운영 등에 관한 법률』로 합법적인 교원 노동조합의 지위를 취득하였으나 2013년 법외 노동조합 통보처분을 받고 대법원 패소 판결로서, 현재는 법외 노동조합의 성격을 가진다.

나) 목적

교육노동자로서의 기본 권익을 옹호하고 민주교육 발전에 기여함.

4) 한국교원노동조합(한교조)

1999년 1월 6일 교원의《노동조합 설립 및 운영 등에 관한 법률》이 국회를 통과하고 같은 해 5월 16일《한국교원노동조합》 전국위원회 창립 및 보고대회를 가지고 출범하였다.

라. 단체교섭

<표 1-9>과 같이 교섭사항 및 비교섭사항으로 분류할 수 있다.

표 1-9 교원노조 단체교섭 대상

구분	교섭 사항
교섭사항	• 의무적 교섭사항: 보수 · 수당 · 상여금 등 임금, 교육 · 훈련, 안전보건, 근로시간 · 휴게 · 휴일 · 휴가, 및 후생복지 등 근로조건과 직접적 관련 있는 사항 • 임의적 교섭사항: 단체교섭 절차 · 법, 조합 활동에 관한 사항 등
비교섭사항	• 교원노조법에서 정하고 있는 교섭 사항을 제외하고 모두 해당되며, 교육정책, 인사권의 행사, 교육과정, 기관의 관리 · 운영, 사립학교 등에 관한 사항

마. 교원노조법과 일반노조법의 비교

교직의 특수성을 반영한 교원노조법은 일반노조법과 비교하면 <표 1-10>과 같다.

표 1-10 교원노조법과 일반노조법의 비교

구분	교원노조법	일반노조법
노동 3권의 보장 범위	• 단결법, 단체교섭권(협약체결권 포함) • 쟁의행위 금지	• 노동 3권 보장
설립 단위	• 교원: 시 · 도 단위 또는 전국 단위	• 제한 없음
교섭창구 단일화	• 복수노조 인정: 교섭 창구 단일화	• 복수 노조 불인정: 교섭 창구 단일화 규정 없음
단체협약 효력	• 법령 · 예산 · 조례 등과 관련한 사항은 단체협약의 효력을 부인하고 성실이행 의무 부여	• 제한 없음
정치 활동	• 정치활동 금지	• 정치활동 허용
의견 수렴	• 단체교섭 과정에 국민여론 및 학부모 의견 수렴	• 규정 없음

바. 세계의 교원 단체

교원 단체란 교사들의 권익 보호를 위한 이익 단체로 국제 기구로대표라 할 수 있는 국제교육연맹(Eucation International)이 있다.

1) 국제교육연맹(Education International, EI)

국제교육연맹은 국제노동기구(ILO), 유엔 경제사회이사회, 유엔 교육과학 문화기구 등의 NGO 자문 기관이다. 국제교육연맹에는 전 세계 173 개국의 402개 조직과 약 3,000만명에 달하는 교직원이 가입한 국제기구이다. 아시아·태평양 지역에서는 한국, 홍콩, 싱가폴, 인도, 일본, 태국, 뉴질랜드 등 36개국 중 76개의 교원 단체가 가입해 있으며, 대한민국는 교총과 전국교직원노동조합 등이 가입되어 있다.

2) 세계교직단체총연합(World Confederation Organization of the Teaching Profession, WCOTP)

세계 교직단체 총연합이란 1946년에 설립된 세계교직단체(World Organization of the Teaching Profession)의 후신으로 1952년 덴마크의 수도 코펜하겐에서 25개 자유진영 국가의 대표들이 모여 창립한 단체를 말한다.

이 단체의 목적은 교육계에 종사하는 세계 여러 나라의 교직자들을 하나의 강력한 조직체로 결합해, ① 평화와 자유 및 인간의 존엄성을 보호하기 위하여 교육관을 국제간의 이해와 친선을 도모하는 방향으로 유도하고, ② 교직자들로 하여금 청소년 복지를 위하여 보다 나은 교육을 할 수 있도록 교육방법과 각종 교육기관 및 교직자들의 학무적·직업적 훈련을 개선하며, ③ 교직의 권리와 물질적·정신적 이익을 옹호하며, ④ 각국 교육자 간의 유대를 강화하는 데 있다.

참고문헌

교원의 노동조합 설립 및 운영 등에 관한 법률 (약칭: 교원노조법). [시행 2013. 3. 23.] [법률 제11690호, 2013. 3. 23., 타법개정].

교원지위향상을 위한 특별법 (약칭: 교원지위법). [시행 2013. 3. 23.] [법률 제11690호, 2013. 3. 23., 타법개정]. 교육부(교원정책과－교원소청), 044－203－ 6940.

서울대학교 교육연구소(1995). 세계 교직단체 총연합 [世界敎職團體總聯合, World Confederation Organization of the Teaching Profession](교육학용어사전, 1995. 6. 29., 서울대학교 교육연구소).

최문기(2007). 교직윤리의 이론적 토대와 통합적 접근. 윤리교육연구, 12, 179－200.

한국교원단체총연합회(1997). 예비교원을 위한 교사론. 서울: 교육과학사.

CHAPTER

03 교원자격제도와 교원의 임용

1 교원 자격제도

가. 교원 자격제도

교사의 질이 교육의 질을 좌우하기 때문에 교육 개혁의 방향을 교사의 질 향상에 두고 다양한 노력을 기울이고 있다. 때문에 교육 분야 발전과 개혁과 관련하여 교사 교육, 교원 선발제도의 개선, 교원양성체제에 대한 관심이 증가하고 있으며 이에 대해 살펴본다.

우리나라는 교원 자격에 대하여 법정주의를 따르며 관련법령(『초·중등교육법』 제21조 교원의 자격, 『유아교육법』, 『교원자격검정령』 등)에 의해 국가자격제도로 운영되고 있다. 따라서 교원자격증을 취득하지 않으면 교원이 될 수 없으며, 자격증을 소지하더라도 초·중등학교 교사가 되기 위해서는 2급 정교사 자격증 소지한 사람이 임용시험을 통해 선발된다.

교원 검정제도는 대부분 무시험검정으로 되어 있다. 교원의 자격과 자격기준은 초·중등교육법, 고등교육법, 교육공무원법에 규정되어 있으며 교원의 자격은 학교 급별로, 교과의 특성상 다소 다르다.

교원자격검정령에 의하면 교육부장관은 사범대학 졸업자, 일반대학 교육학과 졸업자 및 일반대학에서 소정의 교직과목을 이수한 자에게는 무시험검정으로 각각 중등학교 2급 정교사 자격증을 수여하도록 규정하고 있다.

초·중등교육법 제 21조 2항을 보면 "교사는 정교사(1급,2급), 준교사, 전문상담교사(1급,2급), 사서교사(1급,2급), 실기교사, 보건교사(1급,2급) 및 영양교사(1급,2급)로 나누되 아래의 자격기준에 해당하는 자로서 대통령령이 정하는 바에 의하여 교육부장관이 검정 수여하는 자격증을 받은 자이어야 한다."고 명시되어 있다. 교원자격증 수여권자는 교육부장관의 권한을 위임 및 위탁받아 시도교육감 및 대학의 장이 수여한다. 교사의 자격 기준은 <표 1-11>과 같다.

표 1-11 교사 자격기준

교사 자격 기준(제21조 제2항 관련)

학교별 \ 자격	정교사(2급)
중등학교	1. 사범대학을 졸업한 사람 2. 교육대학원 또는 교육부장관이 지정하는 대학원 교육과에서 석사학위를 받은 사람 3. 임시 교원양성기관을 수료한 사람 4. 대학에 설치하는 교육과를 졸업한 사람 5. 대학 · 산업대학을 졸업한 사람으로서 재학 중 일정한 교직과(教職科) 학점을 취득한 사람 6. 중등학교 준교사 자격증을 가진 사람으로서 2년 이상의 교육경력을 가지고 일정한 재교육을 받은 사람 7. 초등학교의 준교사 이상의 자격증을 가지고 대학을 졸업한 사람 8. 교육대학 · 전문대학의 조교수로서 2년 이상의 교육경력이 있는 사람 9. 제22조에 따른 산학겸임교사 등(명예교사는 제외한다)의 자격기준을 갖춘 사람으로서 임용권자의 추천과 교육감의 전형을 거쳐 교육감이 지정하는 대학 또는 교원연수기관에서 대통령령으로 정하는 교직과목과 학점을 이수한 사람. 이 경우 임용권자의 추천 대상자 선정기준과 교육감의 전형 기준에 관하여는 대통령령으로 정한다.
초등학교	1. 교육대학을 졸업한 사람 2. 사범대학을 졸업한 사람으로서 초등교육과정을 전공한 사람 3. 교육대학원 또는 교육부장관이 지정하는 대학원의 교육과에서 초등교육과정을 전공하고 석사학위를 받은 사람 4. 초등학교 준교사 자격증을 가진 사람으로서 2년 이상의 교육경력을 가지고 일정한 재교육을 받은 사람 5. 중등학교 교사자격증을 가진 사람으로서 필요한 보수교육을 받은 사람 6. 전문대학을 졸업한 사람 또는 이와 같은 수준 이상의 학력이 있다고 인정되는 사람을 입소 자격으로 하는 임시 교원양성기관을 수료한 사람 7. 초등학교 준교사 자격증을 가진 사람으로서 교육경력이 2년 이상이고 방송통신대학 초등교육과를 졸업한 사람

학교별 \ 자격	정교사(2급)
특수학교	1. 교육대학 및 사범대학의 특수교육과를 졸업한 사람 2. 대학 · 산업대학의 특수교육 관련 학과를 졸업한 사람으로서 재학 중 일정한 교직과정을 마친 사람 3. 대학 · 산업대학의 특수교육 관련 학과를 졸업한 사람으로서 교육대학원 또는 교육부장관이 지정하는 대학원에서 특수교육을 전공하고 석사학위를 받은 사람 4. 유치원 · 초등학교 또는 중등학교 정교사(2급) 자격증을 가지고 필요한 보수교육을 받은 사람 5. 유치원 · 초등학교 또는 중등학교 정교사(2급) 자격증을 가지고 교육대학원 또는 교육부장관이 지정하는 대학원에서 특수교육을 전공하고 석사학위를 받은 사람 6. 특수학교 준교사 자격증을 가지고 2년 이상의 교육경력이 있는 사람으로서 일정한 재교육을 받은 사람 7. 유치원 · 초등학교 · 중등학교 또는 특수학교 준교사 자격증을 가지고 2년 이상의 교육경력이 있는 사람으로서 교육대학원 또는 교육부장관이 지정하는 대학원에서 특수교육을 전공하고 석사학위를 받은 사람

학교별 \ 자격	정교사(1급)
중등학교	1. 중등학교의 정교사(2급) 자격증을 가지고 교육대학원 또는 교육부장관이 지정하는 대학원 교육과에서 석사학위를 받은 사람으로서 1년 이상의 교육경력이 있는 사람 2. 중등학교 정교사 자격증을 가지지 아니하고 교육대학원 또는 교육부장관이 지정하는 대학원 교육과에서 석사학위를 받은 후 교육부장관으로부터 중등학교 정교사(2급) 자격증을 받은 사람으로서 3년 이상의 교육경력이 있는 사람 3. 중등학교의 정교사(2급) 자격증을 가진 사람으로서 3년 이상의 교육경력을 가지고 일정한 재교육을 받은 사람 4. 교육대학 · 전문대학의 교수 · 부교수로서 3년 이상의 교육경력이 있는 사람
초등학교	1. 초등학교 정교사(2급) 자격증을 가진 사람으로서 3년 이상의 교육경력을 가지고 일정한 재교육을 받은 사람 2. 초등학교 정교사(2급) 자격증을 가진 사람으로서 교육경력이 3년 이상이고, 방송통신대학 초등교육과를 졸업한 사람 3. 초등학교 정교사(2급) 자격증을 가지고 교육대학원 또는 교육부장관이 지

자격 학교별	정교사(1급)
	정하는 대학원의 교육과에서 초등교육과정을 전공하여 석사학위를 받은 사람으로서 1년 이상의 교육경력이 있는 사람
특수학교	1. 특수학교 정교사(2급) 자격증을 가지고 3년 이상의 교육경력이 있는 사람으로서 일정한 재교육을 받은 사람 2. 특수학교 정교사(2급) 자격증을 가지고 1년 이상의 교육경력이 있는 사람으로서 교육대학원 또는 교육부장관이 지정하는 대학원에서 특수교육을 전공하고 석사학위를 받은 사람 3. 유치원 · 초등학교 또는 중등학교 정교사(1급) 자격증을 가지고 필요한 보수교육을 받은 사람 4. 유치원 · 초등학교 또는 중등학교 정교사(2급) 자격증을 가지고 1년 이상의 교육경력이 있는 사람으로서 교육대학원 또는 교육부장관이 지정하는 대학원에서 특수교육을 전공하고 석사학위를 받은 사람

자료: 초 · 중등교육법 [별표 2] 〈개정 2019. 12. 3.〉

나. 교사 자격 검정제도

1) 자격 검정의 종별 및 검정기관

교사 자격에 대한 검정제도는 대통령령인 교원자격검정령에 규정된 바에 따른다. 현재 무시험검정과 시험검정으로 나뉘어 있다. 위에서 언급된 바와 같이 정상적인 교원양성기관의 졸업생의 경우 무시험검정을 통하여 자격검정이 이루어진다.

교원자격증 수여자는 교육부장관으로 명시되어 있다. 그러나 행정 권한의 위임 및 위탁에 관한 규정에 의거하여 시 · 도교육감 및 대학의 장에게 위임되어 있어서, 자격 종별로 검정기관을 달리 정하고 있다.

교원자격검정령시행 규칙은 정교사(1급 및 2급)의 자격증에는 표시과목을 정하고 있다. 또한, 자격증 박탈 처분을 받고 2년을 경과하지 아니한 경우는 자격검정을 받을 수 없고, 교육감은 허위 기타 부정한 방법으로 자격증을 받은 자의 자격증을 박탈한다.

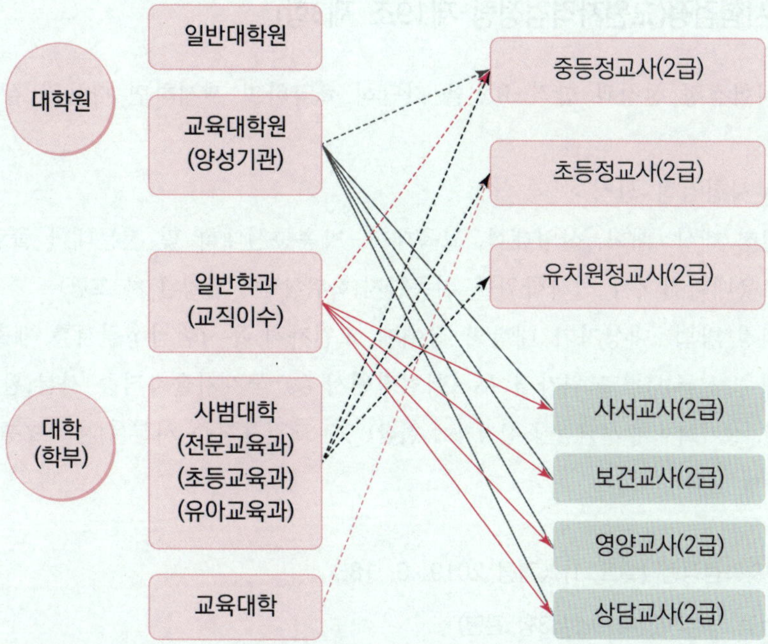

▲ 그림 1-5 교원자격제도(보통면허를 중심으로)

2) 교원자격검정위원회

교원의 자격을 검정하기 위하여 교육부에 두는 위원회로서 원장, 부위원장 각 1인을 포함한 위원 9인 이상 11인 이내로 조직된다. 그 직능은 교원의 자격 검정에 관한 사항이나 자격증의 표시 과목의 결정, 그리고 기타 법령에 의하여 그 권한에 속하는 사항과 장관이 자문하는 사항을 심의 결정하는 것이다.

한편 장관으로부터 자격검정 권한을 위임받은 대학 및 시·도 교육청 역시 교원 자격검정 업무에 관한 사항을 심의·의결하는 기구를 설치·운영하여야 한다.

3) 무시험검정(교원자격검정령 제19조 제3항)

무시험검정 신청과 합격 요건을 간단히 요약하여 제시하면 다음과 같다.

<무시험검정 신청>

- 신청 대상: 대학, 산업대학, 교육대학, 방송통신대학 및 전문대학 졸업자와 교육대학원에서 석사학위를 취득한자(학위취득이 확정된 자 포함)
- 신청 방법: 대상자가 대학의 장에게 교원자격 무시험검정원서를 제출
- 제출 서류: ① 교원자격 무시험검정원서 ② 국가기술자격증 사본(원본대조필, 실기교사 무시험검정 신청자에 한함) ③ 교원자격증 사본(원본 대조필, 해당자에 한함)

■ 교원자격검정령 [별표 1] 〈개정 2019. 6. 18.〉

무시험검정 합격기준(제19조제3항 관련)

1. 이수학점기준

구분	이수학점
가. 교육대학 또는 사범대학을 졸업한 사람	1) 전공과목: 50학점 이상 2) 교직과목: 22학점 이상
나. 교육대학원 또는 교육부장관이 지정하는 대학원 교육과에서 석사학위를 받은 사람(다목에 해당하는 사람은 제외한다)	1) 전공과목: 50학점 이상(제4조 제4항 제2호에 따라 부전공과목으로 무시험검정을 받으려는 사람은 30학점 이상) 2) 교직과목: 22학점 이상(제4조 제4항 제2호에 따라 부전공과목으로 무시험검정을 받으려는 사람은 해당하지 아니한다)
다. 교육부장관이 지정하는 교육대학원 또는 대학원에서 전문상담교사 양성과정을 이수한 사람	교육부령으로 정하는 상담과 관련된 과목에서 이수한 다음 각 목의 학점 1) 전문상담교사(1급) 양성과정: 18학점 이상 2) 전문상담교사(2급) 양성과정: 42학점 이상
라. 법률 제7068호 초 · 중등교육법중개정법률 부칙 제3조에 따라 학교급식시설에서 3년 이상 학교급식을 전담한 교직원 중에서 영양교육과정을 이수한 사람	교육부령으로 정하는 영양교육과 관련된 과목에서 취득한 다음 각 목의 학점 1) 2년 미만의 영양교육과정: 24학점 이상 2) 2년 이상의 영양교육과정: 36학점 이상

구분	이수학점
마. 「유아교육법」 별표 2의 준교사, 「초 · 중등교육법」 별표 2의 준교사 또는 실기교사 자격검정을 받으려는 사람(사목에 해당하는 사람은 제외한다)	교육부령으로 정하는 기준학점
바. 교사양성특별과정을 이수한 사람	교직과목 18학점 이상
사. 「초 · 중등교육법」 별표 2의 실기교사란 제5호에 따른 실기교사 자격검정을 받으려는 사람	교직과목 4학점 이상

비고

(1) 구분란 가목, 바목 및 사목의 이수학점에서 자격종별 전공과목 및 교직과목의 세부 이수분야 및 이수학점은 교육부령으로 정한다.

(2) 구분란 나목의 이수학점에서 자격종별 전공과목 및 교직과목의 세부 이수분야 및 이수학점은 교육부장관이 정한다. 이 경우 다음 각 목의 학점을 이수학점의 일부로 인정할 수 있다.

가. 「고등교육법」 제2조에 따른 학교 또는 이에 상응하는 교육과정을 운영하는 외국의 학교를 졸업한 사람이 제4조제1항에 따른 자격증에 표시할 담당과목(이하 "표시과목"이라 한다) 관련 학과 또는 전공분야에서 취득한 학점

나. 다른 법률에 따라 설립되고 대학 또는 전문대학 졸업의 학력이 인정되는 교육기관을 졸업한 사람이 표시과목 관련 학과 또는 전공분야에서 취득한 학점

다. 다른 법률에 따라 대학 또는 전문대학 졸업의 학력을 인정받은 사람이 표시과목 관련 학과 또는 전공분야에서 취득한 학점. 이 경우 「독학에 의한 학위취득에 관한 법률」에 따라 학위를 취득한 사람이 같은 법에 따른 학위취득시험에서 합격한 과목 또는 그 시험이 면제되는 교육과정에서 이수한 과목은 과목당 3학점을 취득한 것으로 본다.

(3) 구분란 다목에 따라 무시험검정을 받으려는 사람이 「고등교육법」 제2조에 따른 학교 또는 같은 법 제29조에 따른 대학원에서 교육부장관이 정하는 상담 · 심리 관련 과목을 전공으로 이수한 경우에는 교육과학기술부장관이 정하는 바에 따라 해당 과목에서 취득한 학점을 이수학점의 일부로 인정할 수 있다.

2. **성적 기준:** 제1호 가목부터 사목까지의 교육과정(이하 "교원양성과정"이라 한다)에서 이수한 전공과목 및 교직과목의 성적이 다음 각 목의 기준을 충족할 것
   가. 전공과목: 평균 75점 이상
   나. 교직과목: 평균 80점 이상
3. **교직 적성 및 인성 검사 기준:** 교원양성과정을 이수하는 동안 해당 교원양성기관의 장이 실시한 교직 적성 및 인성 검사 결과가 다음 각 목의 기준을 충족할 것
   가. 2년 이하의 교원양성과정을 이수한 사람: 적격 판정 1회 이상
   나. 2년을 초과하는 교원양성과정을 이수한 사람: 적격 판정 2회 이상
4. **응급처치 및 심폐소생술 실습 기준:** 교원양성과정을 이수하는 동안 해당 교원양성기관의 장이 실시한 응급처치 및 심폐소생술 실습을 2회 이상 받을 것. 다만, 제1호사목의 교원양성과정의 경우에는 1회 이상으로 한다.

2 교원의 임용

가. 교원 임용의 의미

교원은 교육기관에서 학생을 직접 지도하는 자를 말한다. 교원의 임용이란 신규채용, 승진, 승급, 전보, 전직, 겸임, 파견, 강임, 휴직, 직위 해제, 정직, 복직, 면직, 해임 및 파면을 말한다(교육공무원법 제2조 6항).

나. 교원의 신규임용

교사의 신규 채용은 교육공무원법(제11조)와 교육공무원임용령(제 9~12조)에 규정되어 있으며 그 일부 내용은 다음과 같다.

교사 신규임용은 공개 전형에 의한다. (교육공무원법 제11조)

공개전형은 당해 교사의 임용권자가 이를 실시하며 이 경우 국립학교의 장은 그 전형을 당해 학교가 소재하는 교육감에게 위탁하여 실시할 수 있다(공무원임용령 제9조 2항).

교육감은 다음 학년도 교사수급계획에 따라 예상되는 모집인원을 정하고, 고사의 일시, 장소, 방법, 과목, 배점비율, 응시자격, 원서제출절차, 기타 시험실시에 관하여 필요한 사항을 시험시행 20일 전까지 공고하여야 한다. (임용시험 후보자선정경쟁시험규칙 제9조 제2항) 모집 정원의 책정에는 다음 사항이 고려되어야 한다.

- 앞으로 교육받을 학생 수의 확정
- 교원의 소모율(사망, 퇴직, 정년, 전직, 휴직 등)
- 교원의 직급변동
- 학급규모나 수업시수의 변동에 따른 교사와 학생 비율의 변화
- 행정적 지원과 재정적 지원 등

공개전형은 필기시험, 실기시험, 면접시험 등의 방법에 의하며, 상세 내용은 아래의 <표 1-12>와 같다. 2012년 교육부에서는 학생들에게 올바른 역사 의식와 세계관을 심어주기 위하여 모든 교사의 기본 소양으로서 건전한 역사관과 관련 지식이 요구됨에 따라 임용시험 응시과목에 한국사능력검정시험 인증 제출을 추가하였다.

표 1-12 교원 임용 시험(2021학년도 서울특별시 중등학교 교사 임용 시험 시행계획 공고)

<table>
<tr><th>단계</th><th>시험
과목</th><th>대 상</th><th>일 자</th><th>시 간</th><th>시험 장소</th></tr>
<tr><td rowspan="3">제
1차
시험</td><td>교육학</td><td rowspan="3">제1차 시험
응시자 전체</td><td rowspan="3">2020.11.21.
(토)</td><td>1교시
09:00~10:00(60분)</td><td rowspan="3">• 시험 장소 공고
: 2020. 11. 13.(금)
10:00 예정
• 서울특별시교육청
홈페이지 공고
(행정정보-시험안내)</td></tr>
<tr><td>전공 A</td><td>2교시
10:40~12:10(90분)</td></tr>
<tr><td>전공 B</td><td>3교시
12:50~14:20(90분)</td></tr>
<tr><td rowspan="4">제
2차
시험</td><td>실기 ·
실험
평가</td><td>제1차 시험
합격자 중
실기 · 실험
평가
실시과목
응시자</td><td>2021.1.20.
(수)</td><td>09:00~</td><td rowspan="4">• 시험 장소 공고
: 2020. 12. 29.(화)
10:00 예정
• 서울특별시교육청
홈페이지 공고
(행정정보-시험안내)</td></tr>
<tr><td>교수 ·
학습지
도안
작성</td><td rowspan="2">제1차 시험
합격자 중
교수교과
합격자
(비교수
교과 제외)</td><td rowspan="2">2021.1.26.
(화)</td><td>09:00~10:00
(60분)</td></tr>
<tr><td>수업
실연</td><td>09:00~
【평가시간: 20분】</td></tr>
<tr><td>심층
면접</td><td>제1차 시험
합격자 전체</td><td>2021.1.27.
(수)</td><td>12:00~
【평가시간: 15분】</td></tr>
</table>

공개전형에 응시할 수 있는 자의 자격은 채용 예정직에 해당하는 교사자격증을 취득한 자(교사자격증을 취득할 졸업예정자 또는 수료예정자를 포함한 자)이어야 한다.(공무원임용령 제11조 제 3항)

그 외에 기간제 교사는 휴직, 정직, 파면 등의 사유에 결원된 교사를 충원하거나 특정 교과를 한시적으로 담당할 교사가 필요할 때 임용권자가 예산의 범위 내에서 교원자격이 있는 자 중에서 기간을 정하여 임용한다.(교육공무원법 제32조 제1항)

다. 계약직 교원의 임용

학교 현장에는 정년이 보장된 정규교원과 달리 계약에 의해 임용되는 비정규직 교원들인 계약제 교원들이 많이 근무하고 있다. 각급 학교의 계약제 교원의 대다수를 차지하고 있는 것은 기간제교원이다. 기간제교원 외에 계약제 교원으로는 산학 겸임교사, 명예교사, 강사 등이 있다.

일반적으로 학교는 학교 교육과정 운영의 안정성 확보를 위해 정규교사 외에 정규교사의 결원, 과목 폐지로 인해 과원이 예상되는 경우, 교원 인력의 효율적 운용을 위해 계약제 교원 제도를 활용하고 있다. 계약제 교원의 임용과 운영에 대한 일반적인 사항과 계약제 교원별 임용에 대해 알아본다.

1) 계약직 교원의 의미

가) 정년이 보장된 정규교원을 제외한 계약에 의해 임용되는 비정규직 초·중등 교원을 뜻하며 현행 법령상 기간제교원, 산학겸임교사, 명예교사, 강사 등을 총칭하며 임용사유 및 계약내용에 따라 기간제교원, 산학겸임교사, 명예교사, 강사로 구분함.

나) 기간제교원은 휴직, 파견 등으로 인한 결원 보충, 특정교과의 한시적 담당 등을 위해 교원자격증 소지자를 한시적으로 활용하는 제도임.

다) 산학겸임교사, 명예교사, 강사는 교육과정의 효율적인 운영을 위하여 교원자격증 소지여부와 관계없이 제도의 취지에 적합한 자를 일시적으로

교원으로 활용하는 제도임(정규교사 대체 수업전담 시간강사는 교원자격증 소지).

2) 제도의 목적

가) 교육과정 운영의 안정성 확보를 위하여 정규교원 배치를 원칙으로 하되, 정규교원의 결원, 과목폐지로 과원이 예상되는 경우 등에 있어서 교원 인력의 효율적 운용을 위하여 계약제교원 제도 활용

나) 기간제교원, 산학겸임교사, 명예교사, 강사 등 계약제교원 제도 운영을 통하여 교육과정의 원활한 운영

(1) 교과목 개편 및 선택과목의 확대로 인한 수업시수 불균형 해소

(2) 창의적체험활동 등 가중되는 교원 수업부담 경감

다) 소규모 학교의 상치과목 해소 기여

라) 교원인력 양성이 적은 과목의 담당 교원 충원 등 교원 수급의 탄력성 도모

3) 임용

가) 요건: 「교육공무원법」제32조 제1항 및 「사립학교법」 제54조의4 제1항 각 호에 해당되는 경우

※ 정규교원이 1월 이상 직무에 종사할 수 없어 대체자의 보충이 불가피한 경우

나) 임용권자: 학교장

다) 자격: 교원자격증 소지자에 한함

라) 임용 기간

(1) 1년의 범위 안에서 기간을 정하여 임용하되, 계약을 연장하는 경우 1년 단위로 임용(총 4년까지 임용 가능,「교육공무원임용령」제13조제3항)

- 동일학교에서 신규 및 연장계약을 통하여 4년을 근무한 기간제교원은 반드시 퇴직처리 해야 함(4대보험 상실 신고, 퇴직금 지급)

(2) 4년의 임용기간을 마친 경우 신규채용절차를 거쳐 동일한 학교에서 「교육공무원법」제32조 제1항 및 「사립학교법」제54조의 4 제1항 각

호에서 정하고 있는 임용 사유에 따라 기간제교사로 다시 임용할 수 있음. 이 경우 해당 교원의 임용기간은 다시 시작하는 것으로 봄

법제처 법령해석 11-0796: 기간제교사의 임용 관련
(「교육공무원임용령」 제13조 제3항 및 「사립학교법」 제54조의4 제3항 등)

참 고 문 헌

2020 교원자격검정령

법제처 법령해석 11-0796: 기간제교사의 임용 관련

서울특별시교육청(2020). 서울특별시교육청 공고 제2020-261호.

초·중등교육법 교사 자격 기준 제 21조

CHAPTER

04 교원의 인사, 복무, 보수

교육공무원법 제2조에서 “임용”이란 신규채용, 승진, 승급, 전직, 전보, 겸임, 파견, 강임, 휴직, 직위해제, 정직, 복직, 면직, 해임 및 파면을 말한다. 국가공무원법과 교육공무원법에 자세한 내용이 명시되어 있으며 사립학교의 경우는 사립학교법에 명시되어있다.

가. 용어의 정의

교육공무원법 제2조, 공무원보수규정 제4조, 공무원연금법 제3조

1) 교육기관: 국립 또는 공립의 학교 또는 기관
2) 교육행정기관: 교육인적자원부 및 그 소속기관과 서울특별시 · 광역시 · 도의 교육관서
3) 교육연구기관: 교육에 관하여 전문적으로 조사 · 연구하기 위하여 설립된 국립 또는 공립의 기관
4) 임용: 신규채용, 승진, 승급, 전직, 전보, 겸임, 파견, 강임, 휴직, 직위해제, 정직, 복직, 면직, 해임 및 파면
5) 직위: 1인의 교육공무원에게 부여할 수 있는 직무와 책임
6) 직급: 직무의 종류, 곤란성과 책임도가 상당히 유사한 직위의 군
7) 강임: 동종의 직무 내에서 하위의 직위에 임명하는 것
8) 휴직: 공무원의 신분은 보유하되 직무 담임을 일시 해제하는 조치
9) 직위해제: 공무원에게 그의 직위를 계속 유지시킬 수 없다고 인정되는 사유가 있는 경우에 이미 부여된 직위를 해면하는 행정행위의 일종
10) 해임(중징계): 징계의 종류 중 한 유형으로 3년 간 임용 자격이 제한되나

퇴직급여에는 전혀 제한을 받지 않는 것

11) 정직(중징계): 1월 이상~3월 이하의 기간 동안 공무원의 신분을 보유하되 직무에 종사하지 못하도록 하고, 그 기간 중 보수의 2/3를 감하는 것

12) 감봉(경징계): 징계의 일종으로써 1월 이상 3월 이하의 기간 보수의 1/3을 감하는 것

13) 견책(경징계): 전과에 대하여 훈계하고 회개하는 것

14) 면직: 공무원 관계를 소멸하는 것

15) 복직: 면직, 직위해제 또는 정직 중에 있는 교육공무원을 직위에 복귀시키는 것

16) 봉급: 직책별로 지급되는 기본 급여 또는 계급별·호봉별로 지급되는 기본 급여

17) 보수: 봉급과 기타 수당을 합산한 금액

18) 보수의 일할 계산: 해당 월의 보수를 해당 월의 일수로 나누어 계산하는 것

19) 보수월액: 공무원의 종류 및 급별에 따라 지급되는 월급여액으로, 봉급과 기말수당의 년지급 합계액을 12월로 평균한 금액과 대통령이 정하는 수당액을 합한 금액

20) 임용: 전보 및 전직의 경우

21) 임명: 신규채용, 승진의 경우

나. 임용

1) 임용의 원칙(교육공무원법 제10조)

- 교육공무원의 임용은 그 자격, 재교육성적, 근무성적, 그 밖에 실제 증명되는 능력에 의하여 한다.
- 교육공무원의 임용은 교원으로서 자격을 갖고 임용을 원하는 모든 사람에게 능력에 따른 균등한 임용 기회가 보장되어야 한다.

2) 공무원 임용의 결격 사유

가) 국가공무원법(제33조)상 결격 사유

(1) 금치산자 또는 한정치산자

(2) 파산자로서 복권되지 아니한 자

(3) 금고이상의 형을 받고 집행 종료 또는 집행을 받지 않기로 확정된 후 5년 미경과자

(4) 금고이상의 형을 받고 집행유예 완료 후 2년 미경과자

(5) 금고이상 형의 선고유예기간 중인 자

(6) 법원의 판결 또는 다른 법률에 의하여 자격 상실 또는 정지된 자

(7) 징계에 의한 파면 처분을 받은 때로부터 5년 미경과자

(8) 징계에 의한 해임 처분을 받은 때로부터 3년 미경과자

나) 공직선거 및 선거부정방지법 위반자

제266조(선거범죄로 인한 공무담임 등의 제한)

① 다른 법률의 규정에도 불구하고 제230조부터 제234조까지, 제237조부터 제255조까지, 제256조제1항부터 제3항까지, 제257조부터 제259조까지의 죄(당내경선과 관련한 죄는 제외한다) 또는 「정치자금법」 제49조의 죄를 범함으로 인하여 징역형의 선고를 받은 자는 그 집행을 받지 아니하기로 확정된 후 또는 그 형의 집행이 종료되거나 면제된 후 10년간, 형의 집행유예의 선고를 받은 자는 그 형이 확정된 후 10년간, 100만원이상의 벌금형의 선고를 받은 자는 그 형이 확정된 후 5년간 다음 각 호의 어느 하나에 해당하는 직에 취임하거나 임용될 수 없으며, 이미 취임 또는 임용된 자의 경우에는 그 직에서 퇴직된다. [개정 97·11·14, 2000·2·16, 2005.8.4, 2009.2.3 제9402호(공직자윤리법), 2010.1.25, 2012.1.26 제11212호(고등교육법), 2014.2.13] [[시행일 2019.8.1]]

1. 제53조제1항 각 호의 어느 하나에 해당하는 직(제53조제1항제1호의 경우 「고등교육법」 제14조제1항·제2항에 따른 교원을, 같은 항 제5호의 경우 각 조합의 조합장 및 상근직원을 포함한다)
2. 제60조(선거운동을 할 수 없는 자)제1항제6호 내지 제8호에 해당하는 직

3. 「공직자윤리법」 제3조제1항제12호 또는 제13호에 해당하는 기관·단체의 임·직원
4. 「사립학교법」 제53조(학교의 장의 임면) 또는 같은 법 제53조의2(학교의 장이 아닌 교원의 임면)의 규정에 의한 교원
5. 방송통신심의위원회의 위원

3) 교원의 임용

가) 교장 임용

(1) 교장 임기: 4년(1차에 한하여 중임가능). 단, 초빙교장으로 재직하는 횟수는 산입하지 아니함
(2) 교장의 임기가 학기 도중에 만료되는 때: 임기가 만료되는 날이 속하는 학기의 말일을 임기의 만료일로 함
(3) 1차 임기를 마치고 정년 잔여 기간이 4년 미만인 자: 특별한 결격 사유가 없는 한 교장으로 재임용(중임)
(4) 2차 임기가 종료되고도 정년까지 잔여 기간이 있는 자는 교사로 근무할 것을 희망하면 수업 담당 능력 및 건강 등을 참작하여 원로교사로 임용
(5) 초빙교장 또는 초빙교사의 임용(3. 초빙교원 임용 참고)

나) 보직교사 임용

초등학교에는 교사 중에서 다음 각호의 구분에 따른 수의 보직교사를 둘 수 있다. 다만, 17학급이하의 학교로서 교육부장관이 지정하는 연구학교에는 다음 각호의 구분에 따른 수보다 보직교사 1인을 더 둘 수 있다.

(1) 6학급이상 11학급이하의 학교에는 2인
(2) 12학급이상 17학급이하의 학교에는 4인 이내
(3) 18학급이상 35학급이하의 학교에는 6인 이내
(4) 36학급이상의 학교에는 12인 이내
(5) 교감이 없는 5학급이하의 본교와 분교장에는 1인

단계	추진 내용	추진 주체
1월 이상 결원 발생	• 기간제교원 임용 예정 인원 통보 또는 결원 발생 - 휴가, 휴직, 연수, 파견, 정직, 직위해제 등 - 특정 교과의 한시적 담당이 필요한 때 - 교육공무원이었던 자의 지식이나 경험을 활용할 필요가 있을 때	학교장 (원장)
임용계획 수립 및 심사위원회 구성	• 기간제교원 채용 계획 수립 및 사전 공개 - 내용: 채용방식(공고, 인력풀 활용), 자격 요건, 심사위원회 구성, 심사일, 심사방법, 채용지원서류의 관리 등 - 방법: 교육청 홈페이지에 사전 공개(1년 채용 시) • 임용심사위원회 구성 - 교감, 담당부장교원, 동학년·동교과 교원 등 포함 - 인원은 학교별 여건을 고려하여 3~5명으로 구성	학교장 (원장)
채용 공고	• 채용공고(3개월 초과 임용 시) - 방법: 교육청 홈페이지에 공고일 제외 3일 이상 ※ 서울특별시교육청/행정정보/구인·구직/구인란에 반드시 게재 - 내용: 계약조건, 자격요건, 직무수행 요건, 구비서류, 채용일정 (심사 방법, 심사일, 발표일 등 포함) 등 ※ 교육청 인력풀(기간제교원 사이버 인력풀)에서 심사하여 채용할 경우 채용공고 생략 가능	학교장 (원장)
선발 전형	• 임용심사위원회 심사 - 1차: 서류심사 - 2차: 수업실연(6개월 이상 의무, 교육청 인력풀 활용 시 생략 가능) 및 면접 등을 통해 직무 수행 능력과 인성 심사	단위학교 임용심사 위원회
추천 및 채용 대상자 결정·통지	• 임용 예정자 학교장에게 추천 - 심사 결과 1, 2 순위자 - 자격 여부, 신원조사, 결격사유조회, 성범죄경력조회, 아동학대관련범죄 전력조회, 신체 상황 등 결격 사유 확인 • 채용 대상자 결정·통지 - 학교장 결재 후 채용 대상자에게 결정 통지 [지원자에 대한 채용 결과(합격/불합격) 통지 의무화] 예: 문자 등(통지 방법은 학교자율 결정, 기간제교원 채용과정의 투명성 및 공정성 제고, 개인정보보호에 유의)	단위학교 임용심사 위원회 학교장 (원장)
계약 및 임용	• 계약 및 임용 - 기간, 보수, 복무, 휴가, 계약 해지 조건 등을 명시한 계약서 작성 → 임용	학교장 (원장)

▲ 그림 1-6 서울특별시교육청 계약제교원 운영지침

보직교사의 명칭은 관할청이, 학교별 보직교사의 종류 및 그 업무분장은 학교의 장이 이를 정한다.

4) 계약제 교원의 임용 절차

교원 정년이 보장된 정규교원을 제외한 계약에 의하여 임용되는 비정규직 유·초·중등교원을 뜻하며 현행 법령상 기간제교원, 산학겸임교사, 명예교사, 강사 등을 총칭한다.

기간제교원(교육공무원법 제32조, 교육공무원임용령 제13조)은 휴직, 파견 등으로 인한 결원의 보충, 특정교과의 한시적 담당 등을 위하여 교원정원 범위 내에서 교원자격증 소지자를 한시적으로 교원으로 활용하는 제도로 각급 학교에서는 기간제 교원을 임용하여 교육의 효율성을 기하고 있다.

다. 인사

교원의 인사는 교원의 관리나 직원의 임용, 해임, 평가 따위와 관계되는 행정적인 일을 말한다. 인사행정은 쉽게 말해서 될 수 있는 대로 유능한 사람들을 필요한 만큼 양성하여 적재적소에 임용하고, 그들로 하여금 즐겁게 일하면서 자신들의 능력을 조직을 위해서 최대한 발휘할 수 있도록 여건을 조성하는 것이다.

1) 임명장 또는 임용장

가) 교육공무원으로 신규채용 되거나 승진 또는 전보될 때에는 임용권자는 당해 교육공무원에게 임명장 또는 임용장을 수여

나) 대학의 교수 이하의 교원 및 각급 학교의 교사의 전보에 있어서는 인사발령통지서의 교부로 임용장의 수여에 갈음할 수 있음

2) 인사 발령(교육공무원인사기록 및 인사사무처리규칙)

가) 전보, 강임, 면직, 징계, 직위해제, 휴직, 복직, 호봉재획정, 승급, 전출, 전입, 각종위원 임명, 위촉 또는 해임, 해촉시

나) 교원 및 각급 학교의 교사 전보시, 인사발령통지서의 교부로 임용장 수여에 갈음할 수 있음

다) 인사기록카드 및 발령대장의 기록·보관

라) 인사보고: 전보, 승급, 국내 연수, 국외 연수, 국외 출장, 포상, 사망, 징계 처분, 직위해제, 휴직, 복직, 겸임 및 파견 근무 사유 발생시 발령일 또는 당해 사유 발생일로부터 7일 이내에 임용권자에게 보고

마) 학교 인사 조직도: 교장, 교감, 각종 의회와 위원회와 여러 부서(교무행정팀과 학급운영팀)들로 이루어진다(단, 행정실은 제외함).

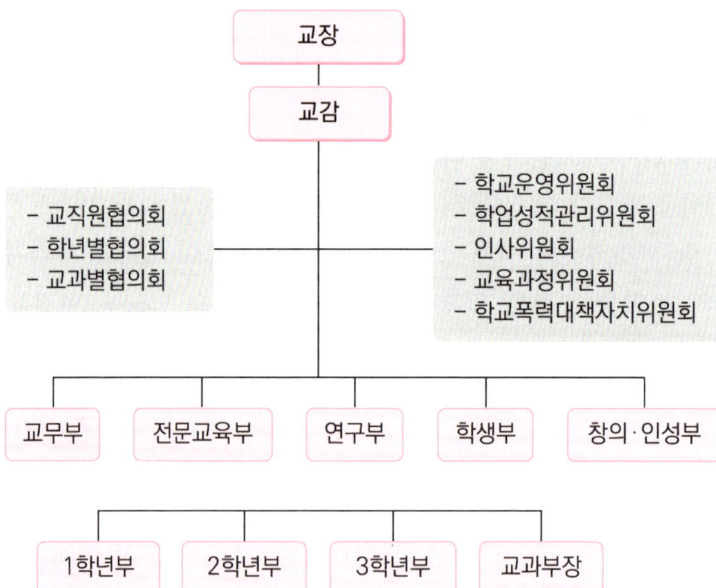

▲ 그림 1-7 학교 인사 조직도

라. 전직

1) 전직과 승진의 구분

가) 전직: 교육공무원의 종별과 자격을 달리하는 임용(교육공무원법 제2조 제7항)

(1) 교사, 교감(원감), 교장(원장) ↔ 교육전문직

(2) 교육연구사 ↔ 장학사, 교육연구관 ↔ 장학관

(3) 초등학교교원 ↔ 중등학교교원

(4) 유치원교원 ↔ 초등학교교원, 중등학교교원

나) 승진: 동종의 직무에 종사하는 바로 하위직에 있는 자 중에서 대통령령이 정하는 바에 의하여 경력평정 · 재교육성적 · 근무성적 기타 능력의 실증에 의하여 행하는 임용(교육공무원법 제13조)

(1) 교사 → 교감(원감) → 교장(원장)

(2) 장학사 → 장학관

(3) 교육연구사 → 교육연구관

2) 전직 임용시 유의사항

장학사에서 교육연구관, 또는 연구사에서 장학관의 직에 바로 임용할 수 없음

【이유】 장학관은 장학사, 교육연구관은 교육연구사와 동종의 직무에 종사하는 자로서 장학관 · 교육연구관과 장학사 · 교육연구사는 별개의 직위로 규정(교육공무원법 제2조 참조)하고 있음. 따라서 장학사를 교육연구관으로 임용하는 것은 종별과 자격을 달리하면서 동종의 직무가 아닌 상위 직위로 승진까지 이뤄지는 임용행위이므로 교육공무원법 제13조에 의한 승진의 원칙에 어긋나기 때문임

마. 전보

1) 전보의 정의

동일 직위 또는 자격 내에서 근무기관이나 부서를 달리하는 임용

2) 전보의 시기

가) 교육전문직: 매년 3월, 9월
나) 교장, 교감, 교사: 매년 3월, 9월
다) 학기도중 전직, 전보는 부득이한 경우에 한함

3) 정기전보

전보기간: 교육감 · 교육장이 정하는 기간

4) 비정기 전보

교육감 또는 교육장이 교육상전보가 불가피하다고 인정될 때에는 동일직위 근속기간이 일정기간 이내라 하더라도 전보가능

5) 전보유예

교육상 특히 필요하다고 인정할 때에는 전보권자가 정하는 기간 동안 유예 가능

바. 복무

교원의 복무란 교육공무원의 신분으로 공직생활을 함에 있어 지켜야 할 전반적인 자세와 행동규범을 의미한다. 공립학교 교사는 교육공무원임과 동시에 국

가공무원으로서 「국가공무원법」과 「교육공무원법」에 명시된 의무와 책임에 근거하여 복무규정을 지키며 소임을 다해야 한다. 사립학교원도 「사립학교법」이나 기타 규정에 특별히 명시된 경우를 제외하고는 공립학교 교원의 복무규정에 준하여 적용한다.

1) 근무시간

가) 직무의 특수성을 감안하여 9시~17시로 변경(기존 9시~18시): 점심시간을 포함하며 자율적 변경 가능

나) 단위학교별 탄력적으로 운영하나 [국가공무원 복무규정]에 따라 평일 8시간 확보

다) 시간 외 근무수당은 1일 4시간, 1개월 67시간 초과 불가

2) 휴직

가) 일정 기간 동안 신분을 유지하며 직무에 종사하지 않음(의무 위반 시 징계 처분 대상).

나) 직권휴직(명령): 질병, 병역, 생사불명, 법정의무 수행(학교장 명령), 노조 전임자 휴직(교육감 명령)

다) 청원휴직(자유의사): 유학, 고용, 육아(8년 이하: 3년), 입양(육아 휴직에 준함: 1년), 연수, 간병, 동반휴직 등(학교장 승인).

라) 복직: 휴직사유 소멸 시 30일 이내 신고 후 지체 없이 복직조치 / 휴직기간 만료 시 30일 이내 복귀 신고 후 복직

3) 휴가

교원의 휴가는 법과 규정에 휴가의 원칙과 절차 휴가 일수 등을 명시해 주고 이 규정에 따라 시행하도록 하고 있다. 사립학교 교원도 공립학교 교원 의규정에 준하도록 하고 있다.

가) 실시 원칙

(1) 학교장은 휴가를 승인함에 있어 소속 교원이 원하는 시기에 법정휴가 일수를 사용할 수 있도록 보장하여야 한다.

(2) 연가는 수업 및 교육활동 등을 고려하여 특별한 사유가 없는 한 수업일을 제외하여 실시하도록 한다.

(3) 학교장은 휴가로 인한 수업 결손 등이 발생하지 않도록 필요한 조치를 취하여야 한다.

나) 휴가일수의 계산

(1) 연가, 병가, 공가 및 특별휴가는 별개의 요건에 따라 운영되므로 그 휴가일수의 계산은 휴가 종류별로 따로 계산한다.

* 반일연가는 오전 4시간, 오후 4시간으로 구분함.

(2) 휴가기간 중의 공휴일과 토요일은 그 휴가 일수에 산입하지 않으나, 휴가(연가제외) 일수가 연속하여 30일 이상 계속되는 경우에는 그 휴가 일수에 토요일 또는 공휴일을 산입한다.

(3) 법정휴가일수를 초과한 휴가는 결근으로 처리한다.

다) 휴가의 종류

휴가는 연가, 병가, 공가, 특별휴가 네 가지로 구분할 수 있다.

(1) 연가: 정신적. 신체적 휴식을 취함으로써 근무능률을 유지하고 개인생활의 편의를 위하여 사용하는 휴가.

재직기간별 연가일수를 <표 1－13>와 같이 구분한다.

표 1-13 재직기간별 연가일수 (국가공무원복무규정 제 15조)

재직기간	연가일수
1개월 이상 1년 미만	11일
1년 이상 2년 미만	12일
2년 이상 3년 미만	14일
3년 이상 4년 미만	15일
4년 이상 5년 미만	17일
5년 이상 6년 미만	20일
6년 이상	21일

(2) 병가: 질병 또는 부상으로 직무를 수행할 수 없는 경우 또는 감염병에 걸려 다른 공무원의 건강에 영향을 미칠 우려가 있을 때 부여받는 휴가.

병가는 다음의 경우 연 60일 범위 안에서 허가하며, 질병이나 부상으로 인한 지참, 조퇴, 외출은 구분 없이 누가시간으로 계산하여 누계 8시간을 병가 1일로 처리한다.

① 질병 또는 부상으로 인하여 직무를 수행할 수 없을 때
② 감염병에 걸려 그 교원의 출근이 다른 교원이나 학생 건강에 영향을 미칠 우려가 있을 때

(3) 공가: 공무원이 일반 국민의 자격으로 국가기관의 업무수행에 협조하거나 법령상 의무의 이행이 필요한 경우에 부여받는 휴가.

학교의 장은 소속 교원이 다음에 해당하는 경우에는 이에 직접 필요한 기간에 대하여 공가를 허가하여야 한다.

(4) 특별휴가: 사회통념 및 관례상 특별한 사유가 있는 경우 부여받는 휴가. <표 1-13>은 경조사별 휴가일수이다.

표 1-14 경조사별 휴가일수

경조사	당사자	휴가일수
결혼	본인	5일
	자녀	1일
출산	배우자	5일
입양	본인	20일
사망	배우자	5일
	배우자와 본인의 부모	5일
	배우자와 본인의 외/조부모	2일
	자녀 및 자녀의 배우자	2일
	형제자매	1일

사. 보수

교원의 경제적·사회적 지위는 우대되어야 한다고 법에 규정되어 있으나 실제에 있어서는 오히려 박대를 받고 있으며, 이는 교원들의 가장 큰 불만사항이기도 하다. 교원보수제도의 주요 특징은 첫째, 자격과 경력에 따른 보수 지급을 원칙으로 하는 단일호봉제를 채택하고 있으며, 둘째, 초·중등교원과 2년제 대학교원, 4년제 대학교원으로 구분하여 봉급체계를 달리하는 삼원 체제를 이루고 있다. 셋째, 보수는 봉급과 수당으로 이루어진다.

단일호봉제란 동등한 학력과 자격, 그리고 경력을 가진 교원은 학교급별, 성별, 직위 등의 조건에 상관없이 동일한 보수를 받는 것이다. 이는 일반직 공무원의 보수가 동일 노동에 대한 동일임금의 원칙에 의한 직무급과 차이가 있다. 교원은 직위의 고하와 직무의 성격에 구애됨이 없이, 또 초·중·고등학교의 차이 없이 동일 호봉이면 동일한 보수를 받게 된다. 그러나 2년제 대학, 4년제 대학의 삼원체제를 이룸으로써 차등을 이룬다.

교원의 수당은 공무원 수당규정에 의하여 지급되며, 현행 수당으로는 직책

수당 외에 특수업무수당(교직수당, 연구업무수당, 실과교원수당, 진료업무수당, 보전수당), 연 4회의 기말수당, 연 2회의 정근수당, 연 150%의 체력단련비, 장기근속수당, 가족수당, 자녀학비보조수당, 교과지도수당, 모범공무원수당, 도서벽지수당, 원로교사수당, 시간 외 근무수당 등이 있다.

표 1-15 유치원 · 초등학교 · 중학교 · 고등학교 교원 등의 봉급표 (인사혁신처, 2019)

(월지급액, 단위:원)

호봉	봉급	호봉	봉급
1	1,605,200	21	3,059,300
2	1,653,800	22	3,172,200
3	1,703,100	23	3,284,300
4	1,752,200	24	3,396,400
5	1,801,800	25	3,508,600
6	1,851,300	26	3,621,200
7	1,900,100	27	3,738,600
8	1,948,900	28	3,855,800
9	1,998,400	29	3,978,300
10	2,052,500	30	4,101,300
11	2,105,400	31	4,223,800
12	2,159,600	32	4,346,200
13	2,257,900	33	4,470,500
14	2,356,700	34	4,594,500
15	2,455,300	35	4,718,600
16	2,554,200	36	4,842,200
17	2,651,900	37	4,949,900
18	2,754,200	38	5,057,600
19	2,856,000	39	5,165,600
20	2,957,600	40	5,272,800

<서식 I -6 임명장>

[별지 제20호 서식]

임 명 장

(성명) ○○○

(임명사항)

중등학교 교사에 임함.(○○)

○○중(고등)학교 근무를 명함

20 년 월 일

경기도교육감 행정권한 위임에 관한 규칙 제 6조 제 1호에 의거 **※권한의 위임을 받아**

◇◇도 ○ ○ 교 육 지 원 청 교 육 장

240mm × 340mm

백상지 150g/㎡

▲ 그림 1-8 임명장 예시

참 고 문 헌

경기도교육청(2019). 교육공무원 인사실무편람.

공무원보수규정 제4조

공무원연금법 제3조

공직선거 및 선거부정방지법 제266조

교육공무원법 제2조, 제10조, 제32조

국가공무원법 제33조

국가공무원복무규정 제15조

서울특별시교육청(2020). 공립학교 계약제교원 운영지침.

인사혁신처(2019). 유치원·초등학교·중학교·고등학교 교원 등의 봉급표

제 2 부

교육과정

1장. 교육과정의 이해

2장. 교육과정의 평가

3장. 수산 · 해운 교육과정의 이해

CHAPTER

01 교육과정의 이해

1 교육과정의 개념

교육과정이라는 용어를 처음으로 사용한 것은 보비트(Bobbit)가 교육학이 교육과정을 고려할 수 있도록 1918년 최초로 '교육과정'이란 개론서를 출판하면서 시작하였다. 교육과정은 라틴어의 쿠레레(curre), 즉 '달린다'는 뜻의 동사이고 명사로 쓰일 때는 '달리는 코스'를 의미하는데, 학습자가 일정한 목표를 향해 달리는 과정이라는 뜻으로 사용하고 있다(이정표 · 권영신, 2008).

특히, 교육과정은 교육에 전용되어 일정한 순서로 배열된 학습의 코스와 더불어 학습내용이나 경험내용을 의미하여 학생이 학습한다든지 경험하는 내용으로서 학습경험 및 생활경험이라 할 수 있다(이형행, 2007).

한편, 교육과정에 대한 개념은 매우 다양하게 정의되고 있는데, 김호권의 교육과정 개념은 <표 2-1>과 같이 정리하였다.

표 2-1 교육과정의 개념

구분	내용
의도된 교육과정	• 무엇을, 어떻게, 왜 가르칠 것인가에 대한 계획을 담고 있는 문서를 가르치는 용어 • 계획된 교육과정 • 공식적인 문서로서의 교육과정 • 초 · 중등학교 교육과정(국가 교육과정) • 교육과정 편성,운영 지침(지역 교육과정) • 학교 운영 계획(학교 교육과정)

구분	내용
전개된 교육과정	• 계획된 교육과정이 교사에 의해 해석되어 실행된 교수 활동 • 실천으로서의 교육과정
실현된 교육과정	• 교수·학습 활용에 참여한 결과 학생들이 실제로 갖게 되는 경험이나 성취 • 학생들의 지적능력, 흥미, 관심, 개인적 삶의 역사, 경험, 진로 등에 따라 서로 다른 교육적 경험 • 성과, 산출로서의 교육과정

자료: 김재춘 외(2001). 교육과정과 교육평가. 서울: 교육과학사, 재구성.

<표 2-1>에서 살펴본 교육과정의 개념을 도식화하면 [그림 2-1]과 같이 나타낼 수 있다.

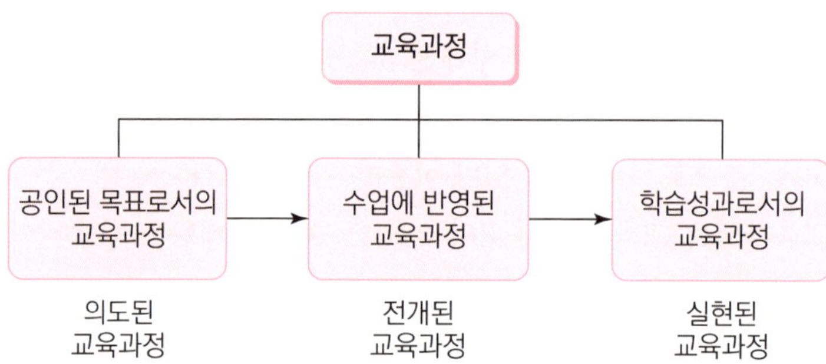

▲ 그림 2-1 교육과정 개념(김호권)

또한, 굿래드(Goodlad)는 교육과정 결정자 수준을 학습자와의 거리로 보고, <표 2-2>와 같이 교육과정의 수준을 분류하였다.

표 2-2 교육과정의 수준

구분	내용
수업 수준의 교육과정	특수한 학습자 집단을 지도하는 교사나 교사집단이 수행하는 수준
기관 수준의 교육과정	행정가의 지도하에 기관의 전 교직원이 행하는 수준
사회적 수준의 교육과정	지역, 주, 중앙 정부의 교육요원이나 국회에서 행하는 수준

자료: 강갑원 · 박영진 · 안병환 · 이경희(2006). 교육학개론. 교육과학사, 재구성.

<표 2-2>와 유사한 김종서의 교육과정 수준 분류는 [그림 2-2]와 같이 도식화할 수 있다.

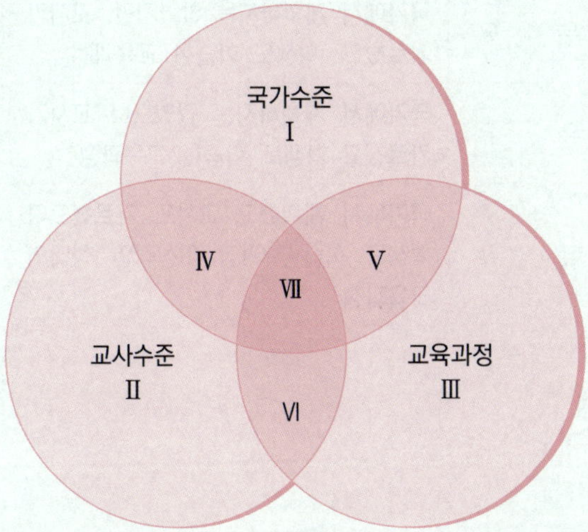

▲ 그림 2-2 교육과정 개념(김종서)

[그림 2-2]를 바탕으로 교육과정의 개념을 각 영역별로 분류하면 <표 2-3>과 같이 설명할 수 있다.

표 2-3 교육과정 개념의 영역

구분	국가 수준	교사 수준	학생 수준	개념	비고
영역 Ⅰ	유	무	무	국가에서 계획하였지만, 교사가 가르치지 않고 배우지 않은 교육과정	좋지 않은 상태
영역 Ⅱ	무	유	무	국가에서 계획하지 않았는데 교사는 중요하다 생각되어 가르쳤으나 학생은 학습하지 않은 교육과정	좋지 않은 상태
영역 Ⅲ	무	무	유	국가에서 계획하지 않았고 교사도 가르치지 않았으나 학생들이 학습한 경험	잠재적 교육과정
영역 Ⅳ	유	유	무	국가에서 계획했고 교사도 가르쳤지만 학생은 학습하지 않은 교육과정	좋지 않은 상태

구분	국가 수준	교사 수준	학생 수준	개념	비고
영역 V	유	무	유	국가에서 계획하지는 않았지만, 교사가 가르쳤고, 학생도 학습한 교육과정	약간 좋은 상태
영역 VI	무	유	유	국가에서 계획하지는 않았으나 교사가 가르쳤고 학생도 학습한 교육과정	좋은 상태
영역 VII	유	유	유	국가에서 계획했고 교사도 가르쳤으며 학생도 학습한 가장 이상적인 형태의 교육과정	이상적 교육과정

2 교육과정의 유형

가. 교과중심 교육과정

교과중심 교육과정은 '지식의 체계'를 중요시하는 교육과정으로서 학교의 지도하에 아동·학생이 배우는 일체의 교과와 교재를 의미한다(이정표·권영신, 2008). 이러한 교육과정은 교육성과에 있어서 지식의 습득과 이성의 계발을 가중 중요시하는 입장으로서, 각 교과는 그 자체의 논리와 체계가 있기 때문에, 교과를 체계적으로 학습하게 하는 것이 교육의 중요한 방법이라고 생각한다(이형행, 2007).

특히, 교과중심 교육과정을 지지하는 학자들은 교육의 주요 기능을 인류의 위대한 문화유산을 다음 세대로 전달하는 것으로 보았기 때문에, 그리스와 로마시대의 7자유학과(3학: 문법, 수사학, 논리학, 4과: 산술, 기하, 천문학, 음악)나 고대 중국의 사서오경을 중요하게 여겼다(한상길 외, 2007). 이러한 교육과정은 주지주의적 사고 방식에 입각하여 가치있는 지식을 통해 학생의 이성을 계발시키자는 항존주의와 본질주의에 근거하고 있다(김병희 외, 2008).

한편, 교과중심 교육과정의 특징으로는 첫째, 인류의 위대한 문화유산이 주된 교육내용으로 하고 둘째, 교사중심 교육과정이며 셋째, 설명위주의 교수법을 요구하는 경우가 많으며 넷째, 교육과정에 대한 중앙집권적 통제가 용이하고 끝으로 교수학습활동이 체계적이고 명료하여 평가가 용이하고 객관적인 측정이 가능한 것으로 요약할 수 있다(이정표 · 권영신, 2008).

그러나 교과중심 교육과정의 문제점은 첫째, 단편적이고 분과적인 교과조직에 빠지기가 쉽고 교과의 전체를 통합하는 전체 구조가 부족하며 둘째, 교수·학습 과정에 활기가 없고 지식의 전달에 치중하여 학생의 적극적인 반응을 유발하는데 실패하기 쉬우며 셋째, 학생의 흥미나 필요를 고려하지 않고 교사 중심의 전제적인 수업이 되기 쉽고 넷째, 쓸모없는 지식의 획득이나 단순한 언어주의에 빠지기 쉬우며 끝으로 현대의 긴급한 사회문제와 동떨어질 가능성이 높다.

지금까지 살펴본 교과중심 교육과정의 장점과 단점을 제시하면 <표 2-4>와 같이 정리할 수 있다.

표 2-4 교과중심 교육과정의 장점과 단점

장점	단점
• 인류의 문화유산을 효과적으로 전달하는 데 용이 • 교과별로 정리외에 체계적인 지도 가능 • 조직이 단순하고 누구나 쉽게 이해 가능 • 교수, 학습의 결과 평가 용이 • 객관적인 측정 용이 • 교사, 학생, 학부모에게 심리적인 안정감 부여 • 중앙집권적인 통제, 교육과정 계획 용이	• 단편적인 지식 주입 • 학생들의 흥미, 능력, 필요 무시 • 사고력, 창의력 등 고등정신 능력을 기르기가 어려움 • 현대의 사회문제와 동떨어진 과거의 지식교육만 강조 • 학습내용이나 학습경험의 조직, 배열이 비능률적 • 전체로서의 통일성, 연관성 부족

자료: 한상길 · 김응래 · 박선환 · 박숙희 · 정미경 · 조금주(2007). 교육학개론. 공동체, 재구성.

나. 경험중심 교육과정

경험중심 교육과정은 학생들을 급변하는 사회에 적응시키기가 매우 어렵고 현실과 동떨어진 교육내용을 가르치는 교과중심 교육과정을 비판하면서 대두되었다. 즉, 경험중심 교육과정은 루소(Rousseau) 이후 제창되어 온 아동중심 교육사상과 실용주의 철학을 배경으로 한 듀이(Dewey)의 진보주의 교육사상을 사상적 배경으로 하였다(한상길 외, 2007).

특히, 경험중심 교육과정은 경험의 계열을 존중하는 교육과정으로서 학교의 지도하에 학생들이 체험하게 되는 모든 경험을 의미한다(이형행, 2007). 또한, 경험중심 교육과정은 학습자를 중심에 두고 가르칠 내용과 방법을 결정하고 교육은 학생의 흥미, 욕구, 필요, 능력에 바탕을 두어야 한다는 입장으로서 교과활동뿐만 아니라, 과외활동, 전시회, 자치활동, 클럽활동 등도 중시한다(김병희 외, 2008).

경험중심 교육과정은 사회의 급격한 변화에 적응하는 생활인을 육성하는 데 교육목표를 두고 있기 때문에 지 · 덕 · 체의 조화로운 발달을 꾀하는 전인교육을 강조할 뿐만 아니라, 단순한 지식의 습득보다 문제해결력 함양을 중시하고 있다(이정표 · 권영신, 2008).

한편 경험중심 교육과정의 특징을 살펴보면 첫째, 생활 경험 위주의 교육내용을 위주로 하고 둘째, 학습자 중심의 교육이기 때문에 교사와 학생의 협동에 의해 활동내용이 결정되며 셋째, 학습은 행함으로써 이루어진다는 것을 강조하여 문제해결 방법이 교수 · 학습 방법의 주가 된다(한상길 외, 2007).

그러나 경험중심 교육과정은 기초학력의 저하, 학습시간의 경제적인 효율성 무시, 학습 환경 통제 곤란 등의 문제점을 안고 있다(김운삼, 2003).

지금까지 살펴본 경험중심 교육과정의 장점과 단점을 제시하면 <표 2-5>와 같이 정리할 수 있다.

표 2-5 경험중심 교육과정의 장점과 단점

장점	단점
• 학생의 자발적인 학습활동을 유발하기 쉬움 • 문제해결력을 기르기에 용이하고 역동적인 학습 가능 • 자발성, 사회화, 직관의 원리 등과 일치하는 학습 • 어떤 사상을 전체적으로 보는 능력을 기르기 쉬움 • 많은 인적, 물적 자원을 이용한 다양한 형태의 학습 전개	• 교육과정의 기본적인 분류가 명확하지 않고 지적 체계 부족 • 교육의 계획, 실천, 평가가 어렵고 체계적이지 못할 가능성 높음 • 교직 소양과 지도방법이 미숙한 교사는 교육의 효과가 매우 저조하게 나타날 가능성 • 일반적, 추상적인 지식이나 과학적 지식의 결함을 가져오기 쉬움

자료: 한상길 · 김응래 · 박선환 · 박숙희 · 정미경 · 조금주(2007). 교육학개론. 공동체, 재구성.

다. 학문중심 교육과정

학문중심 교육과정은 구소련의 인공위성 스푸트니크(sputnik)호 발사에 따른 충격과 지식의 폭발적인 증가로 인해 미국의 경험중심 교육과정을 비판하면서 대두되었다. 이러한 학문중심 교육과정은 브루너(Bruner)의 '교육의 과정(The Process of Education)'을 통해 학문의 구조라는 관점에서 기반을 둔 지식의 체계화 및 탐구 원리를 제공하여 학문중심 교육과정의 방향을 제시하였다(한상길 외, 2007).

특히, 학문중심 교육과정은 지적인 성장을 중시하여 장래 생활 준비 및 학습자의 현재 생활까지도 강조하고, 개인차를 인정하며 개별학습과 집단학습의 장을 마련해 준다(김운삼, 2003).

한편 학문중심 교육과정의 교육내용으로 각 교과의 핵심적인 아이디어, 기본적 개념, 원리, 법칙 등을 의미하는 '지식의 구조'를 강조하는데 표현방식의 다양성(작동적, 영상적, 상징적 표상), 학습의 경제성, 지식 구조의 생성력 등이 특징이다(김병희 외, 2008).

학문중심 교육과정의 일반적인 특징을 살펴보면 첫째, 교과내용은 지식의 구조를 핵심으로 조직하고 둘째, 탐구과정 및 발견학습의 과정을 중시하며 셋째, 나선형 교육과정의 조직을 강조한다(이형행, 2007). 지식의 구조의 표현 방식은 작동적 표상, 영상적 표상, 상징적 표상 등 세 가지로 구분할 수 있다(<표 2-6> 참조).

표 2-6 지식의 구조의 표현 방식

구분	특징	예시
작동적 표상	원리의 이해를 위해 행동으로 표현하는 방식	천칭의 원리를 이해함에 있어서 시소를 타 보는 것
영상적 표상	원리의 이해를 위해 그림이나 도형으로 표현하는 방식	천칭의 원리를 그림을 통해 이해하는 것
상징적 표상	원리의 이해를 위해 공식이나 문자로 표현하는 방식	천칭의 원리를 공식으로 표현하는 것

지금까지 살펴본 학문중심 교육과정의 장점과 단점을 제시하면 <표 2-7>과 같이 정리할 수 있다.

표 2-7 학문중심 교육과정의 장점과 단점

장점	단점
• 학생의 자발적인 학습활동을 유발하기 쉬움 • 문제해결력을 기르기에 용이하고 역동적인 학습 가능 • 자발성, 사회화, 직관의 원리 등과 일치하는 학습 • 어떤 사상을 전체적으로 보는 능력을 기르기 쉬움 • 많은 인적, 물적 자원을 이용한 다양한 형태의 학습 전개	• 교육과정의 기본적인 분류가 명확하지 않고 지적 체계 부족 • 교육의 계획, 실천, 평가가 어렵고 체계적이지 못할 가능성 높음 • 교직 소양과 지도방법이 미숙한 교사는 교육의 효과가 매우 저조하게 나타날 가능성 높음 • 일반적, 추상적인 지식이나 과학적 지식의 결함을 가져오기 쉬움

자료: 한상길 · 김응래 · 박선환 · 박숙희 · 정미경 · 조금주(2007). 교육학개론. 공동체, 재구성.

라. 인간중심 교육과정

인간중심 교육과정은 현대 사회가 고도로 산업화 되어감에 따라 인간성이 매몰되고 비인간화, 소외의 경향이 증대되면서 교육이 경제 및 사회발전의 수단이 아니라, 자기 충족감이 넘치는 인간을 육성하기 위한 활동이 되어야 한다는 인식 하에서 등장하였다(이정표 · 권영신, 2008). 이러한 인간중심 교육과정의 목표는 인간의 본성과 욕구에 부합시켜 사랑하고 깊이 있게 느끼며 내면의 자아를 확장하고 창조함으로써 스스로 배우는 자아실현의 가능성을 개발하자는 것이다(이형행, 2007).

특히, 인간중심 교육과정의 특징을 살펴보면 첫째, 자아실현을 목표로 하고 둘째, 표면적 교육과정 뿐만 아니라, 잠재적 교육과정도 중시하며 셋째, 학교 환경의 인간화를 위해 노력하며 끝으로, 인간주의적 교사를 가장 필요로 한다는 것이다. 즉, 인간중심 교육과정은 인간의 성장 가능성을 조화롭게 개발하고 긍정적인 자아개념을 형성하며 개별적인 자기성장을 조장한다는 장점을 가지고 있지만,

실현이 곤란하며 교육성과의 보장이 어렵다는 단점도 있다(김운삼, 2003).

지금까지 살펴본 인간중심 교육과정의 장점과 단점을 제시하면 <표 2-8>과 같이 정리할 수 있다.

표 2-8 인간중심 교육과정의 장점과 단점

장점	단점
• 긍정적인 태도 및 자기계발 능력 부여 • 타인을 존중하고 수용할 수 있는 건전한 가치관 형성 • 학교 환경의 인간화를 위한 노력 중시 • 결과보다 과정 중시	• 인간중심 교육과정의 기본 개념을 실천에 옮길 준거 모호 • 교육과정에 대한 학생의 선택이 과도하게 허용되어 계열성 결여 • 학생 개인에게 적합한 경험이 무엇인지에 대해 구체적인 대안을 제시하지 못함

자료: 한상길 · 김응래 · 박선환 · 박숙희 · 정미경 · 조금주(2007). 교육학개론. 공동체, 재구성.

3 교육과정의 구성

교육과정을 개발하기 위해 교육목표의 설정, 학습경험의 선정, 학습경험의 조직, 교수·학습 과정, 교육평가 등의 과정을 거친다([그림 2-3] 참조).

가. 교육목표 설정

먼저 교육목표 설정을 위해서는 학습자, 사회, 교과 등의 세 가지 자원을 고려하여 잠정적인 교육목표를 설정한 다음, 교육철학과 학습심리의 '체'를 통해 최종적인 교육목표를 설정하게 된다(김병희 외, 2008).

특히, 교육목표 설정의 기준이 되는 원리는 구체적이고 명료한 용어로 교육목표가 진술되어야 하고, 모든 교직원의 교육활동 속에 교육목표가 내면화 되어야 하며 설정된 교육목표는 타당성을 항상 검증받고 수정될 수 있어야 하며 포괄성과 일관성, 실현 가능성이 있어야 한다(한상길 외, 2007).

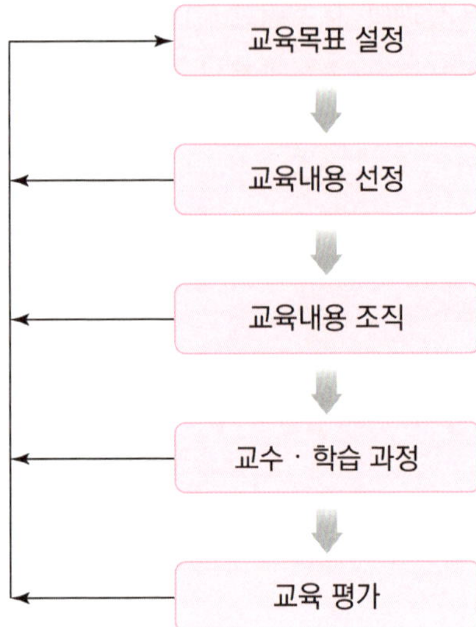

▲ 그림 2-3 교육과정의 구성

나. 교육내용 선정

교육목표가 설정되면 교육목표를 효과적으로 달성하기 위한 학습경험 즉, 교육내용을 어떻게 선정해야 할 것인가에 초점을 맞추어야 한다. 이러한 교육내용을 선정하는 원칙은 교육목표에의 타당성과 유의미성의 원리, 교육목표와 일관성의 원리, 교육내용의 학습 가능성의 원리, 일경험 다목표 달성의 원리, 일목적 다경험 활용의 원리 등이 있다(이형행, 2007).

다. 교육내용 조직

교육내용의 조직은 선정된 학습경험을 그 자체의 논리성이나 학습자의 심리적 특성에 적합하도록 배열하는 것으로서, 계속성 또는 반복성의 원리, 계열성의 원리, 통합성의 원리 등이 있다(김병희 외, 2008).

라. 교수·학습 과정

교수·학습 과정은 교육이 실제로 이루어지는 상황으로서 교사가 가르치고 학생들이 배우는 단계이고 교육의 핵심적·실제적인 단계이다. 이러한 교수·학습의 과정에 작용하는 변인들은 크게 학습자 변인, 교사 변인, 학습과제 변인, 수업 변인 등이 있다(<표 2-9> 참조).

표 2-9 교수·학습 과정에 작용하는 변인

구분	유형
학습자 변인	학습자의 지능, 동기, 흥미, 적성, 자아개념, 학습양식, 선행학습, 발달단계, 기능, 가치관 등
교사 변인	교사의 교육적 배경, 지식 수준, 가치관, 성격, 태도, 목표의식, 교수방법 및 기술 등
학습과제 변인	학습목표의 종류, 학습내용의 성격과 구조, 학습내용의 범위 및 조직 방식
수업 변인	교재 및 학습자료, 교구, 시설, 학급의 학습조직 방식, 수업시간, 교실환경, 학급인원, 학급분위기 등

특히 교수·학습 지도의 기본 원리로는 자발성의 원리, 개별화의 원리, 사회화의 원리, 통합성의 원리, 직관의 원리, 목적의 원리 등이 있다(이정표·권영신, 2008).

마. 교육 평가

교육평가는 교육과정의 마지막 단계로서 의도한 교육목표의 도달여부를 확인하는 것으로서, 학습의 성과에 대한 평가 뿐만 아니라, 교육이 이루어지는 전체 과정에 관련된 다양한 요소들에 대한 평가까지도 포함한다. 이러한 교육평가는 교육목적의 달성정도 파악, 학습의 진단 및 치료, 교수·학습 과정의 평가, 학습동기 유발 및 강화, 진로지도를 위한 자료 확보 등으로 사용할 수 있다(이정표·권영신, 2008).

특히, 수집된 측정 자료를 해석하는 방법에 따라서 개인이 성취한 정도를 교육목표 그 자체와 비교하는 절대평가와 집단 내에서 다른 사람의 성취정도를 비교하여 개인의 성취 정도를 비교하는 상대평가가 있고, 교수·학습 과정의 단계 즉, 교수·학습을 시작하는 도입 단계에서 학습자의 학습 준비도나 선행학습 정도를 파악하기 위한 진단평가, 교수·학습 과정의 전개 단계에서 교사의 수업 방법이나 진행 속도의 적절성 여부를 분석하고 학습 곤란도나 장애요인을 분석하는 형성평가, 교수·학습 과정의 정리 단계에서 학생의 성취도를 최종적으로 판정하는 총괄평가로 구분할 수 있다(한은숙·김종두, 2008).

4 교육과정 운영

가. 개념

교육과정의 운영은 개발된 교육과정을 학교와 교실에서 실천하는 과정으로서, 계획된 교육과정의 목적을 달성하기 위해 학교에서 교사가 실제로 수업을 전개하는 활동을 의미한다.

특히, 교육과정 운영은 학교 밖에서 개발되어 주어지는 실천에 옮기는 것과 학교 안에서 자체적으로 개발하여 실천하는 것으로 구분할 수 있다(박도순·홍후조, 2006). 또한, 교육과정 운영은 교육과정 개발자와 실천자의 일치 여부에 따라 이행과 실행으로 <표 2-10>과 같이 구분할 수 있다(김진규, 2007; 박도순·홍후조, 2006; 강현석·주동범, 2004).

표 2-10 교육과정 이행과 실행의 비교

구분	이행	실행
개념	• 교육법으로 고시되는 것을 행동으로 옮기는 수준 • 적용	• 자발적인 행위를 통해 무엇을 만들어 가는 과정 • 적용, 응용, 창출
교사 역할	• 수동적, 소극적 역할	• 능동적, 주체적 역할

구분	이행	실행
교육과정 개발자와 실천자 일치도	• 교육과정 개발자와 실천자의 불일치	• 교육과정 개발자와 실천자의 일치

한편, 교육과정 운영의 개념은 충실도적 접근, 상호적응적 접근, 생성적 접근 등 <표 2-11>와 같이 분류할 수 있다(최호성, 2008).

표 2-11 교육과정 운영의 개념

구분	교육과정 운영 개념	교육과정 구성 방식	평가 영역
충실도적 접근	계획된 교육과정	학교 외부 전문가	계획과 결과 간의 일치 정도
상호적응적 접근	조정된 교육과정	외부 전문가와 학교내부의 교육과정 운영 담당자 간의 상호작용	상호작용의 변화 과정
생성적 접근	창조된 교육과정	학교 내의 교사와 학생	교사의 이해와 해석 수준

나. 운영의 원리

교육과정을 운영하는 원리는 타당성의 원리, 적법성의 원리, 전체성의 원리, 민주성의 원리, 전문성의 원리, 현실성의 원리 등 <표 2-12>와 같이 요약할 수 있다(박도순 · 홍후조, 2006; 김대현 · 김석우, 2005).

표 2-12 교육과정 운영의 원리

구분	특징
타당성	• 학교가 설정한 교육목표가 타당한지를 파악하고 만약 타당하다면 학교에서 운영하는 교육과정의 교육목표를 달성하기 위한 효과적인 수단을 파악하는 원리 • 합목적성의 원리

구분	특징
적법성	• 국가가 정한 법령의 테두리 안에서 교육과정을 운영하는 원리 • 합법성의 원리
전체성	• 일부 교과의 각론을 개발하거나 교과들과 교과서의 내용을 재구성하는 것이 아니라, 학교 전체 교육과정을 대상으로 하는 원리 • 균형성의 원리
민주성	• 학교 교육에 관여하는 집단의 폭넓은 참여를 보장하고 그들이 제시하는 의견을 공정하게 처리하는 원리
전문성	• 교육과정을 효과적으로 운영하기 위해 전담하는 연구 조직과 실행 조직이 구성되어야 하는 원리
현실성	• 학생에 대한 이해, 지역사회 요구 등을 잘 파악함으로써 실현 가능한 교육과정을 운영하는 원리
학습자 존중	• 학습자 발달, 능력, 적성, 진로 등을 고려하여 교육과정을 운영하는 원리
자율성	• 학교와 교원이 외부 간섭으로부터 벗어나 독립적인 자기 결정과 실천으로 교육과정을 운영하는 원리
효과성	• 교육과정에서 설정된 교육목표가 얼마나 잘 잘 달성되었는지 평가하는 교육과정 운영의 원리
효율성	• 주어진 자원을 바탕으로 최소의 인적, 물적 자원, 시간을 투입하여 최대의 효과를 올려 교육과정을 운영하는 원리
계열성	• 학교급간, 학년간, 교과 단원간 선수학습과 후속학습 등 종적인 연계를 고려하여 교육과정을 운영하는 원리
통합성	• 학생 관심, 사회 요구, 인접 교과 간의 횡적 통합이 이루어지도록 교육과정을 운영하는 원리

다. 운영의 실제

교육과정 운영에 영향을 미치는 요인은 국가 정책과 교육개혁, 교육과정 개정 관행, 교육과정 편성, 학교급별 교육과정의 특성, 교육과정 운영 관행과 풍토, 교원, 학생, 교재, 시설과 설비, 교육평가, 시간, 재정과 여건 등이 있다(박도순·홍후조, 2006).

특히, Hall, Wallance, and Dossert(1973)는 교사가 새로운 교육과정을 실행할 때 관심을 가지는 관심 단계(<표 2-13>)와 교사가 실행 과정에서 실제로 수행하는 활용 수준(<표 2-14>)으로 구분하는 관심 기반 채택 모형(Concern-Based Adoption model: CBAM)을 개발하였다.

표 2-13 교육과정에 대한 관심 단계

관심 단계	특징
0단계 (각성)	새로운 교육과정에 대해 전혀 관심이 없고 관여하지 않는 단계
1단계 (정보수준)	새로운 교육과정에 대해 대체로 알고 있고 좀 더 알고 싶어 하는 단계
2단계 (개인)	새로운 교육과정이 자신과 자기 주변에 어떤 영향을 끼치는지 알고 싶어 하는 단계
3단계 (운영 및 관리)	새로운 교육과정의 운영과 관리에 관심이 있고 정보와 자원의 활용에 관심이 높은 단계
4단계 (결과)	새로운 교육과정이 학생들에게 어떠한 영향을 끼치는지에 관심이 있는 단계
5단계 (협동)	새로운 교육과정을 운영함에 있어서 다른 교사들과 협동하고 조정하는 데 관심이 있는 단계
6단계 (개선)	새로운 교육과정을 수정 및 보완하여 더 좋은 결과를 가져올 방법에 대해 관심이 있는 단계

표 2-14 교육과정에 대한 활용 수준

활용 수준	특징
0수준 (무활용)	새로운 교육과정에 대해 거의 알지 못하거나 전혀 지식이 없어 제대로 참여하지 못하고 필요한 일도 전혀 하고 있지 않은 수준
1수준 (입문)	새로운 교육과정에 대해 정보를 얻었거나 얻고 있는 수준
2수준 (준비)	새로운 교육과정을 처음으로 활용할 준비를 하는 수준

활용 수준	특징
3수준 (기계적 활용)	새로운 교육과정을 별도로 성찰할 시간을 가지지 못하고 단기적인 쓰임새에 초점을 맞추어 단절적이고 피상적으로 이용하는 수준
4수준 A (일상화)	새로운 교육과정을 비교적 안정적으로 이용하지만, 새로운 교육과정의 이용 결과에 대해 개선하려는 준비나 고민을 하지 않는 수준
4수준 B (정교화)	새로운 교육과정의 효과를 높이기 위해 교육과정의 이용을 변화시키는 수준
5수준 (통합)	새로운 교육과정을 이용하려는 자신의 노력을 다른 교사들의 관련 활동과 결합하려고 노력하는 수준
6수준 (갱신)	새로운 교육과정을 이용한 다음, 대폭 수정하거나 대체 안을 모색함으로써 새로운 개발 안 및 목표를 탐색하는 수준

한편, 교사가 교육과정을 효과적으로 운영할 수 있도록 도와 주기 위해 훈련, 모방, 논리적 방법, 관료적 방법, 연구회 및 학회, 교사 연수 등 <표 2-15>와 같은 방안을 모색할 수 있다(김진규, 2007; 박도순·홍후조, 2006; 김대현·김석우, 2005).

표 2-15 교사의 효과적인 교육과정 운영 방안

구분	특징
훈련	새로운 교육과정에 대한 연수, 워크숍, 일대일 상담 등을 통해 설명하는 방법
모방	알고 있는 교사나 존경받는 교사가 새로운 교육과정의 운영을 시범 보이고 모방하는 방법
논리적 방법	새로운 교육과정이 개정된 합리적 근거를 제시하는 방법
관료적 방법	교육과학기술부, 교육청 등 교육당국이 교장의 도움을 받아 새로운 교육과정을 운영하도록 영향력 및 압력을 행사하는 방법
연구회 및 학회	연구회나 학회에서 새로운 교육과정에 대해 지지하고 수용하는 방법
교사 연수	새로운 교육과정의 특성을 조사하여 목록을 만들어 수업에 어떻게 반영할 것인지 조사하여 연수 계획을 세우는 방법

끝으로 학교 교육과정의 운영을 체계적으로 수행하기 위해서는 다음과 같은 학교장의 역할이 매우 중요하다. 첫째, 행정중심 관리·사무체제에서 교육과정 중심 학교운영체제를 확립해야 한다. 둘째, 교육과정 연구실을 확보해야 한다. 셋째, 학교 교육과정을 통합적으로 운영해야 한다. 넷째, 학교 교육과정 운영에 직결되는 예산을 지원해야 한다. 다섯째, 교육과정의 운영 결과는 매 학년도 말에 전 교직원의 참여 하에 평가되어야 한다. 여섯째, 학교장의 교내 교육과정 장학과 수업 장학에 중점을 두어야 한다(함수곤, 2000).

참 고 문 헌

강갑원 · 박영진 · 안병환 · 이경희(2006). 교육학개론. 교육과학사.

강현석 · 주동범(2004). 현대 교육과정과 교육평가. 학지사.

김병희 · 김형구 · 배재학 · 이기용 · 이영애 · 정길영 · 최병옥(2008). 교육학개론. 공동체.

김대현 · 김석우(2005). 교육과정 및 교육평가(개정 2판). 학지사.

김재춘 외(2001). 교육과정과 교육평가. 서울: 교육과학사.

김진규(2007). 교육과정과 교육평가(개정판). 동문사.

박도순 · 홍후조(2006). 교육과정과 교육평가(3판). 문음사.

이정표 · 권영신(2008). 교육학개론. 교육과학사.

이형행(2007). 교육학개론(전정 2판). 양서원.

최호성(2008). 교육과정 및 평가 －이해와 응용－. 교육과학사.

한상길 · 김응래 · 박선환 · 박숙희 · 정미경 · 조금주(2007). 교육학개론. 공동체.

한은숙 · 김종두(2008). 교육학개론. 교육과학사.

함수곤(2000). 교육과정과 교과서. 서울: 대한교과서.

Hall, G. E., Wallace, R. C., & Dossett, W. A.(19730. A developmental conceptualization of the adoption process within educational institution. Austion: University of Texas, Research and Development Center for Teacher Education.

CHAPTER

02 교육과정의 평가

1 교육과정 평가의 개념

교육과정 평가는 근본적으로 교육과정을 개선하기 위한 정보와 그 교육과정의 성과를 판단하는 데 필요한 정보를 체계적으로 수집하는 것이다(홍후조, 2007). 이러한 교육과정 평가는 크게 교육과정의 기본적인 관심사에 비추어 본 개념, 교육평가의 개념을 확장한 개념, 교육과정의 영역이나 개발 과정에 비추어 본 개념 등 <표 2-16>과 같이 구분할 수 있다(강현석·주동범, 2004).

표 2-16 교육과정 평가의 개념

구분	특징
교육과정의 기본적 관심사에 비추어 본 개념	• 교육목표 설정, 교육내용과 학습경험 선정과 조직, 교육평가 등의 평가 • 교육과정 평가
교육평가의 개념을 확장해 본 개념	• 교육과정 평가와 학생 평가, 교사 평가, 학교 평가 포함
교육과정 영역이나 개발 과정에 비추어 본 개념	• 교육과정 구상 및 설계, 교육과정 개발, 교육과정 실행 및 운영, 교육과정 성과 산출 등의 평가

특히, 교육과정 평가의 기본 목적은 교육과정 목적과 목표가 제대로 수행되었는지 여부를 판단·결정하는 것으로 교육과정이 제대로 계획되고 그 계획에 따라 제대로 운영되었는지를 확인하기 위해 반드시 필요하다(이성호, 2009).

한편, 허숙(1987)은 교육과정 평가의 개념 모형을 [그림 2-4]과 같이 도식화하여 설명하고 있다.

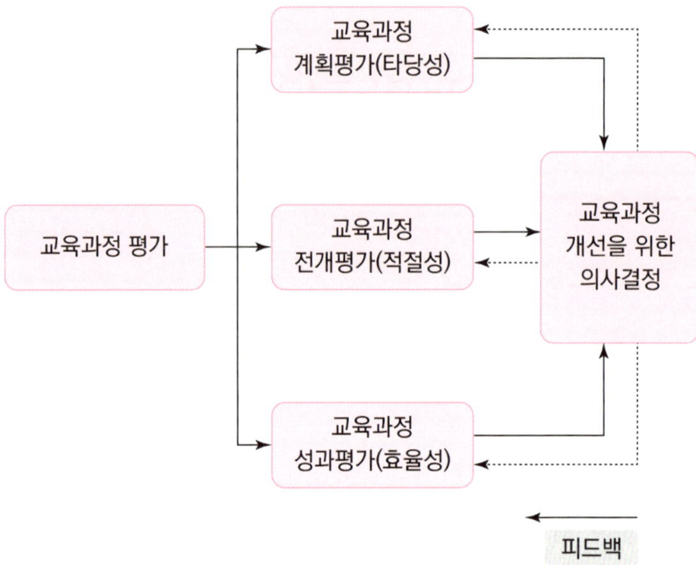

▲ 그림 2-4 교육과정 평가의 개념 모형

또한, Beauchamp(1968)는 교육과정 평가를 교사들의 교육과정 이용에 대한 평가, 교육과정 설계에 대한 평가, 학생들의 학습결과에 대한 평가, 교육과정 체제에 대한 평가 등 네 가지 차원으로 구분하였고, 김재춘 외(1998)는 교육과정 평가를 개발 체제·문서·운영·성과 등의 교육과정 영역 차원·국가·지역·학교 등의 수준 차원, 검정·확인·동의 등의 방법 차원의 세 가지 차원으로 구분하였다. 또한, 허경철(2000)은 교육과정 평가를 교육목표, 교육내용·교육방법·평가 등의 내용 차원, 국가·지역·학교 등의 수준 차원, 계획·전개·구현 등의 단계 차원의 세 가지 차원으로 구분하였다.

이 외에도 Oliver(1977)는 교육과정 평가의 관심 영역을 프로그램(programs), 서비(provisions), 절차(procedures), 결과(products), 과정(processes) 등 5개의 P로 구분하고 교육과정의 효율성 또는 바람직함을 평가하는 것이라고 설명하였고, 이해명 외(2008)는 교육과정 평가를 교육과정 개발, 실천, 개혁과 관련하여 다양하고 체계적인 정보와 증거를 확보하고 가치를 판단하는 것으로 설명하였다.

지금까지 살펴 보았듯이, 교육과정 평가는 다양한 의사결정에 필요한 정보를 제공하고 교육과정 목적과 목표가 제대로 수행되었는지의 여부를 파악하며 교육과정 개선을 위한 정보를 획득할 수 있으며 교육과정의 계속 여부를 결정하는 데 필요한 정보를 정책 결정자에게 제공하고 새로운 교육과정 개발과 적용에 결정적인 역할을 한다(홍후조, 2007). 또한, 교육과정 평가는 교육의 과정 속에서 다양한 사상, 조건, 상태에 대한 바람직성을 평가하고, 실제 활동 상황 속에서 이루어지는 평가 활동이며 의사결정 및 정책 수립을 촉진하기 위해 반드시 필요하기 때문에, 순환적·재생적·계속적인 활동이다(이성호, 2009).

2 교육과정 평가의 과정

교육과정 평가의 과정은 교육과정 목적 평가, 교육과정 목적의 현재 성취 수준, 교육과정 목표, 교육과정 합리성, 교육과정 계획, 교육과정 적용, 교육과정 평가 등 <표 2-17>와 같다(홍후조, 2007).

표 2-17 교육과정 평가의 과정

단계	특징
교육과정 목적 평가	교육과정 목적이 확인되고 평가되면 교육과정 목표와 의도된 성과를 평가하는 출발점
교육과정 목적의 현재 성취 수준	교육과정의 목적을 효과적으로 달성하기 위한 증거 수집
교육과정 목표	교육과정 목적보다 좀 더 구체적인 진술형태로 상세화
교육과정 합리성	교육과정의 이론적 근거와 원리를 기초로 계획하고 적용
교육과정 계획	교육과정 상황에서 관련되는 요소들을 구체적으로 목록화함으로써 특정 교육과정의 본질적인 특성 밝혀 주는 역할
교육과정 적용	실제 교육과정이 계획된 대로 적용 되었는가 파악
교육과정 평가	교육과정이 산출하는 성과의 형태를 보고하고 성공과 실패 여부의 결정

3 교육과정 평가의 모형

가. Tyler의 모형

원래 학생들의 학업성취도를 평가하기 위해 제안된 평가모형이었는데 현재는 교육과정 평가 뿐만 아니라, 목표기준경영(MBO)이 교육행정에 도입되면서 학교경영 및 학교관리 평가에도 활용되고 있으며 구체적인 교육과정 평가 절차는 <표 2-18>과 같다(강현석 · 주동범, 2004).

표 2-18 Tyler의 교육과정 평가 모형

단계	특징
목표선정	일반 교육목표 설정
목표명시	행동목표 명세화
도구제작	평가 방법과 평가 도구 선정 및 개발
자료수집	평가 도구를 이용하여 데이터 수집
가치판단	수집된 데이터를 기준으로 목표 도달도 결정

나. Provus의 모형

평가와 체제관리 이론을 결합시켜 교육과정 평가의 요소로 수준(프로그램 수준 결정), 성취(프로그램 실제 성취 결정), 비교(수준과 성취 비교), 간극(수준과 성취 간의 격차 결정) 등을 제시하고 구체적인 교육과정 평가 절차는 <표 2-19>와 같다(Provus, 1971).

표 2-19 Provus의 교육과정 평가 모형

단계	특징
설계	• 프로그램 설계를 설계 수준 또는 기준과 비교 • 프로그램이 제대로 설계되었는지 평가
투입	• 프로그램의 실제 운영이 투입 수준 또는 처음에 설계한대로 충실하게 투입하였는지 평가 • 교수-학습 설계와 방법, 학습자 능력, 교수자 자질 등 평가
과정	• 프로그램 과정 평가 • 교수자와 학습자 활동, 기능, 상호 의사소통 적용 등 평가
결과	• 전체 프로그램의 결과를 본래 목표에 비추어 평가 • 학습자의 성취 결과와 교수자의 성취 결과 포함
비용	• 프로그램의 결과를 유사한 다른 프로그램 결과와 비교 • 비교-효과 분석 실시

다. Scriven의 모형

기존의 목표기준평가가 목표를 준거로 하여 의도했던 일차적 성과만을 확인하고 이차적 또는 잠재적 부수 효과를 간과함으로써 실제 성과를 평가하지 못한다는 문제점을 보완하기 위해 프로그램이 의도했던 효과와 부수 효과까지 포함시킨 실제 효과를 평가하는 모형으로서, 구체적인 교육과정 평가 절차는 <표 2-20>과 같다(강현석 · 주동범, 2004).

표 2-20 Scriven의 교육과정 평가 모형

단계	특징
프로그램 시행과 관찰	프로그램을 운영하면서 목표를 의식하지 않고 프로그램 운영과정과 성과를 다각적으로 광범위한 관찰 및 기록
일차적 효과 분석	관찰된 성과 중에 프로그램을 통해 획득하려고 의도했던 성과를 분석 및 정리해서 목표를 준거로 하여 가치 판단
이차적 효과 분석	프로그램을 운영해서 실제로 관찰한 성과 중에 목표에 진술하지 않았거나 전혀 의도하지 않았으나 예상 외의 부수 효과를 가져온 것을 추출하여 긍정적인 것과 부정적인 것으로 분류 및 정리

단계	특징
표적 집단의 요구 분석	프로그램 참가자와 이해 관계 당사자들의 프로그램에 대한 요구 또는 기대를 폭넓게 조사하여 항목별로 열거
사실상 효과 분석	표적 집단의 요구와 프로그램에 대한 만족도를 준거로 이차적 효과를 판단한 다음 일차적 효과와 함께 프로그램의 실제 효과를 종합적으로 판단

라. Stake의 모형

Stake는 평가자들이 다양한 사람들의 주관적인 의견을 객관적으로 수렴해야 하고 이러한 판단 과정을 거쳐 처리하는 것이 기본적인 책무이기 때문에, 평가자가 평가를 수행하는데 있어서 수집하는 정보의 영역과 정보원을 제시하여 상호관계를 밝히는 것이 중요하다고 주장하였다(이성호, 2009). 구체적인 교육과정 평가 모형을 소개하면 [그림 2-5]와 같이 도식화할 수 있다(이해명 외, 2008).

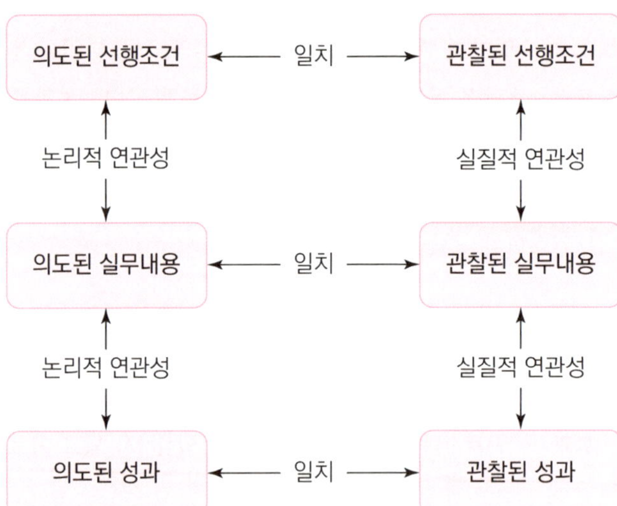

▲ 그림 2-5 Stake의 교육과정 평가 모형

마. Stufflebeam의 모형

Stufflebeam은 평가가 의사결정에 필요한 정보를 설계, 획득, 제공하는 과정이라고 정의하면서 CIPP(Content: 상황 및 맥락 평가, Input: 투입 평가, Process: 과정 평가, Product: 산출 및 결과 평가)모형을 <표 2-21>과 같이 제시하였다(강현석·주동범, 2004).

표 2-21 Stufflebeam의 교육과정 평가 모형

구분	상황 및 맥락 평가	투입 평가	과정 평가	산출 및 결과 평가
개념	프로그램이나 수업 평가를 실시함에 있어 전반적인 맥락이나 환경을 분석하여 필요한 조건과 실제 상황을 명시하고 필요조건과 실제 상황이 일치하지 않는 부분의 해결방안 확인 및 진단하는 평가	평가에 동원되는 자원이나 자원체제의 활용 방법을 결정할 때 필요한 정보를 수집 및 제공하기 위한 평가	프로그램의 운영 방법과 절차를 수정 및 보완하는 데 필요한 정보의 수집과 제공을 위해 프로그램의 운영 상황을 정기적으로 검색하는 평가	프로그램이 종료된 후에 프로그램의 성과를 측정하는 평가

특히, Stufflebeam의 교육과정 평가 모형은 의사결정 지향 평가의 전형적인 예시를 보여 주었고, 평가에 있어서 환류(feedback)를 통한 재순환 과정을 제시하였다는 데 큰 의의가 있으며, 맥락 및 상황 평가는 진단평가에, 투입 평가와 과정 평가는 형성평가에, 산출 및 결과 평가는 총괄평가에 해당한다고 볼 수 있다(이성호, 2009).

바. Eisner의 모형

Eisner는 예술 활동에서 많이 사용하는 감정과 비평에서 교육비평이라는 개념을 도출하여 예술작품을 감정 또는 평가할 때 그 분야의 전문가들이 사용하는 절차와 기술을 교육평가에 적용하는 감정·비평 모형을 주장하였다. 구체적인 교육과정 평가 모형의 절차는 <표 2-22>과 같다(강현석·주동범, 2004).

표 2-22 Eisner의 교육과정 평가 모형

단계	특징
실제 사상에 대한 감상	직관을 토대로 평가하고자 하는 교육적 사상 또는 실제 모습을 보고, 느끼고, 생각한 대로 담담하게 음미하고 감식
기술적 측면 비평	교육적 사상을 관찰, 감상해서 얻은 특징과 질을 상세하게 기술
해석적 측면 비평	기술한 특징과 질에 대한 교육적 의미와 가치를 자세하게 논리적으로 풀어서 설명
평가적 측면 비평	기술, 해석한 교육적 의미와 가치를 질적으로 판단
결론 도출과 제언	교육 실제를 정확하게 이해하고 개선하는 데 필요한 결론 도출

4 학교 교육과정의 평가

학교 교육과정의 평가 목적, 평가 방법, 평가 절차를 살펴보면 <표 2-23>과 같이 정리할 수 있다(김진규, 2007).

표 2-23 학교 교육과정의 평가

구분	특징
평가 목적	• 단위 학교 내에서 교육과정의 질 관리 • 현재 상태에서 갖고 있는 장·단점을 파악하여 반성함으로써 개선 방안 및 장·단기 발전 계획 수립 • 자체 연수 및 홍보 활동 자료 활용

<table>
<tr><th colspan="2">구분</th><th>특징</th></tr>
<tr><td rowspan="5">평가
방법</td><td>서류점검</td><td>• 공식적 서류, 문서가 존재하고 객관적인 평가 자료로 활용 가능할 때 사용하는 방법</td></tr>
<tr><td>설문조사</td><td>• 개인의 의견을 통해 평가할 필요가 있을 때 교사, 학생, 학부모 등을 대상으로 실시하는 방법</td></tr>
<tr><td>면담</td><td>• 평가항목을 심층적으로 확인할 필요가 있을 때 교사, 학생, 학부모 등을 대상으로 실시하는 방법</td></tr>
<tr><td>관찰</td><td>• 평가 항목에 대한 사항을 실제로 방문, 관찰함으로써 보다 객관적인 평가가 가능한 경우에 실시하는 방법</td></tr>
<tr><td>교사별
자체보고서</td><td>• 전반적 교육활동에 대해 개별교사 스스로 자신을 어떻게 평가하는지를 요약 · 정리하여 검토하는 방법</td></tr>
<tr><td rowspan="3">평가
절차</td><td>평가 준비</td><td>• 평가 계획 수립, 구체적 평가 일정 및 평가 영역 확정, 평가 위원회 구성 등</td></tr>
<tr><td>평가 실시</td><td>• 평가 영역별 자료 수집, 분석, 종합,
• 영역별 장 · 단점 파악 및 개선 방안 모색</td></tr>
<tr><td>결과 활용</td><td>• 평가 결과 공개를 통한 교사, 학생, 학부모의 자기 반성</td></tr>
</table>

참 고 문 헌

강현석 · 주동범(2004). 현대 교육과정과 교육평가. 학지사.

김재춘 외(1998). 초 · 중등 교육과정 평가 방안 –제 7차 교육과정 평가 실행에 대비한 기초 연구–. 한국교육과정평가원 연구보고 RRC 98–2.

김진규(2007). 교육과정과 교육평가(개정판). 동문사.

이성호(2009). 교육과정론. 양서원.

이해명 · 피재성 · 손춘자 · 이은주 · 김현주 · 정경숙(2008). 현대 교육과정 및 평가(개정판). 교육아카데미.

허경철(2000). 21세기 교육평가 어떻게 할 것인가. 한국교육과정평가원세미나 자료집. 107–140.

허숙(1987). 교육과정 이론의 쟁점. 서울: 교육과학사.

홍후조(2007). 교육과정의 이해와 개발. 문음사.

Beauchamp, G. A.(1968). Curriculum Theory(4th). Wilmette: The Kagg.

Oliver, A. I.(1977). Curriculum improvement: A Guide to Problems, Principles and Processes(2nd ed.). New York: Harper & Row.

Provus, M.(1971). Discrepancy Evaluation for Education Program Improvement and Assessment. Berkeley, CA: McCutchan.

CHAPTER

03 수산 · 해운 교육과정의 이해

가. 교육과정의 개념

교육과정(教育課程)이란 학생이 학교에서 이루어지는 경험의 총체 또는 학교가 제공하는 경험의 총체라는 광의의 의미로 정의할 수 있다. 학교에서 계획하고 실천하는 교육과정은 의도적이고 계획적인 행위라고 할 수 있는데 이러한 계획적인 행위는 달성하고자 하는 교육목적과 교육목표를 포함하고 있는 것이다. 즉, 학교에서 계획하고 실천하는 교육과정은 학교의 교육 목적 및 목표를 달성하기 위해 교육 내용 또는 학습 경험을 선정하고 조직하고 실천하고 평가하는 행위라 할 수 있다. 따라서 의도적이고 계획적인 학교 교육에 적용하고자 하는 교육과정은 '교육 목표와 경험 혹은 내용, 방법, 평가를 체계적으로 조직한 교육 계획'으로 정의할 수 있다.

또한, 교육과정은 법령에 근거하여 마련되고 실천된다는 점에서 법제적 의미를 지닌다. 우리나라의 경우 초·중등학교 교육은 '교육기본법'과 '초·중등교육법'에 따라 운영하도록 규정되어 있다. 교육기본법 제2조에는 우리나라의 교육 이념이 제시되어 있다. 초·중등교육법 제23조 제2항에는 초·중등학교 교육과정의 기준과 내용에 관한 기본적인 사항을 교육부 장관이 정하도록 규정하고, 시·도 교육감은 이에 근거하여 지역의 실정에 적합한 기준과 내용을 정할 수 있도록 하고 있다. 또한 학교는 초·중등교육법 제23조 제1항에 의거 학교 교육과정을 운영하여야 한다. 이와 같은 관련 법령에 근거하여 국가에서는 초·중등학교 교육과정을 고시(공포)하여 시행하고 있으며, 이렇게 문서화된 국가 수준 교육과정은 '제◇차 교육과정' 혹은 '20□□ 개정 교육과정' 등으로 명명한다.

나. 수산 · 해운 교육과정

수산 · 해운에서의 수산업은 수산 생물의 채포를 위한 수단으로서 기술 발전과 관련된 어구 · 어법의 개발, 선박 건조 기술과 항해 계기 및 어업 기기의 발전 등 다른 첨단 산업과 연계되어 있다.

해운업은 장소 이동의 주된 대상인 원유. 석탄, 광석, 곡물 등 원자재를 제품 생산과정에 연결시킴으로써 이들이 노동수단과 결합하여 새로운 형태의 생산물에 가치를 부여하고. 최종 생산물의 장소적 이동을 통하여 효용가치를 대폭 증가시키는 수단으로서 활용되고 있다.

여기서 수산업과 해운산업이 가장 효용성 있는 산업으로 발전하기 위해서는 이들 산업에 관한 지식과 기술을 가져야 하며, 이 산업에 종사하는 종사자가 어느 산업보다 더욱 가치를 느껴야 할 것이다. 그리고 관련 지식과 기술을 창달하는 능력을 갖도록 하면서 우리가 경험하고 있는 수산업과 해운산업의 지식과 기술을 논리적이고 사실에 맞추어 가치적 창조를 실천할 수 있도록 체계화한 것이 수산 · 해운계열 교육이라 할 수 있다. 수산업과 해운업의 중요성을 감안하여 이에 따른 전문 인력양성이 가능하도록 수산 · 해운 교육에 종사하는 모두가 사명감을 가져야 할 것이다.

1) 수산 · 해운 교육의 내용

수산 · 해운 교육이란 수산 · 해운의 전문 영역별 응용과학을 포함시켜 총합적으로 체계화한 종합적인 학문으로서 넓은 의미에서는 관련 산업 분야의 주변 학문과 기술 및 사회 과학 분야를 포함시켜 포괄적으로 설명할 수 있다. 일반적으로 수산과학의 영역은 수산 자원학, 어업학, 어선학, 어업 계측학, 양식학, 수산 가공학, 해양환경, 수산 정보학, 어업 관리학, 해양학, 해양(수산)토목, 수산 경영학, 수산법제 등을 포함하며, 해운산업은 조선 산업을 포함하여 선박을 활용 운송수단을 체계화한 학문으로서 해운과학의 영역은 선박 운용학, 항해학, 항해 계기학, 조선학, 선박적화, 해사법규 등을 포함하고 있다.

수산 계열 학교 교육은 수산계 고등학교와 수산관련 학과가 설치되어 있는 대학으로 구분되어 있다. 수산계 고등학교의 전공 영역별 분류는 어업(해양생산)

양식(수산양식, 자영수산) 수산가공, 수산냉동(냉동공조) 동력기계(어선기관), 해양 토목, 해양환경, 수산물유통, 통신정보, 수산전산 등으로 되어있다.

2) 수산 · 해운 교육의 중요성

해양자원의 종류는 많지만 종래 우리가 이용하고 있는 해양 자원은 주로 수산생 물자원으로써, 이 해양 생물자원은 대부분 식량 자원이라 할 수 있다. 특히 우리나 라는 동물성 단백질 공급원 중에서 수산물이 차지하는 비중이 절반 이상 되기 때문 에 국민 건강과 관련하여 중요성이 매우 크다고 할 수 있다.

해양 산업이 갖는 특징은 다음과 같다.

첫째, 해양 산업은 광범위한 응용과학과 첨단 기술을 필요로 하는 종합적인 과학 산업이다.

둘째, 이러한 해양 산업이 기업으로 정착될 때까지는 장기간에 걸쳐 막대한 개발비가 투자되어야 하고, 분야별 특수 전문 기술 인력이 확보되어야 한다.

셋째, 해양 산업은 인접국과의 이해가 상충되는 경우가 많고, 국제적 분쟁이 일어날 소지가 많으므로 다른 어떤 산업보다도 국제 협력을 필요로 하는 산업이라고 할 수 있다.

넷째, 최근 세계적으로 환경보전의 문제가 여러 산업 분야에서 야기되고 있는데 해양에 있어서 환경보전의 문제는 선박과 같은 시설물의 안전 관리가 그 기본이 되며, 환경보전은 자원의 관리와 직결되고 있다.

이와 같은 산업적 특성을 가지고 있는 해양 산업 중에서 국민의 식량 산업이며 국가 산업의 혈맥 역할을 하는 수산업 및 해운업이 국가의 기간산업으로서 대표적인 산업임에 틀림없다. 이들 산업은 수산 · 해운교육을 통해 생산과 관리를 직접 담당할 전문 기술 인력을 양성하는 것이며, 산업체가 필요로 하는 유능한 기술 인력을 적기에 적정하게 공급한다는 것은 수산 · 해운업이 국가의 기초 산업이라는 차원에서 매우 막중할 것이다.

다. 수산 · 해운 교육의 교육과정의 변천

1) 교수요목기

교수요목기에는 사회 전반에 걸쳐 복잡한 변천 과정을 겪는 시기였으며, 뚜렷한 수산계 학교의 교육목표가 설정되어 있지 않았다. 정부수립 후 교육기본법이 통과됨으로서 교육법제 156조, 제 157조에서는 고등학교 전 교과의 30% 이상을 실업 기술 과목으로 하는 학교 실업계 고등학교로 분류(1951년) 한다. 이를 근거로 설치된 수산계 고등학교는 1954년 교육과정 시간 배당 기준령이 공포될 때까지 군정당시 중등학교 교과 편제에 의해 수업을 실시하였다.

이 당시의 중등교육은 짧은 기간에 복잡한 변천 과정을 겪었기 때문에 중등교육이 교육 내용면에서 체제에 지나지 않아서 내용을 제대로 갖추지 못했다. 이 시기의 교수요목은 내용 항목과 시간 배분이 열거되어 수산업 분야의 교과는 그저 목차만 있을 뿐 교수 내용의 기준으로는 적절하지 않았다. 뚜렷한 목적의식보다는 주로 일제하의 교육내용을 답습한 경향을 볼 수 있다.

2) 제1차 교육과정기(1954.4~1963.1)

제1차 교육과정기(1954.4.20 문교부령 제35호)의 학교 교육과정은 고등학교 교육과정 시간배당 기준령, 실업고등학교 과정 시간 배당 기준표를 제시하도록 개정되었으나, 이 시기도 교수요목기와 마찬가지로 전반적으로 매우 복잡한 변화의 과정을 겪으면서 수산계 고등학교 교육목표가 설정되어 있지 않았다. 이때부터 교육과정이라는 용어를 처음 사용하였지만 교육과정을 '가르칠 내용의 열거'라는 의미의 교수요목으로 간주하였다. 이를 통해 시간배당을 먼저 정하고 기본방침을 세웠다는 점과 각급 학교의 교육목적이 교과과정에서 결정되었다는 점을 미루어 짐작할 수 있다.

표 2-24 교수요목기 수산계 고등학교 학과 및 교과 편제

학 과	학과별 필수 선택 과목
어로과	어로, 수산일반, 수산동물, 항해학, 선박운용, 어선 및 기관, 실습
수산제조과	수산일반, 수산제조, 수산화학, 미생물, 수산기계, 실습
증식과	수산증식, 수산동물, 부유생물, 수산일반, 육수, 실습

1954년 시간 배당 기준령의 제정과 1955 년 고등학교 교과과정(문교부령 제46호)이 제정됨으로써 인문계 고등학교와 공통으로 교육과정이 편제되기는 하였으나, 사실상 고등학교 교과과정이 마련된 셈이다. 이 과정에서 수산계 고등학교의 학과는 어로과 , 수산제조과, 증식과로 총 세 개의 학과가 있었으며, 항해과, 기관과, 조선과는 공업계 고등학교에 속해 있었다.

그리고 최초로 지간 배당 기준령을 제시하여 시간제를 채택해 전문 교과는 1학년 0~420시간, 2학년 0~700시간, 3학년 0~700시간 배정하고 한 학년 간 총 수업 시간은 1,190~1,365시간으로 하였다.

3) 제2차 교육과정기(1963.2~1973.1)

제2차 교육과정(1963.2.15 문교부령 제122호)은 실과 중심의 교육과정(실험 · 실습을 50% 실시), 초·중·고등학교 간의 일관성, 실용성의 중시, 지역성의 강조, 단위제 채택과 시간 계획의 융통성을 부여하는 방향으로 개정되었다.

제2차 교육과정기의 수산·해양계 고등학교 교육 목표를 보면, 수산계 고등학교는 「① 수산물의 생산, 가공, 증식 및 수산 경영에 종사하는 중견 기술자에게 필요한 지식과 기능을 습득시킨다.」,「② 해양과 수산 자원에 대한 과학적 이해를 높여, 이를 보호·육성하여, 고도로 이용할 수 있는 능력과 태도를 기른다.」, 「③ 수산업이 국민 생활에 미치는 중요성을 이해시키고, 이에 종사자로서의 자각을 깊게 하며, 그 개선 발전을 도모하는 태도를 기른다.」 와 같이 세 개항의 목표로 진술하였다.

이때의 고등학교 교육과정은 실업계 고등학교를 인문계와 달리 별도의 교육과정을 운영하게 되었으며 수산·해양계 고등학교의 학과편제는 기존의 어로

과, 수산제조과 및 수산증식과 에서 기관과, 항해과를 신설하여 5개 학과로 증설되었다.

이 시기의 실업계 교육과정에서의 주요 내용은 실업과목의 증가이며, 유능한 생산인을 양성하기위해 수업량의 50% 이상이 실험·실습 중심으로 한 실업 교과로 충당하도록 하였다. 수산계 고등학교의 교육목표는 수산업 분야에 종사할 중견기능공 양정(해기사와 관련 직종)에 두고 실기 중심의 교과 운영에 힘쓰게 했다.

4) 제3차 교육과정기(1973.02~1981.11)

제3차 교육과정기의 교육과정 구성방향 중 수산계 고등학교의 교육목표는 「장차 수산업에 종사할 수 있는 과학적인 기술과 실제적인 능력을 길러, 숙련된 중견기술자로서 수산계를 통하여 국가 발전에 기여할 수 있도록 다음 각 사항을 목표로 한다.」로 하였고, 하위 목표는 「① 수산업의 각 부분에 종사하는 중견기술자에게 필요한 지식과 기술을 습득시킨다.」, 「②수산 기술에 관한 과학적 이해를 높이고, 그들을 개선하고 발전시킬 수 있는 능력과 태도를 기른다.」,「③ 수산업의 특수성과 국가 산업 경제와의 관계를 인식시키고, 수산인으로서 신념과 자각을 가지게 하여 수산개방에 이바지하도록 한다.」의 3개항을 제시하였다.

이때의 수산·해양계 고등학교의 전문학과 편제는 통신과가 늘어나 6개 학과로 증설되었으며, 실험실습을 50% 이상 편성하여 실제적 기술 습득을 원칙으로 하였다.

고등학교 교육과정의 총론을 일부 개정하였는데, 수산계 고등학교는 「수산해양계」를 「수산·해운계」로 바꾸었다. 이것은 수산과 해양에 대한 개념 혼동을 개선한 조치였다.

5) 제4차 교육과정기(1981.12~1988.3)

제4차 교육과정기(1981.12.31 문교부고시 제 442호)의 수산·해운고등학교의 교육목표는 수산·해운업을 통합한 목표로서 「장차 수산업 또는 해운업의 각 분야에서 중추적인 역할을 담당하게 될 중견 기술인을 육성하여 산업 발전에 이바지하게 한다.」로 하고, 하위 목표는 「① 수산업 또는 해운업의 각 분야에서 종사할 중견 기술인에게 필요한 지식과 기술을 습득시켜, 수산 기술의 개선, 발전 또는 안전한 해상 운송에 기여할 수 있는 능력과 태도를 기른다.」,「② 수산업 또는 해운업의 중요성과 국가 산업경제와의 관계를 인식하게 하여, 신념과 긍지를 가지고 수산업 또는 해운업의 발전에 이바지하게 한다.」,「③ 수산업 또는 해운업의 특수성을 이해하게 하고, 해양 산업 발전의 선도적 역할을 담당할 수 있게 한다.」의 3개항을 제시하였고 학과 편제는 6개 학과로 하였으며, 학과별 교육목표를 두었다.

학과별 전문 필수과목은 36~76단위, 전문 선택 과목은 46~82 단위를 선택 이수하도록 되어있는데 이는 제2차 교육과정의 전문교과 115~133 단위와 제3차교육과정의 전문 교과 122~154단위보다 상당히 하향되었음을 알 수 있다.

이는 제4차 교육과정에서 전인교육을 위하여 보통교과를 전 과정의 40~60% 비중으로 강화한 결과이며, 실업교육을 약하게 하는 시발점이 되었다.

6) 제5차 교육과정기(1988.3~1992.10)

제5차 교육과정기(1988. 3.31 문교부고시 제88－7호)의 교육 목표는 수산·해운계 열을 통합하여 하나의 총괄 목표로서 「수산·해운계열의 각 분야에서 중추적인 역할을 담당할 기술인에게 필요한 자질과 능력을 길러, 신념과 긍지를 가지고 국가 발전에 이바지하게 한다.」로 제시하고, 하위 목표로써 「① 수산·해운업의 각 분야에서 종사할 기술인에게 필요한 지식과 기술을 습득하게 하여, 수산·해운업의 합리적인 운영과 안전하고 효율적인 선박 운항을 수행할 수 있는 능력을 기르게 한다.」,「② 수산업의 중요성과 국가 산업 경제와의 관계를 인식하게 하여, 수산업의 발전 및 어민의 복지 향상에 선도적 역할을 담당할 수 있는 태도를 가지게 한다.」, 「③ 해운업의 중요성과 국가 산업 경제와의 관계를 인식하게 하여, 해운업의 발전에 이바지하게 한다.」의 3개항으로 진술하였으며, 학과별 목표는 별도로 나타내었다.

전문학과 편제는 6개 학과 외 자영수산과를 두어 7개 학과로 구성되어 있으며, 수산·해운계 고등학교 교육과정 편제 및 단위 배당은 보통 교과에서 82~122 단위, 전문교과에서 82~122단위의 폭을 두어, 학교의 특성에 따라 보통교과나 전문교과에 비중을 두어 편성할 수 있게 하였으며, 총 이수단위는 특별활동 12단위를 포함하여 204~216단위로 하였다.

표 2-25 제5차 교육과정기 교과 편제

<table>
<tr><th>과 목
학 과</th><th>필수 과목</th><th>선택 과목</th></tr>
<tr><td>어업과</td><td>해양훈련, 수산일반
수산생물, 어업, 항해</td><td rowspan="7">수산일반, 수산생물, 어업
항해, 선박운용, 해양 · 기상 선화운송,
해운실무, 수산법규
해사법규, 해사영어, 수산경영
수산양식, 양식환경시설
양석생물질병, 수산가공
식품화학, 수산식품위생 통조림, 냉동,
식품가공기계 선박기관, 선박보조기계
선박전기 · 전자, 기계설계 · 공작
통신공학, 해사통신기기 전파법규,
통신실기, 통신운용 통신실험, 선박일반,
기관일반 통신일반, 전자계산일반
종합실습(각과) 가타과목</td></tr>
<tr><td>수산양식과</td><td>해양훈련, 수산일반 수산생물,
수산양석 수산경영</td></tr>
<tr><td>수산가공과</td><td>해양훈련, 수산일반 수산가공,
식품화학 수산식품위생</td></tr>
<tr><td>항해과</td><td>해양훈련. 항해 선박운용,
선화운송 해사법규</td></tr>
<tr><td>기관과</td><td>해양훈련, 선박기관 선박보조기계,
선박전가 · 전자 기계설계 · 공작</td></tr>
<tr><td>통신과</td><td>해양훈련, 통신공학 해사통신기기
전파법규, 통신실기</td></tr>
<tr><td>자영수산과</td><td>해양훈련, 수산생물 어업,
수산양식 수산경영</td></tr>
<tr><td>이수단위</td><td>38~74</td><td>44~84</td></tr>
<tr><td>이수단위합계</td><td colspan="2">82~122</td></tr>
</table>

7) 제6차 교육과정기 (1992.10~1997.12)

제6차 수산·해운계 고등학교 교육과정의 교육 목표는 「수산·해운에 관한 지식과 기술을 습득하게 하고, 수산·해운업의 각 분야에 종사할 수 있는 자질과 능 력을 길러, 산업 발전에 기여할 수 있게 한다.」의 통합 목표 하나만 제시하였으며, 전문학과 편제는 7개 학과 외 냉동기계과, 선박운항과를 추가하여 9개 학과이다. 그리고 학과 명칭의 개정 내용을 보면, 수산양식과는 양식과, 수산가공과는 수산식품과, 기관과는 동력기계과, 통신과는 전자통신과로 각각 변경하였다.

또한 각 시·도에서 제시하고 있는 수산계열 고등학교 전문교과 영역의 계열별 필수 단위 시수의 차이가 있는 교육과정을 제시하여 지역적인 수산업의 특성에 따라 계열별 필수과목 단위수를 조정하여 교육과정을 운영하고 있었다.

제6차 교육과정에서 전문교과는 28개 과목으로 되어 있으며 전공별 실습과목을 따로 두었다. 전공별 실습 교과는 이론과 실습을 구분하여 집필하였다. 그리고 전문 교과의 명칭 변경, 통합 폐지, 과목 전환 등 대폭적으로 개정하였다.

8) 제7차 교육과정기 (1997.12~2007.2)

제7차 교육과정(1997.12.30 교육부고시 제1997-15호) 개정의 구성 방침은 사회적 변화의 흐름을 주도할 수 있는 기본 능력을 길러줄 수 있도록 교육과정 구성, 국민 공통 기본 교육과정과 선택중심 교육과정 체제도입, 교육내용의 양과 수준을 적정화하고, 심도 있는 학습이 이루어지도록 수준별 교육과정 도입, 학생의 능력, 적성, 진로를 고려하여 교육내용과 방법을 다양화, 현장의 자율성 확대, 교육과정 평가 체제를 확립하여 교육에 대한 질 관리는 강화할 수 있도록 하였다.

수산·해운계의 기본 목표는 다양하고 전문적인 지적 영역의 극대화와 자발적인 태도 및 신체적 영역의 효율적인 수용에 두며, 그 주안점을 기초 능력 중심, 직무 분석에 근거, 이론과 실습의 통합, 국가 기술 자격증 및 산업 현장과 상호 연계, 학교와 산업 현장의 협력적 역할을 분담, 학교와 지역사회의 자율 재량권 확대, 학습자의 선택권을 보장, 평생교육 체제 하에서 고등학교 단계의 직업 교육기관과 연계하는 내용에 두고 있다.

따라서 수산·해운계 고등학교 교육목표는 「수산·해운 분야에 관한 기초 지식과 기술을 습득하여 자신에게 맞는 진로를 선택할 수 있으며, 신 해양시대에 새롭게 전개될 미래 산업 사회에 능동적으로 대처하여 자아를 실현하고, 수산·해운분야 발전에 기여할 수 있는 능력과 태도를 기른다.」는 통합 목표 아래 만들어졌다 또한, 학과편제는 수산물의 유통구조 개선을 위한 수산물 유통과, 인류의 친수 공간인 해양의 환경보전을 위해 해양환경과, 신항만과 해양 구조물

건설에 대비한 해양토목과 등 3개 학과를 신설하여 12개 학과로 편제 되었다.

표 2-26 교육과정시기별 수산 · 해운계열 고등학교 전문 교과목 수

시기별	교수 요목기	제1차	제2차	제3차	제4차	제5차	제6차	제7차
전문과목수	9	18	25	46	36	37	28	33

9) 2007 개정 교육과정기

제7차 교육과정이 시행된 이후 오랜 기간이 경과하면서 주40시간 근무제 도입 등 사회·문화적 변화가 있었기에 이를 반영하여 교육 내용 및 내용 체계를 개편하게 되었다. '교육과정 수시 개정 체제'에 따라 교육과정 개정이 이루어졌으며, 교육과정의 안정성을 확보하는 차원에서 제7차 교육과정의 기본 철학과 체제를 유지하되, 운영상의 문제점을 보완하는 수준에서 개정의 범위를 최소화하였다. 교육과정이 개정된 연도를 밝혀 '2007년 개정 교육과정'으로 명명하였다.

표 2-27 2007 개정교육과정 단위 배당 기준

<table>
<tr><th rowspan="2">구분</th><th rowspan="2">교과 영역</th><th rowspan="2">교과(군)</th><th colspan="2">필수 이수 단위</th><th rowspan="2">학교 자율 과정</th></tr>
<tr><th>교과(군)</th><th>교과 영역</th></tr>
<tr><td rowspan="9">보통교과</td><td rowspan="3">기초</td><td>국어</td><td>15(10)</td><td rowspan="3">45</td><td rowspan="8">학생의 적성과 진로를 고려하여 편성</td></tr>
<tr><td>수학</td><td>15(10)</td></tr>
<tr><td>영어</td><td>15(10)</td></tr>
<tr><td rowspan="2">탐구</td><td>사회(역사/ 도덕 포함)</td><td>15(10)</td><td rowspan="2">35</td></tr>
<tr><td>과학</td><td>15(10)</td></tr>
<tr><td rowspan="2">체육 · 예술</td><td>체육</td><td>10(5)</td><td rowspan="2">20</td></tr>
<tr><td>예술(음악/미술)</td><td>10(5)</td></tr>
<tr><td>생활 · 교양</td><td>기술 · 가정/제2외국어/한문/교양</td><td>16(12)</td><td>16</td></tr>
<tr><td colspan="2">소 계</td><td colspan="2">116</td><td>64</td></tr>
<tr><td colspan="3">창의적 체험활동</td><td colspan="3">24(408시간)</td></tr>
<tr><td colspan="3">총 이수 단위</td><td colspan="3">204</td></tr>
</table>

10) 2009 개정 교육과정기

2009 개정 교육과정은 전문교육을 강화하고 학교, 학과의 특성에 맞는 자율적인 교육과정 편성·운영이 필요하다는 시·도 교육청, 학교와 산업계의 요구를 바탕으로 추진되었다.

표 2-28 2007 개정교육과정 단위 배당 기준

<table>
<tr><th>구분</th><th>교과 영역</th><th>교과(군)</th><th>필수 이수 단위</th><th>학교 자율 과정</th></tr>
<tr><td rowspan="10">보통 교과</td><td rowspan="3">기초</td><td>국어</td><td rowspan="3">25</td><td rowspan="11">학생의 적성·진로와 산업계 수요를 고려하여 편성 (34)</td></tr>
<tr><td>수학</td></tr>
<tr><td>영어</td></tr>
<tr><td rowspan="2">탐구</td><td>사회(역사/도덕 포함)</td><td rowspan="2">15</td></tr>
<tr><td>과학</td></tr>
<tr><td rowspan="2">체육·예술</td><td>체육</td><td rowspan="2">10</td></tr>
<tr><td>예술(음악/ 미술)</td></tr>
<tr><td>생활·교양</td><td>기술·가정/
제2외국어/한문/교양</td><td>10</td></tr>
<tr><td colspan="2">소 계</td><td>60</td></tr>
<tr><td colspan="0" style="display:none"></td></tr>
<tr><td>전문 교과</td><td colspan="2">농생명 산업, 공업, 상업 정보, 수산·해운, 가사·실업 등</td><td>86</td></tr>
<tr><td colspan="3">창의적 체험활동</td><td colspan="2">24(408시간)</td></tr>
<tr><td colspan="3">총 이수 단위</td><td colspan="2">204</td></tr>
</table>

전문교육을 강화하기 위해 전문교과의 최소 이수 단위를 기존 80단위에서 86단위로 상향하였으며, 학생의 소질과 적성 그리고 산업계의 수요를 고려하여 학교가 자율적으로 편성할 수 있는 학교 자율 과정도 기존 28단위에서 34단위로 최소 이수 단위를 조정하였다. 반면, 인문교육과 직업교육의 차이를 고려하여 보통교과는 제7차 교육과정(56단위), 2007년 개정 교육과정(60단위)과 유사하

게 60단위로 조정하였다.

전문교과도 기초지식과 실무능력 중심으로 운영하고, 직업기초능력, 직업윤리, 산업안전보건, 노동관계법 등의 교육활동 근거도 마련하였다. 또한, 창의적 체험활동도 학생의 진로 및 경력개발, 인성 개발, 취업역량 제고 등을 위하여 대학진학을 염두에 둔 일반고와는 차별적으로 운영할 수 있는 근거도 아울러 마련하였다.

11) 2015 개정 교육과정기

2015 개정 교육과정에서는 학생의 적성과 소질에 맞게 진로를 개척하며 세계와 소통하는 민주 시민의 자질 함양을 교육목표로 삼고 있으며, 공통 기초 소양 함양을 위한 공통 과목의 도입, 학생의 과목선택권 확대를 위한 선택 과목의 다양화, 국어 · 수학 · 영어 비중 적정화, 특성화 고등학교 교육과정의 국가직무능력표준(National Competency Standards, 이하 NCS)과의 연계 강화 등에 중점을 두고 이루어졌다.

2015 개정 교육과정에서는 교과(군)와 창의적 체험활동으로 구분함은 이전의 교육과정과 동일하나 보통 교과의 영역을 공통 과목과 선택 과목으로 구분하도록 하였고, 선택 과목은 일반 선택 과목과 진로 선택 과목으로 구분하도록 하였다. 전문 교과는 전문 교과 I과 전문 교과 II로 구분하도록 하였으며, 전문 교과 II의 교과목들은 전문 공통 과목, 기초 과목, 실무 과목으로 구분하여 제시하였다. 창의적 체험활동은 자율 활동, 동아리 활동, 봉사 활동, 진로 활동으로 이전 교육과정과 동일하였다.

NCS기반 교육과정을 중심으로 내용을 제시하면 다음과 같다.

가) NCS기반 교과군 구성

국가직무능력표준(NCS)과 교육과정의 연계를 강화하기 위하여 한국고용직업분류(KECO)에 따른 고졸 인력구조 특성의 분석을 토대로 5개의 계열을 17개의 교과(군)로 재구성하였다([그림 2-6] 참조). 개편된 교과(군)는 학습자가 고등학교 직업교육을 통해 배우는 과목을 구분하는 체계로서의 의미를 지닌다. 즉, 개편된 17개의 교과(군)는 다양한 직업교육 내용을 국가직무능력표준(NCS)을 활용하여 과목을 구분한 것이기 때문에 특성화 고등학교나 산업수요 맞춤형 고등학교는 학과별로 특정 교과(군)의 교육과정만을 따르는 것이 아니라, 산업수요나 필요에 따라 여러 교과(군)의 과목들로 교육과정을 구성할 수 있다.

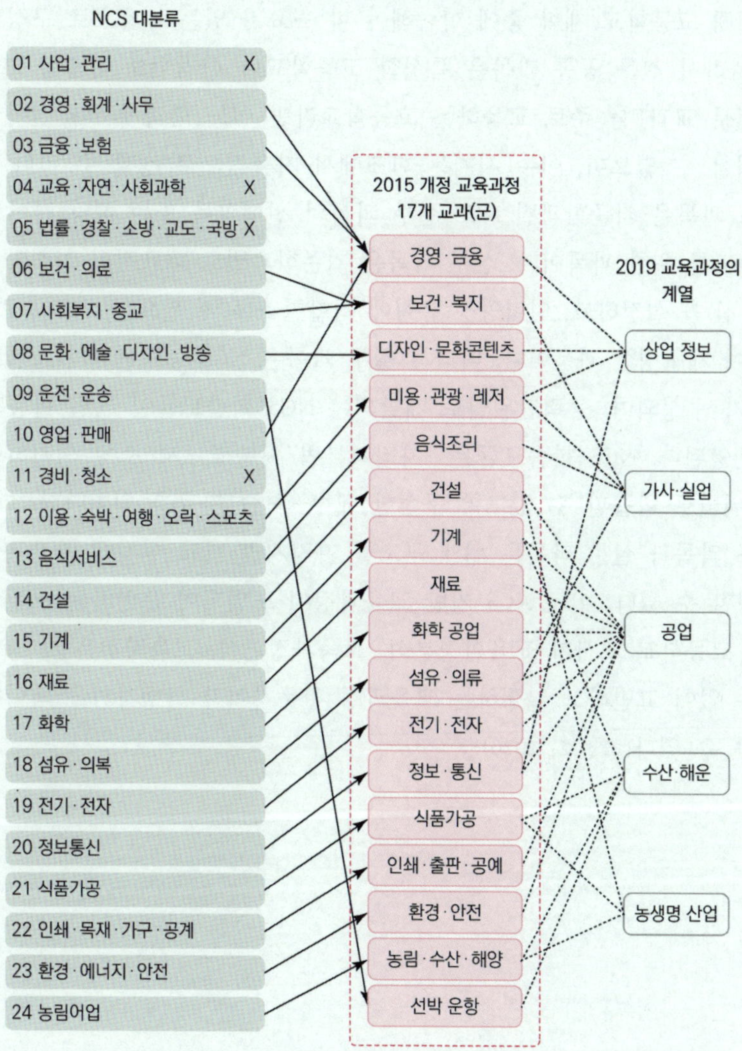

▲ 그림 2-6 고등학교 NCS기반 직업 교육과정의 교과군 구성 체계

나) 전문 교과 체제 개편

전문 교과의 체계는 국가직무능력표준(NCS)과의 연계를 고려하여 전문 공통 과목, 기초 과목, 실무 과목으로 구성하였다.

전문 공통 과목(성공적인 직업생활)은 노동시장 이행 준비, 직업세계의 이해 등을 위해 고등학교 재학 중에 학습해야 할 필요가 있는 내용으로 구성된 과목이다. 따라서 전문 공통 과목은 특성화 고등학교나 산업수요 맞춤형 고등학교, 또는 전문 교과Ⅱ를 주로 교육하는 고등학교라면 어느 학과에서나 선택 과목으로 편성할 수 있으며, 이수 시기는 학교에서 자율적으로 정할 수 있다.

기초 과목은 기준학과별 NCS 실무 과목의 선행과목 또는 해당 분야의 기초 역량 제고를 위한 과목이다. 실무 과목은 기준학과별로 대표적인 인력양성 유형(직종 중심)을 설정하고, 인력양성 유형에 적합한 교육에 필요한 NCS 능력단위를 선정하여 재구성한 과목이다. 따라서 실무 과목은 NCS 능력단위의 조합으로 내용체계가 구성되며, 능력단위별로 개발되는 NCS 학습모듈이 직접 활용되는 체제로 운영된다. NCS 학습모듈은 「자격기본법 시행령」 제8조에 의거하여 NCS 능력단위별로 학습할 수 있도록 구성한 교수·학습 자료를 의미한다. 기본적으로 기초 과목과 실무 과목은 위계 구조를 가지지만 학교 실정에 따라 탄력적으로 운영할 수 있다. 이는 NCS 기반 교육과정이 도입되어 운영하는 모든 시기에 직업계 고등학교 교사가 교육환경분석, 교육과정편성, 교육과정운영, 평가의 활동을 수 없이 고민하고 실행하는 교육과정 전문가이자 실행자임을 의미하는 것이라 할 수 있다(조진호, 2020).

표 2-29 NCS기반 교육과정 단위 편제

<table>
<tr><th></th><th></th><th>교과 영역</th><th>교과(군)</th><th>공통
과목(단위)</th><th>필수
이수
단위</th><th>자율 편성 단위</th></tr>
<tr><td rowspan="11">교과
(군)</td><td rowspan="10">보통
교과</td><td rowspan="4">기초</td><td>국어</td><td>국어(8)</td><td rowspan="3">24</td><td rowspan="9">학생의 적성·
진로와 산업계
수요를 고려하여
편성</td></tr>
<tr><td>수학</td><td>수학(8)</td></tr>
<tr><td>영어</td><td>영어(8)</td></tr>
<tr><td>한국사</td><td>한국사(6)</td><td>6</td></tr>
<tr><td rowspan="2">탐구</td><td>사회
(역사/도덕 포함)</td><td>통합사회(8)</td><td rowspan="2">12</td></tr>
<tr><td>과학</td><td>통합과학(8)</td></tr>
<tr><td rowspan="2">체육·예술</td><td>체육</td><td rowspan="2"></td><td>8</td></tr>
<tr><td>예술</td><td>6</td></tr>
<tr><td>생활·교양</td><td>기술·가정/제2외
국어/한문/교양</td><td></td><td>10</td></tr>
<tr><td colspan="3">소계</td><td>66</td><td rowspan="2">28</td></tr>
<tr><td>전문
교과Ⅱ</td><td colspan="3">17개 교과(군) 등</td><td>86</td></tr>
<tr><td colspan="5">창의적 체험활동</td><td colspan="2">24(408시간)</td></tr>
<tr><td colspan="5">총 이수 단위</td><td colspan="2">204</td></tr>
</table>

참 고 문 헌

김삼곤, 박종운(2010). 해양산업교육학개론. 도서출판 논문의 집.

교육부(1992), 고등학교 교육과정(Ⅰ), 대한교과서(주),

교육부(1992), 고등학교 교육과정(Ⅱ), 대한교과서(주),

교육부(1995), 고등학교 실업계 교육과정 해설(수산·해운계열), 대한교과서(주), p. 37.

교육부 고시 제2015－74호 초중등학교 교육과정 총론 및 교과 교육과정(2015.9.23.)

교육인적자원부 고시 제2007－79호 전문교과 교육과정(2007.2.28.)

교육과학기술부 고시 제2009－41호(2009. 12. 23.) 초중등학교 교육과정

유봉호(1992), 한국 교육과정사 연구, 교학연구사, p. 277.

조진호(2020). 수산계열 고등학교 교사가 인식하는 NCS 기반 교육과정 중요도 실행도 (IPA) 분석. *수산해양교육연구, 32*(1), 80－90.

한국수산·해운계 분야 교육협의회(1992), 수산·해운계 분야 신규 교육차관 사업 타당성 조사 연구.

한국수산해양교육학회 교육과정개정 연구회(1997), 제7차 수산·해운계 고등학교 전문교과 교육과정 각론 개정 연구.

제3부

수업 실행을 위한 교직실무

CHAPTER

01 교육방법의 이해

1 교수, 수업, 학습, 교육과정

instruction와 teaching은 보통 혼용되어 사용된 것이 사실이지만, 보통 teaching는 교사에 의해 전달되는 학습 경험이라 정의하는 반면, instruction은 사람을 포함한 모든 형태의 매체에 의해 전달되는 학습경험(Gagne, Briggs & Wager, 1992)으로 정의하기도 한다. 또한, instruction은 학습자가 계획된 학습목표를 달성할 수 있도록 체계적이고 계획적으로 정보와 환경을 제공하는 일을 의미하지만(Gagne, 1985), teaching은 교사가 의도한 것뿐만 아니라, 잠재적 · 우연적인 학습경험까지 포함한다고 주장하기도 한다(Smith & Ragan, 1993).

특히, Reigeluth(1983)는 교수(instruction)는 수업(teaching)에 비해 포괄적인 개념으로 설계 · 개발 · 적용 · 관리 · 평가 등을 포함하지만, 수업(teaching)은 주로 교수자의 적용과 실행에 중점을 둔 개념이라고 주장하였다. 따라서, 교수(instruction)는 교사행동, 교수내용, 학습행동 등을 포함하고, 수업(teaching)은 교사의 적용과 실행에 중점을 둔 개념으로서, 교수는 교수자와 학습자 간의 활동이 반드시 상하관계에 있음을 전제로 하고, 교수 · 학습활동을 극대화시키는 데 요구되는 교육적인 의도를 가지는 제반 활동 즉, 설계 · 개발 · 적용 · 관리 · 평가 등을 포함시키는 체계적인 구조를 의미하는 반면에, 수업은 교사와 학생이 함께 하는 체제 속에서 학습자의 학습활동을 도와 주는 것을 주요 목적으로 가르치는 일에 필요한 지식이나 정보, 적절한 상황, 조건을 준비하는 것과 같은 학습을 촉진시키기 위한 내 · 외적인 조건을 체계적으로 조정하는 활동을 의미한다(김진호 외, 2002).

지금까지 살펴본 것 처럼, 교수(instruction)는 수업시간의 가르치는 것을 물론, 수업을 위한 준비, 계획, 수업활동, 수업 후의 처치, 평가활동 등을 포함하는 제반활동이라 할 수 있으며, 수업(teaching)은 수업시간에 학습을 촉진시키는 데 주요 목적을 두고 가르치는 활동이라 할 수 있다.

또한, 학습(learning)은 경험의 결과로 인하여 어떤 개인의 지식, 행동, 태도가 비교적 지속적으로 변화되는 것으로서(Mayer, 1982), 일시적인 변화가 아니라 장기간의 변화라는 점, 변화의 장소가 학습자의 지식구조 또는 행동이라는 점, 그 변화가 학습자의 환경에서의 경험으로 유래한다는 점이 중요하다(이화여자대학교 교육공학과, 2007). 즉, 학습의 정의에 포함된 공통적인 개념들을 이끌어 내, 학습에 의한 행동이 무엇인가를 [그림 3-1]과 같이 제시할 수 있다.

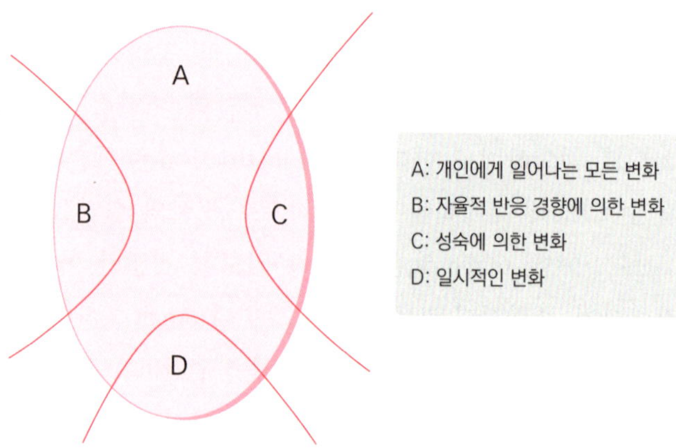

▲ 그림 3-1 학습에 의한 행동 변화

자료: 안우환 외(2006). 수업과 장학. 한국학술정보.

이러한 학습지도의 원리는 크게 자발성의 원리, 개별화의 원리, 사회화의 원리, 통합의 원리, 직관의 원리, 과학성의 원리, 목적의 원리 등 <표 3-1>과 같이 정리할 수 있다

한편, 교육과정이라는 용어는 학자에 따라 상이하게 정의되는데, 보통 교육과정(curriculum)은 학습자가 교육목표를 달성할 수 있도록 계획한 교수·학습 경험으로서(윤광보·김용욱·최병옥, 2003), 넓은 의미에서 교육과정(curriculum)은 일정한 교육기관에서 세운 교육의 모든 과정을 마칠 때까지 요구되는 교육목표,

교육내용, 시간을 포함한 교육의 전체 계획을 의미하지만, 구체적으로 교육과정은 학습자가 교육목적을 달성할 수 있도록 계획된 경험 즉, 학습과 수업의 내용을 의미한다(이화여자대학교 교육공학과, 2007).

표 3-1 학습지도의 원리

원리	특징
자발성	• 학습자가 자발적으로 학습에 참여하는 데 중점을 두는 원리 • 구안법(project mehtod), 문제해결학습, 발견학습, 프로그램 학습
개별화	• 학습자의 개인적 요구와 능력에 알맞은 학습활동의 기회를 제공해 주어야 한다는 원리
사회화	• 학교와 사회 속에서 협동적 경험이 중시되어야 한다는 원리 • 토의법, 협동학습, 문제해결 학습, 구안법
통합	• 학습이 지적 · 정의적 · 심동적 영역이 종합적인 전체로서 이루어져야 한다는 전인교육의 원리 • 교육과정 통합, 교과와 생활의 통합, 학교와 사회의 통합 등을 강조
직관	• 특정 사물에 대한 개념을 학습할 때 언어로써 설명하기 보다는 구체적인 사물을 직접 제시하거나 경험함으로써 학습효과를 높일 수 있다는 원리 • 시청각 매체의 활용을 중시
과학성	• 교수 · 학습의 과정이 과학적 원리(분석→설계→개발→실행→평가)를 반영하여 이루어져야 한다는 원리 • 교수학습의 과정 분만 아니라, 교재 내용의 과학화 도모
목적	• 학습자가 학습목표를 분명히 인지할 때 학습이 자발적이고 적극적으로 일어난다는 원리

자료: 윤광보 · 김용욱 · 최병옥(2003). 교육방법과 교육공학의 이해. 양서원, 재구성.

그러면, 학습, 수업 또는 교수, 교육과정의 관계는 어떠한가? 좋은 수업이 되려면 [그림 3-1]과 같이 교육과정과 수업(교수) 및 학습이 모두 일치해야 하며 가장 이상적인 관계가 될 수 있다. 그러나 아무리 좋은 교육과정이 있어도 이를 모두 가르치기(수업)는 어렵고, 가르친 것 모두를 배울 수(학습)도 없다(최동근 · 양용칠 · 박인우, 2000).

따라서 교육과정, 수업(교수), 학습의 실제적인 관계는 [그림 3-2]와 같이 도식화할 수 있는데, A영역은 교육과정을 모두 수업하고 학습이 이루어진 경우이며, B영역은 교육과정대로 수업은 했으나, 학습이 발생되지 않은 경우이고, C영역은 교육과정에 없는 내용을 수업하고 학습도 일어난 경우, D영역은 교육과정 내용을 수업하지 않았으나 학습한 경우이다.

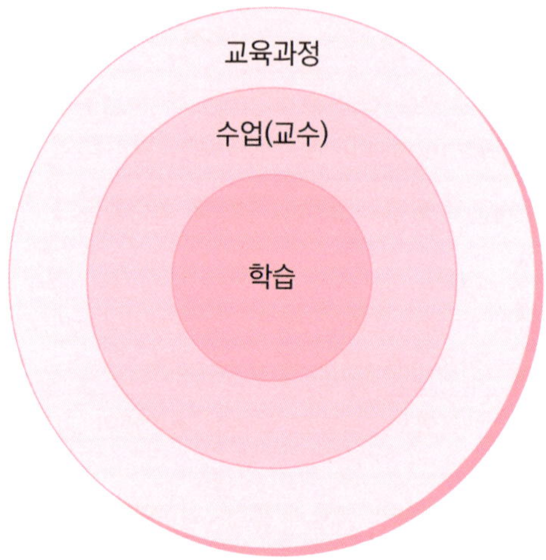

▲ 그림 3-2 교육과정, 수업(교수), 학습의 이상적인 관계

자료: 최동근 · 양용칠 · 박인우(2000). 교육방법의 공학적 접근. 교육과학사.

또한, E영역은 교육과정 내용을 수업도 학습도 하지 않은 경우이며, F영역은 교육과정에 없는 내용을 수업은 했으나 학습되지 않은 경우이고, G영역은 교육과정에도 없고 교사가 수업하지도 않았는데 학습한 경우를 의미한다.

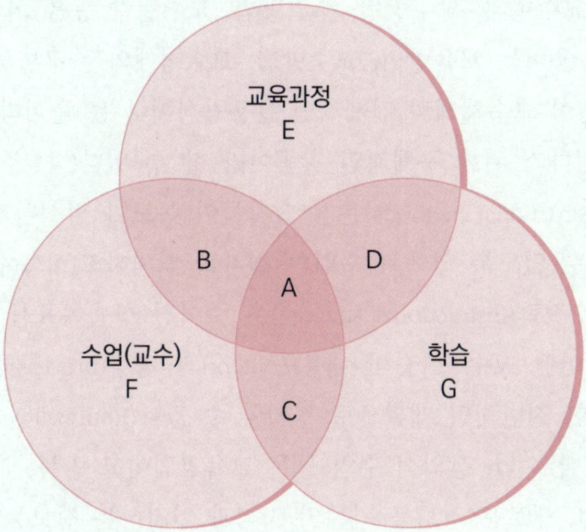

▲ 그림 3-3 교육과정, 수업(교수), 학습의 실제적인 관계

자료: 최동근 · 양용칠 · 박인우(2000). 교육방법의 공학적 접근. 교육과학사.

2 교육방법의 개념

교육의 핵심은 '무엇을 어떻게 가르치느냐?'에 달려 있기 때문에, 교육방법은 교육의 목적을 실현하는 데 요구되는 모든 수단적 · 방법적 조건을 통칭하는 것이다(황정규 · 이돈희 · 김신일, 1998). 즉, 교육방법은 '교육의 타당한 목적이 어떤 것인가'를 탐구하는 행위를 제외한 다른 영역에 해당하는 것이다(백영균 외, 2006).

좁은 의미에서 교육방법의 개념을 생각해 보면 교육목표를 성공적으로 달성하기 위하여 선정된 교육내용을 학습자에게 효과적으로 전달하기 위한 수단으로서, 교사 또는 학습자에게 학습과제를 가르치는 방법을 의미한다(이화여자대학교 교육공학과, 2007). 또한, 김신자 · 이인숙 · 양영선(1999)은 학습목표에 적합한 내용을 효과적으로 전달하고 학습활동을 지원하기 위해 사용하는 방법으로 정의하였고, 백영균 외(2006)는 가르치는 방식이나 수업목표를 달성하기 위해 사용하는 효과적 · 효율적인 수업방식으로 정의하였다. 다시 말해, 교육방법의 미시적인 의미는 교수형태, 교수방법, 수업방법, 교수전략 등을 의미한다. 그러나, 교수전략이라는 용어는 교육방법, 교수방법, 교수형태와는 구별해서 사용되기도 하는데 교육방법이 교수체제의 전체적인 운용방식이나 큰 틀이라면, 교수전략은 교육방식을 달성하기 위한 구체적인 활동이라 할 수 있다(나일주 · 정인성, 2000). 즉, 교수방법(instructional methods)은 학습자들이 목표를 달성하거나 내용 · 메시지를 내면화할 수 있도록 선택된 수업의 절차를 의미하고(이화여자대학교 교육공학과, 2007), 교수전략(instructional strategy)은 주어진 학습목표를 효과적으로 성취하기 위하여 어떤 교수 · 학습의 내용(content)과 과정(process)을 어떻게 사용할 것인가에 대한 전반적인 계획으로 정의할 수 있다(Rothwell & Kazanas, 1992). 예를 들면, 토의식 수업, 강의식 수업 등은 교육방법이고 반복, 암기법을 활용하는 기억활성화법, 새로운 정보를 기존의 지식과 연결하는 정보통합법 등은 교수전략이라 할 수 있다(백영균 외, 2006).

교수기법(instructional technique) 또는 교수전술(instructional tactics)은 교수방법과 교수전략을 실현하기 위한 구체적인 활동이나 기법을 의미하고, 학습전략(learning strategy)은 교수자 중심이 아닌 학습자 입장에서 요구되는 전략으로서, 학습자 스스로가 학습목표와 학습과업의 성취를 위해 과제를 수행하는 양식 또는 방법을 의미하는 학습자 중심의 전략이라 할 수 있다(이화여자대학교 교육공학과, 2007).

넓은 의미에서 교육방법의 개념은 교육의 과정(process of education)을 의미하는 데 교육 목적의 탐구, 교육과정 구성, 수업, 학습지도, 교육의 평가, 생활지도의 영역까지 모두 포함한다(이화여자대학교 교육공학과, 2007). 이 외에도 교육방법에 대한 학자들의 견해를 소개하면 다음과 같이 다양하게 나타나고 있다. 변영계 외(2000)는 교육방법은 구체적인 교수방법을 의미하며, 이러한 교수방법은 교사 및 기타 교수자들이 학습을 발생시키기 위한 목적으로 설계 · 개발 · 적용 · 관리 · 평가를 위한 지식과 실행력으로 정의하고 있으며, 노승윤(2000)은 교육방법을 교육목적, 교육목표의 달성을 위하여 주어진 수단을 조직하고 운영하며 관리하는 일련의 과정으로 정의하였다. 또한, Heinich(1996)는 교육방법이란 전통적으로 교수내용을 제시하는 형태(presentation forms), 즉 교수형태를 의미하며, 매체와 메시지와의 관계를 설명하고 있다. 여기서, 매체는 통신수단으로 정보원(source)과 수신자(receiver)간의 정보전달 수단을 의미하며 예를 들면 필름, TV, 인쇄자료, 컴퓨터 등 교육목적을 위해 메시지를 전달할 때 교수매체가 되는 것이다(주영주 · 이광희, 2006). 그리고 메시지(message)란 의사소통이 이루어지는 정보로서 매체를 통해서 메시지가 전달되고 교수방법은 교사들이 학습목표를 달성하는 데 도움을 주기 위해서 또는 메시지나 교수내용을 내면화하기 위하여 선택되어진 수업 절차이다(조성일 · 신재흡 · 최혜영, 2006). 이에대해, 이용환 외(2001)는 교육방법의 개념을 생각할 때 몇 가지 고려사항을 다음과 같이 제시하고 있다.

첫째, 학습지도 모델의 설정으로서, 이수해야 할 과제의 특성을 파악하여 과연 과제의 특성과 학습지도 모델이 잘 부합하는가를 고려하여야 하며, 학습자의 개인적 특성과 선정된 모델이 잘 부합되는가를 고려해야 한다.

둘째, 비용과 시간적인 여유를 고려해야 한다.

셋째, 개인적 특성으로서 동일한 모형, 시간, 비용이 투입되더라도 학습에 임하는 학습자의 동기와 지능, 학습 준비성, 자아개념, 학업적성, 흥미에 따라 결과는 크게 달라질 수 있다.

넷째, 상황적 맥락으로서, 학습자가 처한 학습환경 즉 학급이나 학교환경, 가정환경, 지역사회의 제반 특성들이 학습자의 학습목표 도달에 영향을 미칠 수 있다.

지금까지 교육방법에 대한 학자들의 다양한 견해를 종합해 보면, 교육방법이란 교수 · 학습 활동에서 학습자의 개인적 특성과 학습지도의 모형, 비용과 시간적 여유에 대한 고려, 학습환경 등을 고려해서 수업목표에 도달하기 위한 학습설계 · 개발 · 적용 · 관리 · 평가를 위한 제반 활동으로 정의할 수 있다(조성일 · 신재흡 · 최혜영, 2006). 달리 말하자면, 교육방법은 교육목표 달성을 목적으로 제반의 교수활동인 설계 · 개발 · 적용 · 관리 · 평가를 하는데 요구되는 지식과 그 지식을 실천에 옮기는 실행력이라 할 수 있다. [그림 3-4]에서도 알 수 있듯이, 학습자, 수업자, 교육과정이 각각 학습자의 현 상태, 교수방법, 교육과정과 상응하고 있으며 교수방법은 지식과 실행력으로 구성되어 있다.

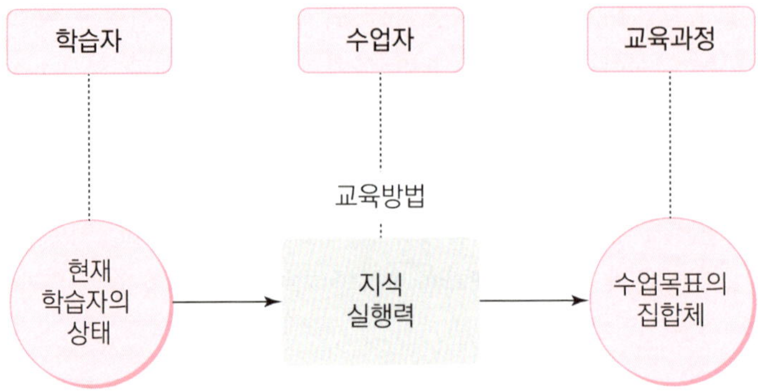

▲ 그림 3-4 교육방법의 특성

자료: 김진호 외(2002). 실기 · 예비 교사를 위한 교육방법의 기초. 문음사, 재구성.

따라서, 최상의 교수, 최적의 교수과정 및 결과를 이끌어내기 위한 철저한 교수방법의 이해, 준비, 적용은 교육에 있어서 필수적인 절차로서 중요한 의의를 지닌다고 할 수 있다(김진호 외, 2002). 즉, 어떤 교육방법이 학습자에게 더욱 매력적이고 안전한 방법이며, 어떤 교육방법이 인간을 중심으로 한 최선의 교육방법이 될 것인지를 고려할 필요성이 있다(주영주 · 이광희, 2006). 또한, 교수 · 학습활동에 좋은 교육방법이 도입되면 수업목표에 효과적으로 도달할 수 있으며, 학습활동 이외에 다양한 활동을 할 수 있도록 도와 주는 데 있다는 것을 항상 생각하며 교육활동에 임해야 할 것이다(조성일 · 신재흡 · 최혜영, 2006).

3 교육방법의 유형

가. Joyce 등에 의한 교육방법의 유형

Joyce 등(2000)은 교육방법을 사회형, 정보처리형, 개인형, 행동체제형 등 <표 3-2>와 같이 네 가지 유형으로 분류하였다.

표 3-2 Joyce 등에 의한 교육방법의 유형

유형	특징
사회형	• 여러 명이 모여서 학습공동체를 건설하고 집단의 시너지 효과를 얻을 수 있는 방법 • 학습파트너(partners in learning): 학생간에 힘을 합쳐 작업할 수 있는 협동학습의 여러 형태 • 집단조사(group investigation): 학생이 문제를 정의하고, 문제의 다양한 측면을 탐구하며 자료를 수집하고 가설을 세우며, 검증하는 절차 • 역할극(role playing): 학습자에게 갈등상황을 연출하거나 다른 사람의 역할을 해 봄으로써 사회적인 행동을 관찰하고 사회 가치를 생각해 보며, 사회문제에 대한 정보를 인지하게 하는 역할 • 법률조사(jurisprudential inquiry): 공공정책의 수립이 필요한 영역에 대한 사회문제를 점검하는 사례 연구
정보 처리형	• 데이터를 수집 및 조직하고, 문제를 파악하여 해결책을 제시하며, 이를 전달하기 위해 개념과 언어를 개발하는 등 세계를 이해하기 위한 인간의 원초적 욕구를 증진시키는 방안 • 귀납적 사고(inductive thinking): 학생이 정보를 발견하고 조직하여 일련의 정보 간의 관계를 설명하고 가설을 검증하도록 훈련하는 과정 • 개념획득(concept attainment): 학생에게 조직된 정보를 잘 제시하고 개념을 학습하는 데 효과적이 되도록 구성되어 있으며, 귀납적 사고와 유사한 방법 • 과학적 탐구(scientific inquiry): 과학자들이 사용하는 과학적 탐구방법을 그대로 가르치는 방법 • 탐구 훈련(inquiry teaching): 인과적인 사고를 하며 질문하고 개념과 가설을 세우고 검증하는데 도움이 되도록 설계하는 방법 • 암기법(mnemonics): 정보를 기억하고 동화하는 전략 • 창조공학(synetics): 학생이 문제해결학습이나 작문활동을 할 때 기존의 사고를 깨거나 어떤 주제나 사안에 대해 새로운 시각을 갖도록 하기 위한 방법 • 선행조직자(advance organzier): 학생에게 학습할 내용에 대한 인지구조를 미리 제공해 주는 방법 • 지력 계발(developing intellect): 학생의 발달 단계에 교수법을 맞추고 학생의 발달을 증진시키는 방법
개인형	• 학습자가 자기 자신을 보다 잘 이해하고 자신의 미래에 대해 스스로 책임을 져 보다 질 높은 삶을 살도록 하는 방법 • 비지시적 교수(nondirective teaching): Rogers의 상담이론에서 출발한 것으로서, 학생과 교사의 파트너십을 강조하는 모형 • 자아존중감 향상(enhancing self-esteem): Maslow의 영향을 받아 자아존중감과 자기실현 능력을 계발하는 방법

유형	특징
행동 체제형	• 사회학습이론 또는 행동수정, 행동치료, 자동제어학으로 알려진 것으로서, 학습자가 자신의 학습수행에 대한 정보를 바탕으로 스스로 행동을 개선해 나가는 방법 • 완전학습(mastery learning): Bloom의 이론을 바탕으로 단순한 것에서 복잡한 것으로 학습 단위를 세분한 다음, 학생 개개인이 주어진 여러 자료를 순차적으로 학습하는 방법 • 프로그램학습(programmed instrucition): 한 학습 단위가 끝날때 마다 학습 정도를 알아보기 위한 시험이 있고, 이를 통과하지 못하면 내용을 숙지할 때까지 다시 학습을 하는 방법 • 직접교수(direct instruction): 학습목표 제시, 목표에 부합되는 학습활동 실시, 학습과정 관찰, 효과적인 학습을 위한 전략과 학습에 대한 피드백을 제공하는 방법 • 시뮬레이션(simulation): 현실 상황을 단순화한 환경을 제공해 교수 효과를 얻으려는 방법

자료: 백영균 외(2006). 유비쿼터스 시대의 교육방법 및 교육공학. 학지사, 재구성.

나. 커뮤니케이션 형태에 의한 교육방법의 유형

커뮤니케이션 형테에 의한 교육방법의 유형은 강의형, 개인교수형, 실험형, 토론형, 자율학습형 등 <표 3-3>과 같이 나타낼 수 있다.

표 3-3 커뮤니케이션 형태에 의한 교육방법의 유형

유형	커뮤니케이션 형태	구체적 교육방법
강의형	(말하기) 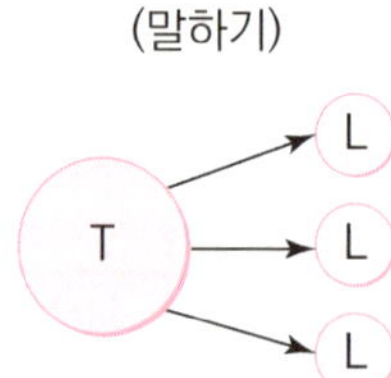 	강의법, 질문법, 시범, 면담학습, 동료학습
개인 교수형	 	프로그램학습, OJT, 코칭, 인터십, 도제제도

유형	커뮤니케이션 형태	구체적 교육방법
실험형	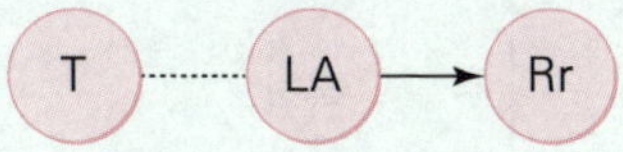	서류함기법, 감수성훈련, 모의실험, 게임, 연구, 실험, 현장견학, 현장실습, 연습, 역할극
토론형	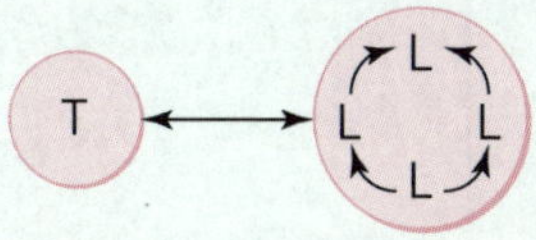	원탁토의, 배심토의, 심포지엄, 공개토의, 대화식토의, 세미나, 버즈훈련, 브레인스토밍
자율 학습형	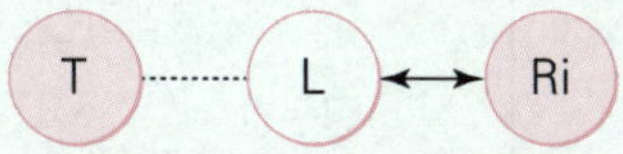	독학, 스스로학습법, 구안법, 문제해결법

T:교수자, L:학습자, LA:학습활동, Ri:교수적 지원

Rr: 가공하지 않은 자원, ---:간접개입, →:통제방향

자료: 이화여자대학교 교육공학과(2007). 21세기 교육방법 및 교육공학. 교육과학사.

<표 3-3>의 교육방법을 학습대상의 차이(개인 또는 집단)와 접근방식의 차이(설명적 접근: 수용학습, 탐구적 접근: 발견학습) 등 크게 두 가지 차원을 고려해서 [그림 3-5]와 같이 분류할 수 있다.

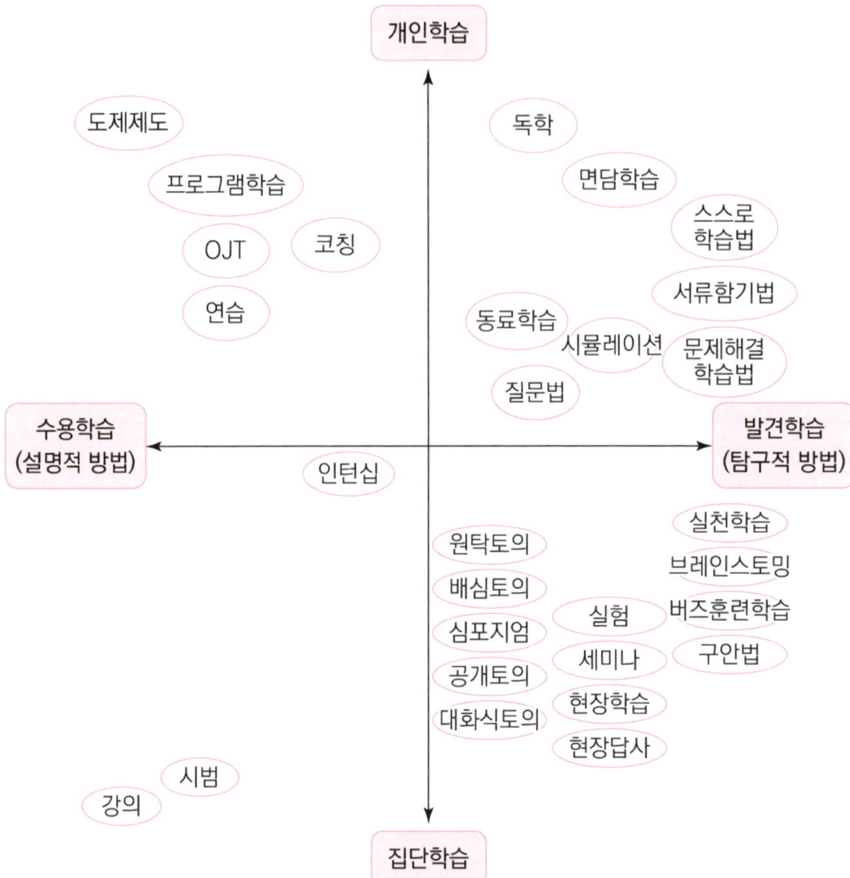

▲ 그림 3-5 두 가지 차원을 고려한 교육방법의 분류

자료: 이화여자대학교 교육공학과(2007). 21세기 교육방법 및 교육공학. 교육과학사.

1) 강의형

강의형의 구체적인 교육방법은 강의법(lectuer), 질문법(question), 시범(demonstration), 면담학습(interview), 동료학습(peer teaching) 등 <표 3-4>와 같이 구분할 수 있다.

표 3-4 강의형의 구체적인 교육방법

교육방법	특징	유의사항
강의법	교수자가 학습자에게 학습내용을 직접 언어로서 전달하는 형태	• 수업목표를 명확히 설정해야 한다. • 강의내용은 사실에 근거해야 한다. • 학습자가 주어진 정보, 사실에 대하여 동기를 유발시킬 수 있어야 한다. • 구체적 실례, 도표, 시청각 보조자료 등의 학습자료를 사용해야 한다. • 학습자들에게 질문의 기회를 주고, 강의내용을 요점정리해 주어야 한다.
질문(발문)법	교수자와 학습자 사이의 상호작용을 전제로 교사의 질문에 학습자가 답변하고 학습자의 질문에 교수자가 답변하는 지도과정을 통해 학습에 주의를 집중시키는 방법	• 학습자 전체에게 질문에 대한 응답의 기회를 골고루 주어야 한다. • 학습내용에서 벗어난 질문은 삼가는 것이 좋다. • 단편적인 질문이 아니라, 연속적인 질문을 통해 학습자가 체계적인 사고를 할 수 있다. • 질문을 할 때, 명확한 표현으로 질문의 요점이 무엇인지 밝혀주어야 한다. • 학생의 질문에 항상 적극적인 태도로 주의를 기울여야 한다.
시범	새로운 기능을 학습하기 위한 방법으로, 교사가 바람직한 행동양식을 보여주는 동안 학습자는 관찰과 모방을 통해 혼자서 할 수 없었던 기능을 할 수 있도록 시도하는 방법	• 학습자가 시범의 목적과 내용을 분명히 인식하도록 해야 한다. • 시범은 학습자 전체가 관찰할 수 있도록 해야 한다. • 시범 후, 학습자에게 연습할 기회를 주어야 한다. • 사용할 기구, 자료가 잘 작동되는지 사전에 살펴보아야 한다. • 교수자는 시범 보인 사실, 활동, 자료에 대하여 분명히 이해하여야 한다.
면담학습	사전에 정해진 주제에 관한 면담자의 질문에 한 두 사람의 전문가가 응답함으로써 이루어지는 5~30분 간 대화하는 방법	• 전문가들이 편안히 앉아서 이야기할 수 있도록 분위기를 조절해야 한다. • 면담자와 전문가는 앞에 나와서 이야기를 하는 것이므로 조명이 얼굴을 너무 비추지 않도록 유의해야 한다. • 전문가들 간에, 전문가와 청중 간에 서로의 경험이나 이야기를 잘 들을 수 있도록 좌석을 배치해야 한다.

교육방법	특징	유의사항
동료학습	동료 학습자가 교수자의 역할을 하는 것으로서 내용을 먼저 숙달한 학습자가 그렇지 못한 1~3명의 학습자에게 내용을 가르치는 방법	• 교사자는 동료에 의한 교수과정을 잘 살피고 면밀하게 계획하고 점검해야 한다. • 동료교사가 학습내용을 잘못 이해하거나 완전히 알지 못할 경우, 그들의 잘못된 개념이 다른 학습자에게 전달될 수 있다.

자료: 이화여자대학교 교육공학과(2007). 21세기 교육방법 및 교육공학. 교육과학사.

2) 개인교수형

개인교수형의 구체적인 교육방법은 프로그램학습(programmed instruction), OJT(On-the-Job Training), 코칭(coaching), 인턴십(internship), 도제제도(apprenticeship) 등 <표 3-5>와 같이 구분할 수 있다.

표 3-5 개인교수형의 구체적인 교육방법

교육방법	특징	유의사항
프로그램 학습	Skinner의 강화이론을 바탕으로 기계적인 학습장치로 고안된 교수기계로서, 수업이 전 학습자를 대상으로 할 경우, 학습부진아나 우수한 학생의 특별한 지도가 필요한 경우, 학습자의 흥미, 동기 유발을 해야 할 경우 효과적인 방법	• 프로그램 설계시 여러 가지 상황을 고려해야 한다. • 학습자의 개인차를 고려한 설계를 해야 한다. • 프로그램 자체가 교수를 대신할 수 있다는 사고는 지양해야 한다. • 프로그램 학습의 특징을 파악하여 효과적인 수업이 가능하도록 준비해야 한다.
OJT	학습자를 실제 직무에 배치시켜 경험있는 종업원, 감독자들이 직무에 대한 전반적인 사항을 알려주고, 실제 직무 수행시 학습자가 경험하는 것과 동일한 상황, 환경, 보상 등을 통해 현실성을 높이는 방법	• 우수한 상사가 교사가 될 수 없으므로 우수한 교사를 선정하기 어렵다. • 학습자는 일과 훈련 모두 소홀히 할 수 있다. • 많은 학습자들이 함께 훈련할 수 없다. • 학습내용 및 과정이 모든 학습자에게 동일하지 않다. • 전문적인 지식, 기능 습득이 불가능하다. • 시설 사용 미숙으로 원재료를 낭비할 수 있다.

교육방법	특징	유의사항
코칭	능력이나 경험 있는 관리자를 훈련시키는 실제적인 관리자 훈련기법으로서 지시, 충고, 비평, 제안을 통해 실시하는 방법	• 훈련의 성패는 관리자의 경험, 능력에 따라 좌우된다. • 훌륭한 코치를 선택하는 것이 어렵다. • 학습자를 도와 안내자의 역할을 하여 학습자가 결론에 도달할 수 있도록 해야 한다.
인턴십	준전문직이나 전문직에 관한 지식을 학교에서 학습했던 학습자가 실제적인 조직에 참여하여 학교에서 배운 지식을 적용, 활용하며 전문적인 역할을 습득하는 데 중점을 두는 방법	• 취업과 연결되지 않을 경우 소득이 없다. • 학습자가 참여하는 기관에서 인턴십에 대하여 긍정적이지 않다면 교육적 효과는 미비하다. • 실습은 자칫하면 기술만을 가르쳐서 지도하는 쪽도 학습하는 쪽도 기술의 전달과 성취에 강조를 두어 다른 교육(학습)목표를 경시할 수 있다.
도제제도	전문가의 모든 행동과 사고를 살피고 모방하면서 그 분야의 지식, 기능, 태도 등을 배우는 방법	• 인지적, 정의적 개념을 습득하는 데만 한정적으로 적용된다. • 속도가 느린 방법이다. • 해당 분야에서 탁월한 능력과 지식을 갖춘 전문가를 선정하도록 신중해야 한다.

자료: 이화여자대학교 교육공학과(2007). 21세기 교육방법 및 교육공학. 교육과학사.

3) 실험형

실험형의 구체적인 교육방법은 서류함기법(in-basket method), 감수성 훈련(sensitivity training), 모의실험(simulation), 게임(game), 사례연구(case study), 실험(lab experience), 현장견학(field Trip), 현장실습(industrial educational cooperation), 연습(drill), 역할극(role-Playing) 등 <표 3-6>과 같이 구분할 수 있다.

표 3-6 실험형의 구체적인 교육방법

교육방법	특징	유의사항
서류함 기법	가상상황을 실제와 유사하게 만들어 가상의 요구에 따라 의사결정 기술을 평가하거나 개발하려는 훈련 방법	• 학습자에 흥미를 유발할 수 있다. • 비용이 많이 든다. • 학습자의 적극적인 참여가 가능하다.
감수성 훈련	행동과학 이론을 기초로 주체성 회복과 인간의 의사소통, 협동심, 내 · 외적인 조건에 의한 긴장감과 변혁에 대응함으로써 사회 또는 직장에서의 적응력을 향상시키는 방법	• 소집단으로 구성된 성원은 가능한 이질적인 성향을 가진 사람들로 구성한다. • 훈련은 1~2주일 동안 집중적이고 지속적인 것이 효과가 크며 이 분야에 전문지식을 가진 교수 훈련자가 있어야 한다.
모의 실험	현실 세계에서 이루어지는 어떤 현상의 과정, 역동성을 선별적으로 재현시키는 방법	• 가장 기초단계를 충분히 숙지하도록 한 후, 최종적인 목표를 수행하도록 해야 한다. • 교수자는 실험을 진행하는 과정에서 능숙한 자질이 요구된다. • 시간, 비용적인 측면에서 소비가 많기 때문에 충분히 검토한 후에 사용하는 것이 좋다.
게임	학습자가 학습내용과 관련된 규칙내에서 경쟁적인 요소를 첨가하여 학습목적이 달성될 수 있도록 재미있게 구성한 경쟁적이고 도전적인 학습 방법	• 게임 자체가 학습목표를 달성할 수 있도록 설계하는 것이 중요하다. • 게임이 끝나고 반드시 토론을 통해 총체적인 정리를 해주는 것이 필요하다. • 학습목표가 달성되었을 때 즉각적인 피드백을 주는 것이 필요하다.
사례 연구	어떤 문제가 생겼을 때, 여러 사례들을 수집, 비교, 분석하여 해결방안을 모색하기 위한 논의를 하며 이를 통해 일반적인 원리를 찾아내는 연구 방법	• 학습과정에서 실제 사건이나 가상된 사건을 다루는 것이 교육적인 측면에서 효과를 증진시킬 수 있다는 확신과 판단이 있어야 한다. • 학습자들이 사례에 대하여 충분히 이해할 수 있도록 도와 주어야 한다. • 학습자들의 응용력과 분석력을 배양할 수 있도록 사례가 구성되어야 한다.

교육방법	특징	유의사항
실험	관찰하려는 일정한 현상을 계획적으로 조성하여 그 현상을 규정하는 조건을 여러 가지로 바꾸어 보고 거기에 나타나는 조건과 결과와의 상관관계를 파악하는 방법	• 자료 및 기계를 실행시키는 데 위험성이 있을 수 있다. • 실험실에서 도구를 사용하기 쉽도록 옮겨 놓아야 한다. • 필요한 재료나 수업 자료 등을 미리 준비하고, 실험 방법, 계획, 유의점 등을 인식시켜야 한다.
현장 견학	한 집단이 직접적인 관찰과 연구를 위해서 관심 있는 대상이나 장소를 방문하는 계획된 교육적인 여행	• 견학의 목적을 학습자들이 명확히 알아야 한다. • 현장의 안전장비 등을 미리 점검하고 안전교육을 사전에 실시해야 한다. • 인쇄된 안내문 등을 제공하는 것이 좋다.
현장 실습	학습목표를 달성하기 위해 생산적인 작업현장에서 경험을 얻도록 계획된 프로그램	• 학교의 교육적 의도가 달성되기 어렵다. • 실습예산을 확보하거나 담당자를 선정하는 데 어려움이 있다. • 학습자 스스로 자기평가를 할 수 있도록 기회를 주어야 한다.
연습	학습자들이 반복적인 연습을 통해 비교적 단순한 기능을 획득하고 기능을 보다 잘 숙달할 수 있게 도와주고 학습전이나 일반화를 시키기 위하여 실시하는 방법	• 연습에 대한 학습자의 욕구 부족시 역효과가 발생할 수 있다. • 단순작업의 반복으로 학습에 대한 흥미가 쉽게 감퇴될 수 있다. • 실제적인 상황에서 적용하는 데 어려움이 있다. • 학습자의 이해를 바탕으로 실시해야 한다.
역할극	타인의 역할을 연기를 통해 경험해 봄으로써 자신과 타인을 이해하는 데 도움을 주고자 하는 극화된 놀이 방법	• 교수자의 관찰, 평가, 토론 능력 등이 중요하게 작용하므로 교수자의 능력이 충분한지 파악해야 한다. • 교수자는 역할 연기의 초점이 무엇인지 분명히 알려주어 문제상황에 주의를 집중시키도록 유도해야 한다.

자료: 이화여자대학교 교육공학과(2007). 21세기 교육방법 및 교육공학. 교육과학사.

4) 토론형

토론형의 구체적인 교육방법은 원탁토의(round table discussion), 배심토의(panel discussion), 심포지엄(symposium), 공개토의(forum), 대화식 토의, 세미나(seminar), 버즈 훈련학습(buzz session), 브레인스토밍(brainstorming) 등 <표 3-7>과 같이 구분할 수 있다.

표 3-7 토론형의 구체적인 교육방법

교육방법	특징	유의사항
원탁토의	10명 정도의 인원이 둘러 앉아 고정적인 규칙에 구속되지 않고 자유로이 의견이나 태도를 표명하고 지식이나 정보를 상호 제공 · 교환함으로써 참가자 상호 간의 의견이나 견해의 차이를 조정하여 집단으로서의 의견을 요약해 나가는 방법	• 구성원들이 동질적이지 않거나 지식 수준, 대화 능력에 있어 차이가 클 경우 토의가 실패할 가능성이 커진다. • 시간이 많이 걸릴 수 있다. • 자칫 잘못하면 무책임한 태도나 의견으로 토의 결과의 질이 저하되기 쉽다. • 발언이 특정인에게만 편중되는 현상이 일어나기 쉽다.
배심토의	토의 문제에 관해 지식과 경험이 풍부한 전문가 4~6명이 사회자의 사회 아래 청중 앞에서 자유 토의하는 방법	• 배심토의 발표자 개개인이 의견을 발표하는데 소요되는 시간을 통제하기 어렵다. • 대부분의 질문에 대해 완벽한 응답을 기대하기 어렵다. • 배심토의 발표자는 예리한 사고의 소유자이며, 즉석에서 명확하게 답변할 수 있어야 한다.
심포지엄	서로 다른 의견이나 견해를 가진 대표자 4~5명이 각기 다른 입장에서 1~15분 정도 강연을 하고 그 후에 일반 참가자가 질문을 하거나 의견을 진술하여 종합적으로 의견을 집약하는 방법	• 한 가지 주제만을 다룰 수 있다. • 발표자, 학습 청중자 모두 주제에 대해 다양한 지식이나 경험 등을 가지고 있어야 한다. • 발표자의 사전 준비가 미비할 경우, 단지 의견만 제시될 뿐이다.

교육방법	특징	유의사항
공개토의	여러 형태로 어떤 주제에 관해 새로운 사고방식이나 정보 · 자료나 분석 결과 등을 제공하고 그 문제에 대한 질의 응답을 함으로써 관심과 열의를 북돋고 더 나아가 필요한 정보를 부여하여 문제를 명백히 밝히고 참가자의 사고를 더욱 활발히 하는 방법	• 강의나 보고처럼 일방적인 의사소통이 아닌 청중의 직접적인 참여를 중요시한다. • 청중은 주제에 대해 관심을 갖고 적극적으로 토론 과정에 참여해야 한다. • 사회자는 주제를 소개하고 연설자와 청중의 질의 응답을 주제와 관련된 내용으로 잘 이끌어야 한다. • 연설자는 청중의 학습 정도와 필요 정도를 고려하여 간결하고 논리적으로 의견을 발표해야 한다.
대화식 토의	주제에 대해 그 분야에 대한 전문가를 초청하거나 현장에 직접 가서 주제에 대한 의견을 질의 응답하는 형식	• 학습자 집단과 전문가 집단에 의해 이루어진다. • 일반 청중이 토의 과정에 참여하는 데 한계가 있다.
세미나	주제에 대한 공식적인 보고와 함께 참여자들의 의견을 전개하거나 질의 응답을 통한 공개토론의 형태로 이루어지며 참가자들에게 특정 주제에 대한 전문적인 연수나 훈련의 기회를 제공해 주어야 한다.	• 세미나 참여자 전원은 전문가로 구성되어 있기 때문에 전 구성원간의 적극적이고 능동적인 참여가 가능하다. • 해당 분야에 전문적 지식이 없는 일반인들은 세미나의 내용을 이해하기 어렵다. • 참여자의 선정과 시간 배분에 신경을 써야 한다.
버즈 훈련 학습	여러 사람을 토의에 참가시키기 위해 참가자들을 소집단으로 편성하여 특정한 주제나 문제점에 대해 토론하도록 하는 방법	• 연수자 전원을 6명 정도씩 그룹으로 나눈다. • 리더를 정하고 각 그룹은 주어진 주제에 대해 5~20분간 토의하고 결론을 낸다. • 각 그룹의 대표는 결론을 전원에게 발표한다.
브레인 스토밍	특정한 주제나 문제점에 대하여 자기 의견이나 아이디어를 자유롭게 제시하는 방법	• 완전한 의사 발표의 자유가 허용될 수 있는 환경을 조성해야 한다. • 소집단으로 나눌 때, 연령, 계급 등이 비슷해야 많은 아이디어를 창출할 수 있다.

자료: 이화여자대학교 교육공학과(2007). 21세기 교육방법 및 교육공학. 교육과학사.

5) 자율학습형

자율학습형의 구체적인 교육방법은 독학, 문제해결학습(problem solving), 스스로 학습법, 구안법(project method)등 <표 3-8>과 같이 구분할 수 있다.

표 3-8 자율학습형의 구체적인 교육방법

교육방법	특징	유의사항
독학	교사에게 가르침을 받거나 동료의 도움을 받거나 함께 학습하는 것이 아니라, 독자적이고 개인적으로 학습하는 방법	• 학습자 스스로 학습 속도를 조절할 수 있다. • 학습자와 교수자 간의 피드백이 즉각적으로 일어날 수 없다. • 원거리에서 학습자에게 조언해 주기 어렵다. • 학습동기가 낮으면 실패할 가능성이 높다.
문제해결 학습	학습자에게 해결할 문제를 주고 그것을 해결해 나가는 과정을 통해 학습이 이루어지도록 하는 방법	• 학습자의 태도가 적극적이지 않을 경우 효과가 적다. • 문제 해결 상황을 만들 때 학습자의 능력, 흥미, 경험 등을 고려해야 한다. • 자율적인 학습 분위기를 형성해야 한다.
스스로 학습법	구조적으로 만든 학습 질문지를 통해 학습자가 스스로 학습할 수 있도록 하는 방법	• 학습 질문지를 통해 학습자로부터 개인적이고 사실적인 자료를 얻기 때문에, 현실성이 풍부하다. • 상황에 적합한 구조적인 학습 질문지가 개발되어야 한다.
구안법	어떤 목적을 가진 경험을 통해 목적의식이나 행동의 목적을 갖게 하여 그 과정을 진행해 나갈 수 있는 동기를 부여하는 목적적인 활동을 통해 학습하는 방법	• 모든 과정이 스스로 행하는 것이기 때문에, 자주성과 주체성을 발전시킬 수 있다. • 활동을 이용하는 창의적인 방법이기 때문에, 학습자의 창의성이 생긴다. • 활동에 필요한 자료수집이 미비하면 실패할 가능성이 높다.

자료: 이화여자대학교 교육공학과(2007). 21세기 교육방법 및 교육공학. 교육과학사.

참 고 문 헌

김신자 · 이인숙 · 양영선(1999). 교육공학의 이론과 실제. 서울: 문음사.

김진호 외(2002). 실기 · 예비 교사를 위한 교육방법의 기초. 문음사.

나일주 · 정인성(2000). 교육공학의 이해. 서울: 학지사.

노승윤(2000). 실기교육방법론. 서울: 양서원.

백영균 외(2006). 유비쿼터스 시대의 교육방법 및 교육공학. 학지사.

변영계 외(2000). 교육방법 및 교육공학. 서울: 학지사.

안우환 외(2006). 수업과 장학. 한국학술정보.

윤광보 · 김용욱 · 최병옥(2003). 교육방법과 교육공학의 이해. 양서원.

이용환 외(2001). 교육방법 · 교육공학. 서울: 재동문화사.

이화여자대학교 교육공학과(2007). 21세기 교육방법 및 교육공학. 교육과학사.

조성일 · 신재흡 · 최혜영(2006). 지식기반사회에서 교육방법 및 교육공학의 이론과 실제. 동문사.

주영주 · 이광희(2006). 보건의료인을 위한 교육방법과 교육공학. 남두도서.

최동근 · 양용칠 · 박인우(2000). 교육방법의 공학적 접근. 교육과학사.

황정규 · 이돈희 · 김신일(1998). 교육학 개론. 서울: 교육과학사.

Gagne, R. Briggs, L. & Wager, W.(1992). Principle of instructional design (4th ed.). Fort Worth, TX: Jovanovich.

Gagne, R. M.(1985). The conditions of learning (4th ed.). New York: Holt, Rinehart & Winston.

Joyce, B., Weil, M., & Calhoun, E.(2000). Models of teaching(6th ed.). Needham Heights, MA: Allyn & Bacon.

Reigeluth, C. M.(1983). Instructional Design: What is it and Why is it? In C. M. Reigeluth(ed.). Instructional Design Theories and Models: An Overview of their Current Status. N. J.: Hillsdale, Lawrence Erlbaum Associates.

Rothwell, W. J. & Kazanas, H. C.(1992). Mastering the instuctional design process: A systematic approach. San Francisco: Jossey-Bass Publishers.

Smith, P. & Ragan, T.(1993). Instructional design. New York: Merrill.

CHAPTER

02 4차 산업혁명시대의 특징 및 미래교육 방향

1 4차 산업혁명 시대의 개념

현재 전 세계는 인공지능이 중심이 되는 '제4차 산업혁명 시대'를 맞아 정치, 경제, 사회, 문화 등 다양한 분야에서 변화의 움직임이 대두되고 있다. 4차 산업혁명은 18세기 증기기관에 기초한 기계화혁명인 1차 산업혁명, 19세기에서 20세기 초 전기에너지에 기초한 대량생산혁명인 2차 산업혁명, 20세기 후반 컴퓨터와 인터넷 기반의 지식정보혁명인 3차 산업혁명과는 달리, 인공지능을 기반으로 한 사람, 사물, 공간을 초연결, 초지능화한 만물초지능 혁명이다(한경호, 2016). 결론적으로 말하자면 4차 산업혁명은 인공지능, 빅데이터, 사물인터넷, 클라우드, 3D 프린팅, 자율주행 자동차 등과 같이 소프트웨어와 데이터 기반의 지능 디지털 기술변환(intelligent digital technology transformation)에 의한 혁명이라 할 수 있다(Schwab, 2016).

4차 산업혁명 시대는 과학기술간의 경계, 실재와 가상현실의 경계, 기계와 생명의 경계가 희미해지는 시대로서(조현국, 2017), 이전의 그 어떤 혁명보다도 가장 큰 변화를 가져올 것으로 예상할 수 있다. 즉, 기존의 현재 시장을 유지하면서 이뤄지는 현재 지향적인 형태의 지속적 혁신(substaining innovation)과는 달리, 기존의 시장을 완전히 대체하는 미래 지향적 형태의 파괴적 혁신이라 할 수 있다(Downes & Nunes, 2014). 이러한 4차 산업혁명으로 인해 세계 각국은 빈부격차 심화로 인한 국가 간 불평등과 불균형 심화, 저출산 및 고령화로 인한 경제적 위기, 기존의 직업의 변화로 실업률 증가, 인간성 상실의 위기 등 많은 위기가 노출될 수 있다(박남기, 2017; 한은미, 2016; 조현국, 2017).

따라서, 4차 산업혁명 시대를 적극적으로 준비하고 대응할 수 있는 미래교육의 목적과 방향 탐색, 교수-학습 방법 개선, 미래 사회에 길러야 할 인재 역량 등 다방면으로 모색할 필요가 있다. 또한, 4차 산업혁명 시대는 현재 인간이 수행하고 있는 거의 대부분의 기능이 인공지능으로 대체될 것을 감안하면, 미래교육의 방향도 '두뇌(brain)'의 기능을 밝히는 신경과학, 뇌과학, 인지과학을 토대로 획기적인 패러다임 전환을 가져올 필요가 있다. 즉 기존의 뇌과학, 심리학, 교육학 등을 융합한 형태로 새롭게 등장하는 교육신경과학(educational neuroscience)은 뇌과학적 지식인 뇌의 인지기능 및 구조를 이해하고, 다양한 실험 상황에서 발견된 연구결과와 일치하는 교육적 원리와 전략을 마련하여 그것을 실제 교육 현장에 적용함으로써, 모든 학습자들이 자신의 뇌기능을 활용하여 주도적으로 학습을 계획, 수행할 수 있도록 하는데 목표를 둔 새로운 교육 패러다임이라 할 수 있다(Jensen, 2007; Ki, 2006).

2016년 다보스포럼에서 Schwab(2016)은 1차, 2차, 3차 산업혁명을 거쳐 4차 산업혁명의 도래를 주장하였다. 먼저 1차 산업혁명을 통해서 증기기관의 발명으로 수송 수단, 물과 증기를 이용한 생산 기계들을 사용하여 산업의 발전을 가져왔고, 2차 산업혁명을 통해 대량 생산을 가능하게 한 자동화를 가져왔다. 또한, 3차 산업혁명은 정보기술의 발달로 컴퓨터를 통한 자동생산 시스템을 구축하였다.

4차 산업혁명은 컴퓨팅과 통신의 대상이 사람과 사람을 넘어 사람, 사물, 공간으로 퍼져가는 수평적 네트워킹 확장인 '초연결성(hyper connectivity)', 인터넷과 모바일 플램폼을 기반으로 사이버물리복합시시스템(cyber physical system)과 인공지능을 주축으로 사회 시스템 간의 상호작용이 심화되는 수직적 네트워킹 확장인 '초지능성(hyper intelligence)' 등 [그림 3-6]과 같은 방향성을 가지고 있다.

초연결성(hyperconnectivity)	초지능성(hyper intelligence)
컴퓨팅과 통신의 대상이 사람과 사람을 넘어 사람·사물·공간으로 퍼져가는 **네트워킹의 수평적 관점**에 주목하는 개념	초연결성을 지닌 인터넷과 모바일 플랫폼을 기반으로 CPS(Cyber Physical System: 사이버물리복합시스템)와 인공지능을 기축으로 하는 사회 시스템간의 상호작용이 한층 심화되는 **네트워킹의 수직적 확장**에 비중을 두는 개념

▲ 그림 3-6 4차 산업혁명 시대의 방향성

2 4차 산업혁명 시대의 특징

4차 산업혁명의 특징을 1차, 2차, 3차 산업혁명과 비교해 보면 <표 3-9> 와 같이 정리할 수 있다(성태제, 2017; 한동숭, 2016).

표 3-9 1, 2, 3, 4차 산업혁명의 비교 분석

구분	시기	에너지원	기술	주요 특징
1차 산업혁명	18세기	석탄, 물	증기기관	기계에 의한 생산
2차 산업혁명	19~20세기초	석유, 전기	내연 연소기관 전기에너지	자동화에 의한 대량생산
3차 산업혁명	20세기 후반	핵에너지, 천연가스	컴퓨터, 로봇	반도체, PC, 인터넷, IT
4차 산업혁명	2015년 이후	친환경에너지	인공지능, 사물인터넷, 3D프린터, 유전공학	빅테이터, 융복합

세계경제포럼(World Economic Forum)의 창립자인 Schwab(2016)은 1차 산업혁명은 기계화, 2차 산업혁명은 전기화, 3차 산업혁명은 정보화, 4차 산업혁명은 인공지능화, 디지털과 물리세계와의 결합, 바이오 분야의 혁신 등 <표 3-10>과 같이 구분하고 있다. 4차 산업혁명은 인공지능, 로봇공학, 사물인터넷, 자율주행자동차, 3D 프린팅, 나노기술, 생명공학, 재로공학, 에너지 저장 기술, 퀀텀컴퓨팅(quantum computing)의 발달 등 과학기술의 혁명적인 진보가 이루어지는 시대라고 볼 수 있다(임종헌, 유경훈, 김병찬, 2017).

표 3-10 1, 2, 3, 4차 산업혁명의 핵심 기술 및 내용

구분	핵심 기술	내용
1차 산업혁명	물, 증기 (water and steam power)	물과 증기를 이용한 증기기관을 활용 생산성 향상
2차 산업혁명	전기 (electric power)	전기 에너지 이용을 통한 대량생산 체제 구축
3차 산업혁명	전자, 정보 기술 (electronics, information technology)	전자와 정보 기술을 이용한 자동화 및 디지털화
4차 산업혁명	디지털, 물리학, 생물학 (digital, physical, biological)	디지털 기술을 바탕으로 물리학, 생물학 결합

또한, Schwab(2016)은 1차 산업혁명은 4차 산업혁명 시대의 특징을 속도, 범위와 깊이, 체제 변화 등 세 가지 측면에서 <표 3-11>과 같이 설명하고 있다.

표 3-11 4차 산업혁명의 특징

구분	특징
속도 (velocity)	• 과학기술을 포함한 인간 삶의 변화 속도가 기하급수적 증가 • 각 분야들 간의 연계 및 융합 가속화

구분	특징
범위와 깊이 (breadth & depth)	• 디지털혁명을 기반으로 한 과학기술의 변화 주도적 • 사회, 경제, 문화, 교육 등 사회 전반의 광범위한 변화로 연결 • 인간의 정체성에 대한 철학적 사유 및 논의까지 요구하는 변화
체제 변화 (systems impact)	• 시스템 및 체제의 변화, 패러다임 변화 • 개인적인 삶, 국가 체제, 세계 체제 등 변화까지 연결

지금까지 살펴본 산업혁명의 변화 과정과 특징을 정리하면 [그림 3-7]과 같이 도식화할 수 있다(안종배, 2017).

▲ 그림 3-7 산업혁명의 변화 과정과 특징

3 4차 산업혁명 시대의 미래 직업의 변화

4차 산업혁명 시대에 가장 큰 변화는 미래사회에서의 직업에 대한 전망이다. WEF(2016)는 직업미래보고서에서 인공지능 기술 개발로 인해 202만개의 새로운 직업을 창출하지만, 710만개의 직업은 줄어들 것이라고 발표하고, 구체적인 직업군별 채용 증감 추이를 비교하면 <표 3-12>와 같다. <표 3-12>에서도 알 수 있듯이, 단순 반복적인 직업은 로봇이나 인공 지능이 대체할 수 있다. 하지만 인성, 감성, 창의성을 요구하는 직업은 오히려 증가할 것으로 예상할 수 있다.

표 3-12 4차 산업혁명 시대에 따른 직업군별 채용 증감 추이 비교

(2015년~2020년, 단위: 천개)

감소 직업군	직업수	증가 직업군	직업수
사무, 관리	-4,759	마케팅, 금융	+ 492
제조, 생산	-1,609	경영	+ 416
건설, 채굴	-497	컴퓨터, 수학	+ 405

또한, 4차 산업혁명 시대에 고용의 변화를 상위 주요 직업과 하위 주직업을 비교해 보면 [그림 3-8]과 같이 정리할 수 있다.

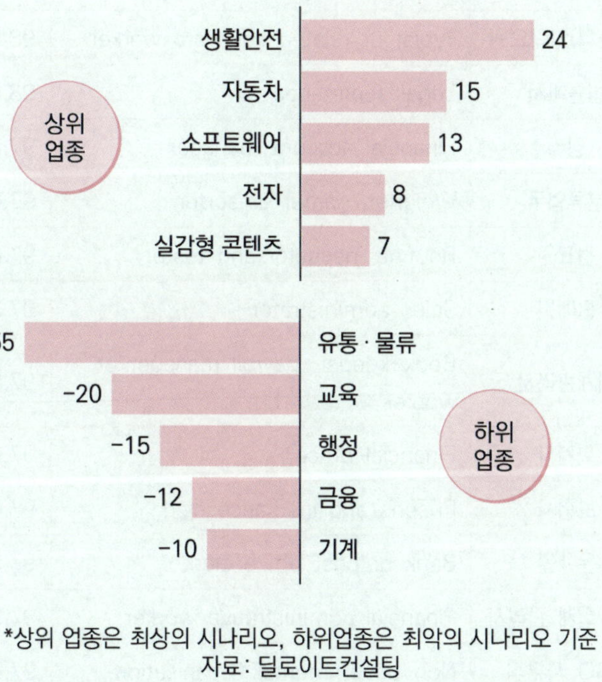

▲ 그림 3-8 4차 산업혁명 시대에 따른 고용의 변화

특히, 영국 BBC에서 4차 산업혁명 시대 사라질 위험이 높은 직업으로 텔레마케터, 컴퓨터 입력요원, 법률 비서, 경리, 분류업무, 검표원 등 <표 3-13>과 같이 제시하고 있다. 또한, 4차 산업혁명 시대 직업별 인공지능 대체 비율을 살펴보면 청소원, 주방보조원, 매표원 및 복권 판매원 등의 순으로 가장 높고, 조사 전문가, 세무사, 큐레이터 및 문화재 보조원 등도 또한 높은 것으로 나타났다.

표 3-13 4차 산업혁명 시대 사라질 위험이 높은 직업(영국 BBC)

단위: 명

순위	직업	Job Title	위험성	종사자 수
1	텔레마케터	Telephone Salesperson	99.0%	43,000
2	(컴퓨터)입력요원	Typist or related keyboard worker	98.5%	51,000
3	법률비서	Legal secretaries	98.0%	44,000
4	경리	Financial account manager	97.6%	132,000
5	분류업무	Weigher, garder or sorter	97.6%	22,000
6	검표원	Routine inspector and tester	97.6%	63,000
7	판매원	Sales administrator	97.2%	70,000
8	회계관리사	Book-keeper, payroll manager or worker	97.0%	436,000
9	회계사	Financial officer	97.0%	35,000
10	보험사	Prisons and insurance clerk	97.0%	77,000
11	은행원	Bank or post office clerk	97.8%	146,000
12	기타 회계 관리사	Financial administrative worker	97.8%	175,000
13	NGO 사무직	Non-governmental Organisation	97.8%	60,000
14	지역 공무원	Local government administrative worker	97.8%	147,000
15	도서관 사서 보조	Library clerk	96.7%	26,000
				총 종사자 수 1,527,000

한편 4차 산업혁명 시대 10년~20년 후까지 남는 직업 25개는 레크레에이션 치료사, 정비설치수리 일선 감독자, 위기관리 책임자, 정신건강 약물 관련 사회복지사, 청각 훈련사 등이 있고, 사라질 직업 25개는 전화 판매원, 부동산 등기의 심사조사, 손바느질 재단사, 컴퓨터 이용한 데이터 수집 가공 분석, 보험업자 등 <표 3-14>와 같다.

표 3-14 4차 산업혁명 시대 남는 직업과 사라질 직업

10~20년 후까지 남는 직업 상위25		10~20년 후에 사라지는 직업 상위 25	
1	레크레이션 치료사	1	전화 판매원(텔레마케터)
2	정비설치 수리 일선 감독자	2	부동산 등기의 심리조사
3	위기관리 책임자	3	손바느질 재단사
4	정신 건강약물 관련 사회복지사	4	컴퓨터 이용한 데이터 수집가공분석
5	청각훈련사	5	보험업자
6	작업치료사	6	시계수리공
7	치과교정사의치 기공사	7	화물 취급인
8	의료사회복지사	8	세무신고 대행자
9	구강외과	9	필름사진 현상 기술자
10	소방방재의 제일선 감독자	10	은행 신규계좌 개설 담당자
11	영양사	11	사서 보조원
12	숙박시설의 지배인	12	데이터 입력 작업원
13	안무가	13	시계 조립조정 공학
14	영업 엔지니어	14	보험 청구 및 보험 계약 대행자
15	내과외과	15	증권회사의 일반 사무원
16	교육 코디네이터	16	수주계
17	심리학자	17	대출 담당자
18	경찰청형사의 제일선 감독자	18	자동차 보험 감정인
19	치과의사	19	스포츠 심판

10~20년 후까지 남는 직업 상위25	10~20년 후에 사라지는 직업 상위 25
20　초등학교 교사(특수교육 제외)	20　은행 창구계
21　의학자(역학자 제외)	21　금속목재고무의 에칭 판화 업체
22　초중학교의 교육 관리자	22　포장기계필링 운영자
23　다리(발)관련 의사	23　구매 담당자
24　임상심리사상담사학교 카운슬러	24　화물 배송 수신계
25　정신건강 상담	25　금속·플라스틱 가공용 기계 조작원

자료: 칼프레이 베네딕트 · 마이클 오스본 '고용의 미래'

4 4차 산업혁명 시대 미래교육의 방향

4차 산업혁명 시대를 대비하여 미국, 영국, 프랑스, 일본 등 세계 각국의 교육정책 현황을 소개하면 <표 3-15>과 같다(서혜숙, 2017).

표 3-15　4차 산업혁명 시대 세계 각국의 교육정책 현황

국가	SW교육	디지털교과서(교수학습)관련 정책	교육환경(인프라)정책	개인 맞춤형 서비스
미국	모든 학생을 위한 컴퓨터 과학교육 정책 추진 발표('16.1월)	디지털교과서 활용 가이드라인('15)에 따라 주단위의 디지털교과서 확산 중	학교 인터넷 개선, 디지털학습강화를 위해 민간과 협력하여 ConnectED('13)추진, 학교 무선망 확충 학생용 기기(아이패드, 구글, 크롬북 등)보급 확대	사립학교의 24%가 맞춤학습 시스템 이미 사용 또는 사용 예정
영국	'14.9월부터 초 중등학교 모든 학령에서 SW교육 필수화	케임브리지, 옥스퍼드 등 민간출판사 주도 디지털교과서 개발, 활용 확산	(런던)2,500개 학교에 고속보안 네트워크, 문서작성 및 스토리지, 화상회의 시스템 제공	영국학교는 edu-tech에 매년 900만 파운드 이상 투자

국가	SW교육	디지털교과서(교수학습)관련 정책	교육환경(인프라)정책	개인 맞춤형 서비스
프랑스	‘16.9월 신학기부터 SW중학교 정규 과목화	연구학교 시범적용(‘09~’11)을 거쳐 디지털 교과서 활용 확산 중	디지털 학교 프로젝트로 ‘20년 까지 교사 100% 초중학생 70%에 기기(PC,스마트패드)보급 계획	정부보조금으로 초등학교에 맞춤 학습 솔루션 보급
일본	‘12년부터 중학교, 20년부터 초등학교 SW교육 필수화	‘20년부터 디지털 교과서 전면 도입 계획	‘14년부터 초·중·고인프라 개선사업 추진, ’20년 모든 학교 무선망 완비 목표(교육정보화 비전)	일본 총무성은 교육 클라우드 정책을 추진하여 학습 분석 관리

3차 산업혁명 시대 특징인 표준화, 규격화, 정형화된 교육의 방향을 탈피하여 4차 산업혁명 시대에는 다양성, 창의성, 유연성을 강화하는 방향으로 교육이 변화해야 한다. 이러한 변화를 위해서는 미래교육 콘텐츠, 미래교육 시스템, 미래학교, 미래교육 거버넌스 등 교육 관련 모든 체계가 총체적으로 상호 협력하여 [그림 3-8]과 같은 교육 혁신 프레임워크를 설계해야 한다(안종배, 2017).

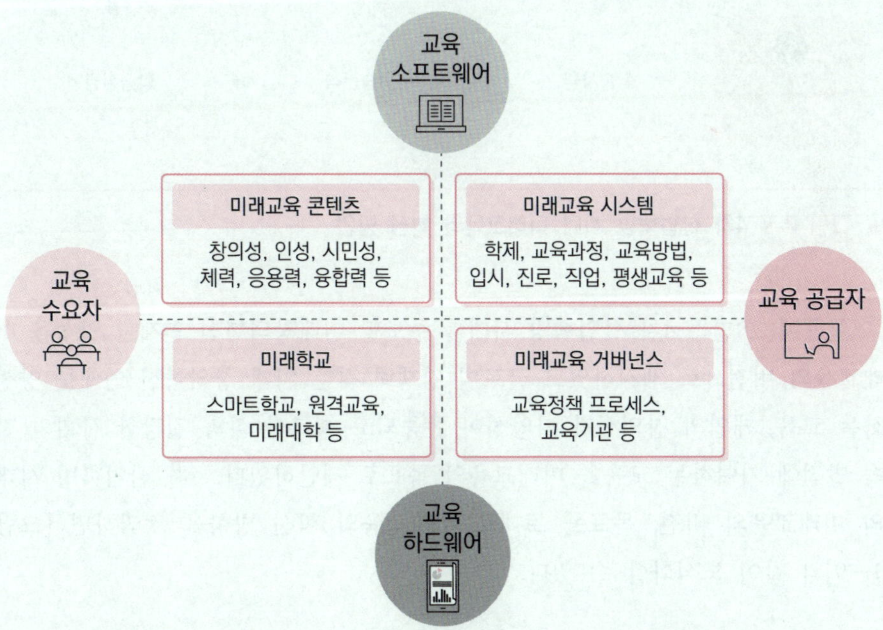

▲ 그림 3-8 4차 산업혁명 시대 미래 교육 혁신 프레임워크

한편, 4차 산업혁명 시대 미래교육의 혁신 방안은 제도, 학교, 사회, 기술 측면에서 교육과정, 학습평가, 교수학습 영역 등 [그림 3-9]과 같이 도식화할 수 있다(김진숙, 2017).

▲ 그림 3-9 4차 산업혁명 시대 미래교육의 혁신 방안

안종배(2017)는 4차 산업혁명 시대를 주도할 미래창의혁신 인재를 양성을 미래교육의 비전으로 제시하였고 글로벌 경쟁력 갖춘 미래 창의혁신 인재를 양성하는 교육, 개인의 창의성과 다양성이 존중되고 행복한 삶과 건강한 사회의 지속 발전에 기여하는 교육을 미래교육의 목표로 제안하였다. 4차 산업혁명 시대의 미래교육의 비전, 목표를 토대로 미래교육의 혁신 방향을 정리하면 [그림 3-9]와 같이 도식화할 수 있다.

1 미래교육 시스템 혁신	2 미래학교 혁신	3 미래교육 콘텐츠 혁신	4 미래교육 거버넌스 혁신
• 4차 산업혁명 시대에 대응하는 유연한 학제 • 자율적 교육과정과 평가 • 다양한 진로·직업 교육 • 자율적 입시제도와 대학제도 • 다양한 장학 복지	• 4차 산업혁명 시대에 대응하는 창의적 미래 • 지역과 함께하는 학교 • 교사 역할과 교사 시스템 및 교사의 영역 변화 • 교육 공간의 변화 • 직업학교와 대학 모습의 변화	• 4차 산업혁명 시대에 대응하는 창의적 인지 역량 • 인성적 정서 역량 • 협력적 사회 역량 • 생애 학습 역량을 함양할 수 있는 교육 콘텐츠	• 4차 산업혁명 시대에 대응하는 새로운 미래교육 정책 결정 프로세스 • 교육 거버넌스의 새로운 패러다임 • 미래대학 학교 단위 거버넌스의 변화

▲ 그림 3-10 4차 산업혁명 시대의 미래교육 방향(안종배, 2017)

4차 산업혁명 시대를 준비하기 위해서는 현재 학생들이 현재에 잘 적응하는 교육 방향을 설정하기 보다는 현재 학생들이 10년, 20년 이후 미래에 잘 적응할 수 있는 역량을 길러주는 교육 방향을 설정할 필요가 있다. 즉, 기존의 선다형 평가 위주의 교육 방법, 단순 암기식 수업 형태, 정답 위주의 입시 체제 등은 미래에 존재하지도 않을 지식을 가르치기 위해 오히려 '시간과 노력의 낭비'라는 결과만 초래할 수 있기 때문에, 4차 산업혁명 시대에 필요한 미래교육의 패러다임을 전환할 필요가 있다. 이에 우리나라 교육부에서는 4차 산업혁명 시대의 미래를 전망하고 현재 우리나라 현실을 감안하여 미래교육의 방향을 유연화, 자율화, 개별화, 전문화, 인간화 등 [그림 3-11]과 같이 5가지를 제시하였다.

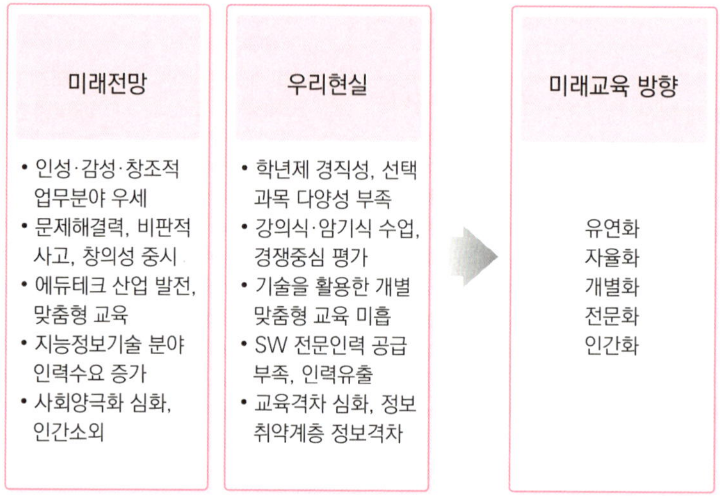

▲ 그림 3-11 4차 산업혁명 시대의 미래교육 방향(교육부, 2016)

또한, 4차 산업혁명 시대에 적합한 미래교육의 목적을 '창의융합 인재 강국 만들기'로 제시하고 구체적인 미래교육의 방향과 추진 전략을 [그림 3-12]와 같이 발표하였다(교육부, 2016).

한편, 4차 산업혁명 시대가 도래함에 따라 불확실한 미래 변화에 빠르게 적응하여 가치있고, 생산성 높고, 유의미한 아이디어와 산출물을 개발할 수 있는 창의인성을 갖춘 인재상을 요구한다. 이러한 21세기 미래인재는 정보통신기술의 발달에 따라 진화하는 지식 기반 사회에 유연하고 탄력 있게 대처할 수 있는 역량이 구비되어야 한다. 따라서 이러한 인재 양성을 위해서는 기존의 표준화된 내용으로 순차적 지식 암기 및 습득을 중요시하는 기존의 교육 패러다임이 아니라, [그림 3-12]와 같이 교과 및 체험활동이 융합된 다양하고 특성화된 내용으로 창의적 사고 역량에 중점을 두는 새로운 교육 패러다임이 필요하다(계보경 외, 2106).

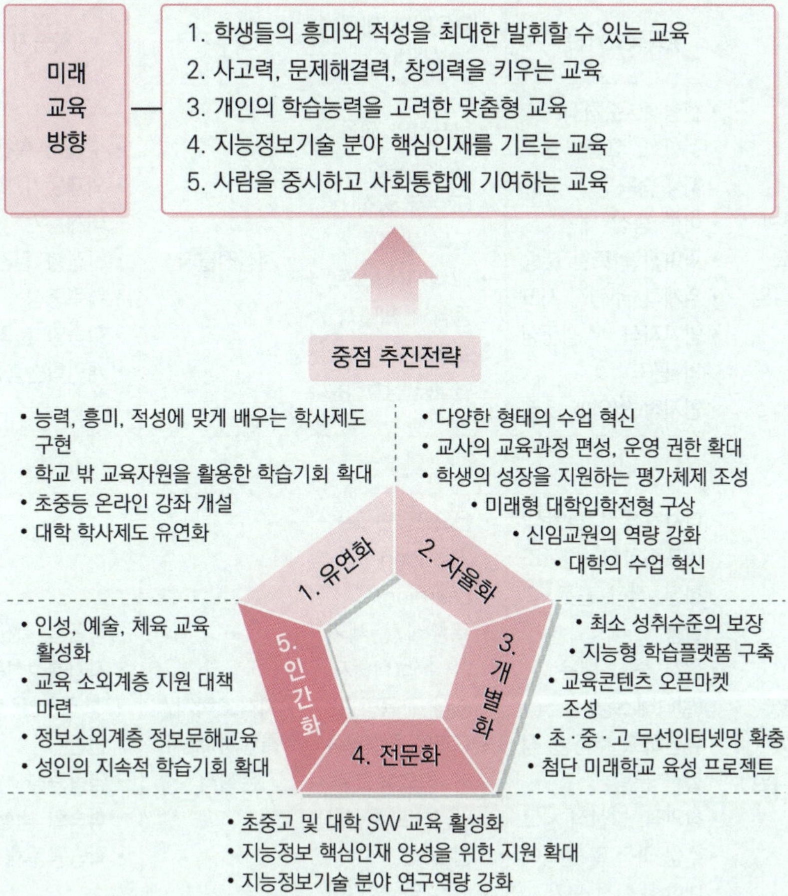

▲ 그림 3-12 4차 산업혁명 시대의 미래교육 추진 전략(교육부, 2016)

	교육목표/내용	교육방법/매체 /서비스	교수자	학습자
기존의 교육 패러다임	• 선형적, 순차적, 정형화, 표준화된 지식 습득 • 이론 중심 내용 • 짜여진 과도한 분량 • 위계적, 수렴적 사고 • 암기지식 측정중심의 평가 • 인지적 영역에 초점	• 오프라인 교육 • 강의식 수업 (교수자 중심 교육 방법) • 교과서(텍스트) 중심의 획일적 교육 • 면대면 상호작용	• 지식전달자	• 수동적 학생 • 외제동기 또는 내제동기 • 단선형 인간 • 학력중심 • 학습일 분리 • 개인학습중심
	↓	↓	↓	↓
새로운 교육 패러다임	• 다차원적, 비선형적, 비표준화된, 비구조화된 지식 습득 및 활용 • 현장 중심 내용 (멀티태스킹) • 유연하고 수준별 적절한 분량 • 창의적, 발산적 사고 • 수행 과정 및 결과에 대한 종합적 평가 • 인지적, 사회적,정의적 영역 고루 포함	• 온오프라인 교육 (Blended Learning) • 토론식/문제기반 수업(학습자 중심 교육방법) • 교과와 체험활동이 창의융합된 다양하고 특성화된 교육 • ICT 및 멀티미디어 기반 쌍방향 상호작용	• 지식조력자/촉진자/코치/카운셀러	• 능동적 학생 • 자기결정성동기 • 창의 · 융합형 인간 • 역량중심 • 학습일 병행 • 학습공동체

▲ 그림 3-13 4차 산업혁명 시대 미래교육의 변화 방향

이 외에도 4차 산업혁명 시대 대학 교육은 교양과 전공 교육과정을 구분하는 이원적인 교육과정이 아니라, 통합적인 교육과정 설계가 필요하다. 4차 산업혁명 시대는 직업 생태계의 변화, 소비 중심에서 공유 중심의 경제 체제 전환, 탈도시화 및 분산화 체제, 인간성 상실의 위기 등 <표 3-16>와 같은 다양한 사회 변화가 일어나기 때문에 대학의 교양교육도 변화하지 않을 수 없다(조헌국, 2017).

표 3-16 4차 산업혁명 시대 대학교육의 변화 및 해결 방안

미래 사회의 변화	• 직업 생태계의 변화	• 소비 중심에서 공유중심으로의 전환	• 탈도시화, 분산형 체제	• 인간성 상실의 위기
대학의 변화	• 사회변화 적응을 위한 유연한 전공 창업 교육 강화	• 학습 자원의 공유	• 인공지능 기반 학습 및 가상 캠퍼스 개발	• 포스트휴머니즘에 따른 인간-기계 상호작용
교양 교육의 과제	• 미래사회 핵심 역량 진단 및 분석 • 기업가정신 교육 • 자기주도적 전공 설계	• 개방형 플랫폼 개발	• 가상현실 시스템 활용 • 글로벌 시민 교육	• 디지털 인문학의 강조 • 인성교육 강화
해결방안	• 유기체적 교양·전공 통합 교육과정 설계 • 중핵 교육과정 고도화 융복합 심화 교과목 개발	• 기초학문중심 • 개방형 교과목 개발	• 학습 진단 도구개발 • 블렌디드 러닝 활성화 • 지역학 교과목 편성	• 협동학습 중심의 교육 및 평가 체계 구축 • 공동체 학습 경험

참 고 문 헌

계보경, 박태정, 차현진(2016). 4차 산업혁명 시대 it 융합 신기술의 교육적 활용 방안 연구. 연구보고 RR 2016-7. 한국교육학술정보원.

교육부(2016). 지능정보사회에 대응한 중장기 교육정책의 방향과 전략(시안). 2016년 1월 발표자료. 교육부.

김진숙(2017). 4차 산업혁명 대응 미래교육 방향. 4차 산업혁명 대응 미래교육을 말하다. 연구자료 RM 2017-7. 한국교육학술정보원.

박남기(2017). 제4차 산업혁명기의 교육개혁 새패러다임 탐색. 교육학연구, 55(1), 211-240.

성태제(2017). 제4차 산업혁명시대의 인간상과 교육의 방향 및 제언. 교육학연구, 55(2), 1-21.

신재한(2016). 뇌과학적 고찰을 통한 뇌교육 기반 인성교육 방향 탐색. 아동교육, 25(2), 365-381.

안종배. (2017). 4 차 산업혁명에서의 교육 패러다임의 변화. 미디어와 교육, 7(1), 21-34.

조현국(2017). 4차 산업혁명에 따른 대학교육의 변화와 교양교육의 과제. 교양교육연구, 11(2), 53-89.

한경호(2016). 제4차 산업혁명과 교육. "제4차 산업혁명 시대와 여성인재 양성. 2016 추계학술세미나집. (사)전국여교수연합회, 128-146.

한동숭(2016). 4 차 산업 혁명 시대, 대학 교육과 콘텐츠. 인문콘텐츠, (42), 9-24.

한은미(2016). 제4차 산업혁명 시대, 노동시장의 위기와 기회. "제4차 산업혁명 시대와 여성인재 양성. 2016 추계학술세미나집. (사)전국여교수연합회, 112-124.

홍선주, 이명진, 최영진, 김진숙, 이인수(2016). 지능정보사회 대비 학교 교육의 방향 탐색. 연구자료 ORM 2016-26-9. 한국교육과정평가원.

조헌국(2017). 4 차 산업혁명에 따른 대학교육의 변화와 교양교육의 과제. 교양교육연구, 11(2), 53-89.

신동훈(2017). 제 4 차 산업혁명과 뇌-기반 교육. 교육비평, (39), 386-421.

임종헌, 유경훈, 김병찬(2017). 4차 산업혁명사회에서 교육의 방향과 교원의 역량에 관한 탐색적 연구. 한국교육, 44(2), 5-32.

안종배(2017). 4 차 산업혁명에서의 교육 패러다임의 변화. 미디어와 교육, 7(1), 21-34.

성태제(2017). 제4차 산업혁명시대의 인간상과 교육의 방향 및 제언. 교육학연구, 55(2),

1-21.

김봉섭, 김현철, 박선아, 임상수(2017). 4차 산업혁명시대, 지능정보사회의 '디지털 시민성(Digital Citizenship)'에 대한 탐색. 2017 KERIS 이슈리포트 연구자료 RM 2017-6. 한국교육학술정보원.

김진숙(2017). 4차 산업혁명 대응 미래교육 방향. 4차 산업혁명 대응 미래교육을 말하다. 2017 KERIS 이슈리포트. 연구자료 RM 2017-7. 한국교육학술정보원.

서혜숙(2017). 디지털교과서의 현재와 미래. 4차 산업혁명 대응 미래교육을 말하다. 2017 KERIS 이슈리포트. 연구자료 RM 2017-7. 한국교육학술정보원.

Downes, L., & Nunes, P. (2014). Big bang disruption: Strategy in the age of devastating innovation. Penguin.

Jensen, E. (2007). Introduction to brain-compatible learning. Corwin Press.

Kim, S. I. (2006). Brain-based Learning Science: What can the Brain Science Tell us about Education?. Korean Journal of Cognitive Science, 17.

Schwab, K.(2016). The Fourth Industrial Revolution: what it means, how to respond. Paper Presented at World Economic Forum Annual Metting 2016.

Schwab, K.(2016). The Fourth Industrail Revolution. Colony/Geneva: World Economic Forum. 송경진(역). 제4차 산업혁명. (2016). 서울: 새로운 현재.

World Economic Forum.(2016). The Future of Jobs: Employment, Skills and Workforce Strategy for the Fourth Industrial Revolution. Colony/Geneva: World Economic Forum. January 2016.

CHAPTER

03 성취 기준과 성취 수준

1 성취기준, 평가기준, 성취수준의 의미

가. 교육과정 성취기준

- 국가 교육과정에 진술된 성취기준
- 교과를 통해 학생들이 배워야 할 지식과 기능, 수업 후 학생들이 할 수 있어야 하는, 또는 할 수 있기를 기대하는 능력을 나타내는 결과 중심의 도달점, 교과의 내용(지식)을 적용하고 문제해결을 하는 수행 능력
- 학생들이 교과를 통해 배워야 할 내용과 이를 통해 수업 후 할 수 있거나 할 수 있기를 기대하는 능력을 결합하여 나타낸 수업 활동의 기준(2015 개정 교과 교육과정 고시 문서 '일러두기')

나. 평가기준

- 교육과정 성취기준에 도달한 정도를 상/중/하로 나누어 진술한 것
- 평가 활동에서 학생들이 어느 정도의 수준에 도달했는지를 판단하기 위한 실질적인 기준 역할을 할 수 있도록 각 성취기준에 도달한 정도를 상/중/하로 구분하고 각 도달 정도에 속한 학생들이 무엇을 알고 있고, 할 수 있는지를 기술한 것

다. 단원/영역별 성취수준

- 각 단원 또는 영역에 해당하는 교수·학습이 끝났을 때 학생이 성취하기를 기대하는 지식, 기능, 태도에 도달한 정도를 기술한 것(A/B/C/D/E 또는 A/B/C)
- 단원 또는 영역 내 성취기준들을 포괄하는 전반적인 특성에 도달한 정도를 성취수준별로 구분해 진술한 것

※ 평가준거 성취기준(필요한 경우에만 적용)

- 평가 활동에서 판단의 기준이 될 수 있도록 교육과정 성취기준을 재구성한 것
- '학생들이 학습을 통해 성취해야 할 지식, 기능, 태도의 능력과 특성을 진술한 것'으로서 평가활동의 근거로 활용될 수 있음
- 학교에서의 구체적인 평가 상황을 고려하여 학생 입장에서는 무엇을 공부하고 성취해야 하는지, 교사 입장에서는 무엇을 가르치고 평가해야 하는지에 관한 보다 구체적인 안내를 제공하기 위해 필요한 경우에 한하여 교육과정 성취기준을 재구성하여 제시함

2 성취기준의 활용 방안

우리나라 교과 교육과정 문서에 제시되어 있는 '성취기준'은 전국의 모든 학교에 적용하기 위한 일반적이고 공통적인 기준의 성격을 갖는다. 이 성취기준은 학교 현장에서 수업의 방향을 설정하고 교수·학습 내용 선정뿐만 아니라 교과서 개발 및 검·인정을 위한 중요한 기준으로도 활용된다. 나아가 단위 학교에서 학생들의 학업성취 정도를 확인하기 위한 기준으로도 활용할 수 있다. 즉 학생들이 어느 정도 학습되었는지를 교육과정의 성취기준 달성 정도로 확인할 수 있는 것이다.

한편, 교과 교육과정에 제시된 성취기준은 단위 학교 현장의 구체적 수업 및 평가 상황 등을 모두 고려하여 개발되기 어려운 측면이 있기 때문에 어떤 성취기준의 경우에는 다소 포괄적이고 추상적인 부분이 있을 수 있다. 이 때문에 교

육과정 성취기준을 수업 상황이나 평가 상황 등을 고려하여 보다 구체적이고 명료하게 재구성해야 하는 경우가 있는데, 이처럼 교육과정 성취기준을 교수·학습과 평가 활동을 고려하여 보다 구체적으로 재구성할 필요가 있는 경우, 별도의 성취기준을 개발하였는데 이를 '평가준거 성취기준'이라 명하였다. 따라서 단위 학교에서는 수업 및 평가 상황에서 교과 교육과정 성취기준을 그대로 활용할 수도 있고, 경우에 따라서 '평가준거 성취기준'을 같이 활용할 수도 있다.

가. 교과 수업의 방향 설정, 수업 계획 및 전개에 활용

2015 개정 교육과정에서는 성취기준 자체에 교과 역량이 반영되어 있고 학습을 통해 학생들에게 기대하는 수행 능력을 제시하고 있기 때문에 교사들은 수업을 계획하고 전개할 때 꼭 성취기준을 확인해 볼 필요가 있다. 2015 개정 교육과정에서는 학생의 역량을 육성하는 수업과 학습을 통해 기대하는 수행능력을 기르는 수업을 지향한다. 따라서 2015 개정 교육과정에서 지향하는 학습 경험을 학생들에게 충분히 제공하기 위해서는 교과 교육과정 성취기준과 평가준거 성취기준을 참조하여 수업을 계획하고 전개하는 것이 필요하다.

나. 교과 내용 재구성, 교과 간 연계·융합 수업 계획 및 전개에 활용

2015 개정 교육과정에는 다양한 아이디어가 함의되어 있지만, 그 가운데 핵심역량 반영 교육과정과 창의융합형 교육과정 설계가 핵을 이룬다고 할 수 있다. 2015 개정 교육과정의 이러한 취지를 구현하기 위해서는 학교와 교실 상황을 고려하여 일정 정도 교과 내용의 재구성이 요구된다. 이미 일부 학교 현장에서는 교과 역량을 반영한 수업과 교과 간의 연계·융합 수업이 이루어지고 있음을 볼 수 있다. 교과 역량 반영 수업 및 교과 간 연계·융합 수업은 경우에 따라서는 상당한 시간이 요구되기도 하고 교사들 간의 협력이 필요한 부분도 있기 때문에 교육과정 내용의 일부를 통합하거나 순서를 조정하는 등의 재구성이 필요하게 된다. 이러한 교과 내용 재구성이나 교과 간 연계·융합의 수업은 교사

개인의 임의대로 하는 것이 아니라 교육과정 성취기준을 중심으로 이루어져야 한다. 따라서 어떤 부분을 통합하고, 순서를 조정하고, 늘리고 하는 등의 재구성이나 어떤 내용을 관련 교과와 연계하여 융합 수업을 전개할 것인지 등에 대한 의사결정은 교육과정 성취기준에 근거해야 한다.

다. 구체적인 평가의 준거로 활용

한편, 평가준거 성취기준은 교과 교육과정 성취기준을 보다 명료하게 이해하는 데 활용할 수 있다. 교과 교육과정 성취기준 중에는 매우 압축적으로 제시되어 있거나 하나의 성취기준 안에 복수의 학습 내용이나 기대 수행능력이 들어 있는 경우가 있다. 이러한 성취기준을 활용하여 수업의 전개 방향을 설정하거나 내용을 구성할 때 다소의 어려움이 있을 수 있기 때문에, 이 경우 교육과정 성취기준을 좀 더 세분화하거나 명료화한 평가준거 성취기준을 함께 활용하는 것이 필요하다. 2015 개정 교육과정에서는 교사들이 교과서만 가지고 수행하는 강의·전달식 수업을 지양하고 학생들에게 보다 유의미한 학습경험을 제공하기 위한 학생 참여형 수업을 지향한다. 교과서를 중심으로 전개되는 강의·전달식 수업에서는 굳이 교육과정의 성취기준을 보지 않고 교과서만 가지고 가르쳐도 큰 문제가 되지 않았다면, 2015 개정 교육과정에서는 이러한 수업 형태를 개선하고 교육과정의 성취기준을 중심으로 한 다양한 수업 전개를 도모하고자 한다. 따라서 학교 교사들은 해당 교과 교육과정 성취기준이 반영되는 수업을 계획하고 전개해야 한다. 이때 평가준거 성취기준을 통해 교육과정의 성취기준을 보다 명료하게 이해하는 데 도움을 줄 수 있다.

또한, 평가준거 성취기준은 학교 현장에서 학생들의 학업성취도를 확인하기 위한 다양한 평가를 실시할 때 구체적인 평가의 준거로 활용할 수 있다.

3 평가기준의 활용 방안

평가기준이란 학습 정도를 판단하기 위해 성취기준에 도달한 정도를 상/중/

하로 구분하여 학생들이 무엇을 알고 있고 할 수 있는지를 기술한 것을 의미한다. 평가기준은 단위 학교에서 반드시 그대로 따라야 하는 것이 아니라 예시적 성격을 가지고 있으며, 학교의 상황 및 여건 등을 고려하여 평가기준을 수정·보완하여 사용할 수 있다.

가. 성취기준에 대한 학생의 도달 정도 판단에 활용

기본적으로 평가기준은 해당 성취기준에서 기대하는 지식, 기능, 태도 등을 학생들이 어느 정도 성취하였는가를 판별하는 데 활용된다. 즉, 성취기준의 도달정도를 질적인 수준으로 구분하여 제시함으로써 학생들의 성취를 파악하고 부족한 부분을 확인하며, 차후의 형성적 지도를 계획하는 일련의 과정의 토대가 된다. 이와 같은 평가기준은 단원이나 영역 단위 혹은 더 나아가 교과 전체 차원에서도 학생의 성취수준을 판단하기 위한 가늠자 역할을 할 수 있다.

나. 교수·학습 관련 정보 제공 및 학생 수준을 고려한 수업 설계에 활용

평가기준은 학생들이 해당 성취기준에 도달한 정도에 대한 질적 판단을 위해 몇 개의 수준으로 구분하여 도달 정도를 기술한 것으로, 해당 단계의 학생들이 성취한 지식, 기능, 태도의 능력과 특성을 예시하는 내용으로 기술된다. 또한 평가기준 기술에는 학생들의 학습을 구성하는 내용과 성취기준에 도달하기 위한 구체적인 교수·학습 상황이 포함되기도 한다. 이 경우 평가기준은 단순히 학생들의 수준을 가늠하는 일뿐만 아니라 학습을 통해 성취하고자 하는 바와 그에 관련된 교수·학습 정보를 교사들과 소통함으로써 교사들이 실제 수업을 구상하고 실천하는 일을 돕는 데 기여하기도 한다. 더 나아가 평가기준의 수준 구분 상/중/하 수준은 지식의 깊이나 수행의 복잡성 등에 차이를 두어 진술되며, 따라서 이러한 지식의 깊이나 수행의 복잡성에 따라 교사는 학생 활동을 수준별로 구성하여 교수·학습을 진행할 수 있다. 이와 같은 맥락에서 평가기준은 교사가 학생의 수준을 고려한 다양한 교수·학습 활동을 계획하고 실천하는 데 활용할 수 있다. 평가기준을 통해서 교수·학습의 방법, 구체적인 활동 계획을 수립하는 중요한 단서를 얻을 수 있다는 점이 중요하며, 이는 다시 교육과정 성취기준과 수업 그리고 평가의 일관성을 견지하는 중요한 기제로 활용될 수 있다.

다. 평가 문항 제작 및 채점 기준 설정의 근거로 활용

평가기준의 가장 기본적인 용도는 학생들의 성취 정도를 가늠하고 판단하는 데 있다. 이와 같은 평가 활동에 있어서 중요한 것은 그러한 성취를 온전히 읽어낼 수 있는 평가도구를 마련하는 일이다. 평가기준은 성취기준을 바탕으로 평가할 내용과 그러한 내용이 학생들의 지식, 기능, 태도 등의 구체적인 징표로 어떻게 드러나야 할지를 기술해줌으로써 교사들이 평가 문항을 만들고 그에 따른 채점 기준을 수립하는 근거로 활용될 수 있다. 한편 평가기준은 다양한 형식의 평가 문항 제작에 활용될 수 있지만 특히 수행평가나 과정중심 평가와 같은 질적 평가 문항을 제작하는 데 적합할 수 있다. 무엇보다 평가기준 기술은 학생들이 도달한 정도에 대한 질적인 수준 구분이다. 따라서 학생 성취의 질적인 판단이 필요한 평가 문항의 제작 시, 평가기준이 중요한 가늠자가 될 수 있다. 교사들은 평가기준에서 제시하고 있는 상/중/하의 구분을 바탕으로 학생의 수행 정도를 질적으로 판단할 수 있게 된다.

4 영역별 성취수준의 활용 방안

영역별 성취수준은 각 단원 또는 영역에 해당하는 교수·학습이 끝났을 때 학생이 성취하기를 기대하는 지식, 기능, 태도에 도달한 정도를 수준별로 '종합적'이고 '포괄적'으로 기술한 것이다. 이 성취수준은 단원/영역별 교수·학습의 계획 수립을 비롯하여 학생의 성취 정도 평가, 학생 및 학부모와의 의사소통 등에 도움이 될 수 있다. 보다 구체적인 활용 방안을 살펴보면 다음과 같다.

가. 영역별 교수·학습 설계 및 개선에 활용

영역별 성취수준은 무엇보다 교수·학습을 설계하거나 개선하는 데 활용될 수 있다. 평가기준이 개별 성취기준에 따른 학생의 성취 정도를 수준별로 제시하고 있어 단위 수업의 교수·학습을 설계할 때 도움이 된다면, 영역별 성취수준의 경우 영역에 속해 있는 평가기준들을 종합적으로 포괄하는 내용으로 기술되었기 때문에 보다 '큰 그림'의 교수·학습을 설계할 때 중요한 참고자료로 활용할 수 있다. 영역별로 제시된 성취수준을 참고하면, 학생의 성취기준 도달 정도가 다양할 수 있음을 사전에 인지하고 더욱 장기적이고 종합적인 관점에서 학생의 개별 능력을 최대치로 이끌어내기 위한 교수·학습을 설계하는 데 도움을 받을 수 있다. 특히, 영역별 성취수준은 학생들이 일정 기간 동안 해당 영역 및 단원에서 도달하기를 기대하는 수준을 특성별로 제시하고 있기 때문에 수준별 수업에 더욱 용이하게 활용될 수 있는데, 장기적 관점에서 수준별 수업의 목표를 설정하거나 학생의 성취수준별 특성을 반영하여 차별화된 수업자료 및 학습 활동을 개발할 때 참고하는 방식으로 활용이 가능하다.

한편, 이러한 영역별 성취수준은 교사로 하여금 자신의 수업을 평가하고 교수·학습을 개선하는 데에도 유용한 기준이 될 수 있다. 교수·학습을 개선하기 위해서는 각각의 수업별로 평가기준에 대한 학생들의 성취정도를 고려하여 자신의 수업을 평가하고 교정하는 과정도 요구되지만, 보다 장기적이고 종합적인 관점에서 해당 영역 및 단원에서 요구하는 학생들의 성취 특성을 정확하게 이해하고 성취 정도가 다른 학생들에게 유의미한 교수·학습 기회를 제공하였는지 스스로의 수업을 돌이켜 보거나 개선하는 데 중요한 참고자료로 활용할 수 있다.

나. 영역 단위에서의 평가준거로 활용

영역별 성취수준은 일정 단원 및 영역에 대한 교수·학습이 완료되었을 때, 학생이 성취한 지식, 기능, 태도를 종합적으로 판단하고 평가하는 데 유용한 기준으로 활용될 수 있다. 학생의 성취 정도를 타당하면서도 정확하게 평가하기 위해서는 교육과정에 근거하여 평가 계획을 세운 후, 그에 따라 평가도구를 개발하여 평가를 실시하고, 일정한 기준에 의해 평가 결과를 판단하고 해석하는 과정이 필요하다. 이때 개별 수업 단위별로 평가를 실시할 계획이라면 성취기준별로 개발된 평가기준을 참고하는 것이 유용하나, 일정 기간의 학습 내용을 종합적으로 평가하고자 할 때에는 영역별 성취수준을 참고하여 더욱 포괄적인 수준에서 평가 계획을 마련하고 학생의 성취 정도를 평가할 필요가 있다.

한편 영역별 성취수준은 특정 영역 또는 단원 내에서 고려해야 할 지식, 기능, 태도를 모두 포함하고 있는 만큼, 평가를 실시할 때 특정 능력에만 초점을 맞춘 나머지 다른 능력을 평가에서 간과하거나 누락시키고 있지는 않은지 점검하고 보완하는 준거로 활용할 수도 있다.

다. 학생 및 학부모와의 의사소통에 활용

영역별 성취수준은 학생의 성취 정도를 판단하는 근거로 사용되기도 하지만, 학생 및 학부모와 의사소통을 할 때에도 유용하게 활용할 수 있다. 학생들의 성취 정도를 평가하여 이에 대해 학생 및 학부모에게 통지하는 일은 개별 평가기준별로 이루어지기보다는 보다 상위 수준의 종합적인 관점에서 이루어지는 경우가 많다. 따라서 특정 영역 및 단원 내의 평가기준들을 포괄하여 종합적으로 진술한 성취수준을 참고한다면, 개별 학생 및 학부모에게 구체적이면서도 일관성 있게 평가 결과를 안내해 줄 수 있다.

영역별 성취수준을 의사소통의 참고자료로 활용하는 일은, 개별 학생 및 학부모에게 '일반적인' 기준을 '종합적인' 수준에서 안내할 수 있다는 점에서 장점을 가진다. 이러한 장점을 활용하여 학생 및 학부모와 의사소통할 때 일정한 준거에 의해 학생의 종합적인 성취수준을 논의할 수 있어서 상호 명확한 이해와 지도방향을 설정하는 데 상당한 도움이 될 것으로 기대된다.

5 예시 평가도구의 활용 방안

학교 현장의 교사는 교과 교육과정에 입각하여 교수·학습을 진행하며, 수업과 연계된 평가를 통해 학생의 교육목표 도달도를 확인하여야 한다. 교과별로 다양한 평가 유형(선다형, 서술형, 수행평가) 및 상황(토론, 체크리스트, 관찰보고서, 체험 활동 보고서, 포트폴리오)에 알맞은 예시 평가도구를 개발하여 제시함으로써 학교현장에서의 평가활동에 도움을 주고자 한다. 예시 평가도구는 지역별, 학교별 특성에 따라 개발되었다기보다는 전국의 평균적인 학교의 여건 및 수준을 고려하여 개발하였기 때문에, 실제적으로 단위학교에의 활용을 극대화하기 위해서는 학교별 특성과 여건, 학생들의 실제 능력 수준을 고려하여 적절하게 선택·수정·보완하여 활용할 필요가 있을 것이다. 예시 평가도구의 활용 방안은 다음과 같이 제시할 수 있다.

가. 자체적인 평가도구 개발을 위한 참고자료로 활용

단위학교에서 교사는 교육과정에 제시된 평가 방향, 평가 방법, 교수·학습 상황을 고려하여 평가 방법이나 평가 유형을 결정하고, 평가도구를 개발하게 된다. 예시 평가도구는 교사가 자체적인 평가도구를 개발할 때 바람직한 평가의 방향, 다양한 평가 방법 및 유형을 보고 참고할 수 있는 자료로 활용할 수 있다.

특히 2015 개정 교육과정에서는 단순한 지식 암기보다 '학생의 참여'와 '수행 및 과정', '역량' 평가를 강조하므로 이를 측정할 수 있는 예시 평가도구를 제시하였다. 따라서 예시 평가도구를 통해 지향해야 할 평가의 방향, 방법 등을 파악할 수 있다.

또한 평가도구와 함께 관련 정보(관련된 성취기준, 문항 개발 의도, 관련된 교과 역량, 평가 절차, 유의점, 정답 및 채점 기준 등)를 제시하여, 교사가 자체적으로 평가도구를 개발할 때 참조할 수 있도록 하였다. 예시 평가도구에는 성취기준과 관련한 문항 개발의 의도를 제시하여 성취기준과의 부합성을 보여주고 있을 뿐 아니라 평가 실시 방법 및 절차, 평가 활동상의 유의점 등 예시 평가도구를 활용하는 데 도움이 되도록 하였다.

아울러 평가도구 개발에 있어서 특히 수행평가의 경우에는 과제 개발뿐 아니라 채점 기준의 개발을 위한 시간과 노력이 요구된다. 예시 평가도구에 제시된 채점 기준을 참고로 이를 수정·변형하여 채점 기준을 제작하고 활용할 수 있다.

따라서 예시 평가도구를 통해 평가의 방향, 평가 방법 및 유형, 관련 정보 제시 등을 익힘으로써 단위학교의 교과수업을 위한 자체적인 평가도구를 개발할 때, 수업과 연계된 평가를 다양한 방법 및 유형으로 실현할 수 있을 것으로 기대된다.

나. 성취기준과 평가기준의 이해도를 높이는 데 활용

2017학년도 1~2학년부터 2015 개정 교육과정이 순차적으로 적용됨에 따라 앞으로는 새 교육과정의 성취기준 및 평가기준에 근거하여 교수·학습 및 평가가 이루어져야 한다. 예시 평가도구는 성취기준과 평가기준이 학교의 평가 상황에서 활용되는 모습을 구체적인 예시로 보여주는 것이므로 성취기준과 평가기준에 대한 이해도를 높이는 데 활용될 수 있다.

다. 교육과정에서 강조하는 '역량' 함양을 위한 수업 및 평가 이해의 참고 자료로 활용

2015 개정 교육과정에서는 미래 사회가 요구하는 핵심역량을 기를 수 있는 교과 교육과정을 개발하고자 하였다. 즉, 각 교과에서는 단순 지식보다는 핵심 개념과 원리를 이해하고, 토의·토론 수업이나 실험·실습 활동 등 학생이 직접 참여하는 방식의 수업을 통해 교과 역량을 함양할 것을 강조하고 있다. 예시 평가도구에는 어떠한 교과 역량을 측정할 수 있는지를 제시하였으므로, 예시 평가도구는 교육과정에서 강조하는 역량 함양을 위한 수업 및 평가 실행의 참고 자료로 활용할 수 있다.

6 성취기준과 성취수준의 예시

가. 국어과 교육과정 성취기준 및 평가기준(듣기·말하기)

교육과정 성취기준	평가기준	
[6국01-01] 구어 의사소통의 특성을 바탕으로 하여 듣기·말하기 활동을 한다.	상	구어 의사소통의 특성을 바르게 이해하고 그 특성을 바탕으로 하여 효과적으로 듣기·말하기 활동을 할 수 있다.
	중	구어 의사소통의 특성을 이해하여 듣기·말하기 활동을 할 수 있다.
	하	구어 의사소통의 일부 특성을 이해하여 듣기·말하기 활동을 할 수 있다.

교육과정 성취기준		평가기준
[6국01-02] 의견을 제시하고 함께 조정하며 토의한다.	상	토의에서 자신의 의견을 타당하게 제시하고 다른 사람의 의견을 능동적으로 수용하며 함께 조정할 수 있다.
	중	토의에서 자신의 의견을 제시하고 다른 사람의 의견을 수용하며 함께 조정할 수 있다.
	하	토의에서 다른 사람의 의견을 고려하여 자신의 의견을 제시할 수 있다.
[6국01-03] 절차와 규칙을 지키고 근거를 제시하며 토론한다.	상	토론의 절차와 규칙을 정확하게 지키며 타당한 근거를 다양하게 제시하면서 토론할 수 있다.
	중	토론의 절차와 규칙을 지키고 타당한 근거를 제시하며 토론할 수 있다.
	하	토론의 절차와 규칙을 일부 지키고 근거를 부분적으로 제시하며 토론할 수 있다.
[6국01-04] 자료를 정리하여 말할 내용을 체계적으로 구성한다.	상	말하기 상황과 목적에 적합하게 자료를 정리하여 듣는 이가 이해하기 쉽도록 말할 내용을 체계적으로 구성할 수 있다.
	중	말하기 목적에 적합하게 자료를 정리하여 말할 내용을 체계적으로 구성할 수 있다.
	하	말하기 주제와 관련한 자료를 수집하여 나열할 수 있다.
[6국01-05] 매체 자료를 활용하여 내용을 효과적으로 발표한다.	상	말하기 상황, 목적, 내용에 적합한 매체 자료를 효과적으로 활용하여 듣는 이가 이해하기 쉽고 흥미를 가지도록 발표할 수 있다.
	중	말하기 내용에 적합한 매체 자료를 활용하여 듣는 이가 이해하기 쉽게 발표할 수 있다.
	하	말하기 내용과 관련된 매체 자료를 사용하여 발표할 수 있다.
[6국01-06] 드러나지 않거나 생략된 내용을 추론하며 듣는다.	상	들은 내용에 담긴 정보와 맥락을 활용하여 드러나지 않거나 생략된 내용을 적절하게 추론하며 들을 수 있다.
	중	들은 내용에 담긴 정보를 활용하여 드러나지 않거나 생략된 내용을 추론하며 들을 수 있다.
	하	드러나지 않거나 생략된 내용을 대강 짐작하며 들을 수 있다.

<table>
<tr><th>교육과정 성취기준</th><th colspan="2">평가기준</th></tr>
<tr><td rowspan="3">[6국01-07]
상대가 처한 상황을 이해하고 공감하며 듣는 태도를 지닌다.</td><td>상</td><td>상대가 처한 상황을 이해하고 공감하며 듣는 태도가 중요함을 알고 다양한 상황에서 지속적으로 실천한다.</td></tr>
<tr><td>중</td><td>상대가 처한 상황을 이해하고 공감하며 듣는 태도가 중요함을 알고 이를 실천한다.</td></tr>
<tr><td>하</td><td>상대가 처한 상황을 이해하고 공감하며 듣는 태도가 중요함을 알고 일부 상황에서 이를 실천한다.</td></tr>
</table>

나. 국어과 교육과정 영역별 성취수준(듣기 · 말하기)

성취수준	일반적 특성
A	의사소통의 특성을 이해하여 효과적으로 듣기 · 말하기 활동을 하고, 토의에서 의견을 타당하게 제시하면서 타인의 의견을 능동적으로 수용하고, 토론에서 정확한 절차와 규칙에 따라 타당하면서 다양한 근거를 제시한다. 청중 앞에서 상황과 목적에 맞게 체계적으로 구성하여 말하고, 목적 · 대상 · 내용에 적합한 매체 자료를 활용하여 효과적으로 발표한다. 들을 때는 정보와 맥락을 통해 생략된 내용을 적절하게 추론하고, 다양한 경우에 상대의 상황을 이해하고 공감한다.
B	의사소통의 특성을 이해하여 듣기 · 말하기 활동을 하고, 토의에서 의견을 제시하면서 타인의 의견을 수용하고, 토론에서 절차와 규칙을 지키며 타당한 근거를 제시한다. 청중 앞에서 목적에 맞게 체계적으로 구성하여 말하고, 내용에 적합한 매체 자료를 활용하여 이해하기 쉽게 발표한다. 들을 때는 정보를 통해 생략된 내용을 추론하고, 상대의 상황을 이해하고 공감한다.
C	의사소통의 특성을 기초적인 수준에서 이해하여 듣기 · 말하기 활동을 하고, 토의에서 타인과 의견을 나누고, 토론에서 일부 절차와 규칙을 지키며 근거를 부분적으로 제시한다. 청중 앞에서 주제와 관련한 자료를 나열하여 말하고, 내용과 관련된 매체 자료를 사용하여 발표한다. 들을 때는 생략된 내용을 대강 짐작하고, 일부 경우에 상대의 상황을 이해하며 듣는다.

CHAPTER

04 과정 중심 학생 성장 평가

1 평가 패러다임의 변화

국가수준 교육과정 평가 관련 제도는 학교현장의 변화가 서로 연계하면서 역동적인 관계를 띠고 있다는 것을 볼 수 있다. 비교적 최근의 교육과정 문서인 7차 교육과정과 2009 개정 교육과정, 2015 개정 교육과정의 평가와 관련된 국가수준 교육과정의 변화는 다음과 같다.

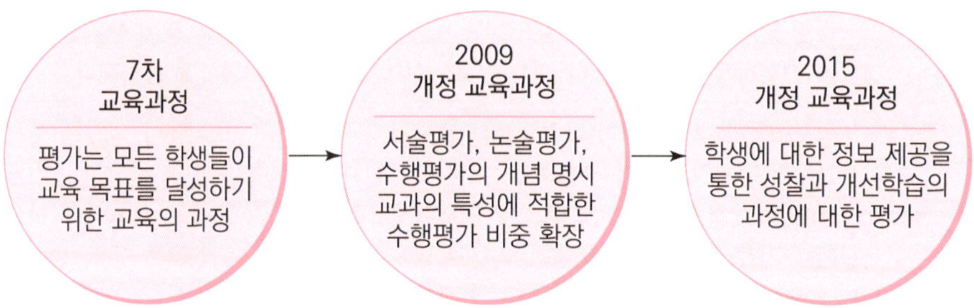

▲ 그림 3-14 국가 수준 교육과정의 평가 변화

- 7차 교육과정은 현행 교육과정에서의 평가 항목의 뿌리에 해당한다. 평가를 모든 학생들이 교육 목표를 달성하기 위한 교육의 과정으로 보고, 수업의 질을 개선하기 위한 자료로 활용하며, 선다형 일변도의 지필 검사를 지양하고 특히 초등학교에서의 평가는 그 결과를 서술적으로 기록하는 것을 원칙으로 한다는 것이 주요 내용이다.
- 2009 개정 교육과정에서는 평가 관련 항목이 7차 교육과정과 유사하나, '서

술형·논술형 평가', '수행평가'의 개념이 명시된 것이 특징적이다. 일부 시도 교육청에서 수행평가 및 서술형·논술형 평가를 정책적으로 확대해 왔고, 학교 현장에서도 어느 정도 안착된 상황을 반영한 것으로 볼 수 있다.
- 2015 개정 교육과정에서는 평가와 관련하여 '학생에 대한 정보 제공을 통한 성찰과 개선', '학습의 과정에 대한 평가', '인지적 영역과 정의적 영역의 균형적 평가' 등의 개념이 명시되었다. 그리고 학교와 교사는 성취기준에 근거하여 학교에서 중요하게 지도한 내용과 기능을 평가하며 교육과정과 교수·학습 그리고 평가 활동의 일관성을 이룰 것을 강조하고 있다.

2 과정 중심 학생 성장 평가 방향

학생 성장중심평가는 학생의 성취를 극대화하고 학생이 학습을 스스로 개선하여 핵심역량을 키워나가는 평가이다. 이에 따라 학생 성장중심평가의 운영은 학생 서열화를 위한 변별적 기능을 지양하고 학생의 개인별 학습을 지원하며 학습동기를 격려해야 한다. 나아가 학습의 전 과정에 대한 정보를 제공함으로써 교수–학습을 개선하고 학생의 전인적 성장을 지원할 수 있어야 한다. 따라서 경기도교육청의 학생 성장중심평가 정책은 참된 학력을 기르고 학생의 성장을 돕는 평가를 목적으로 실행되어 왔다.

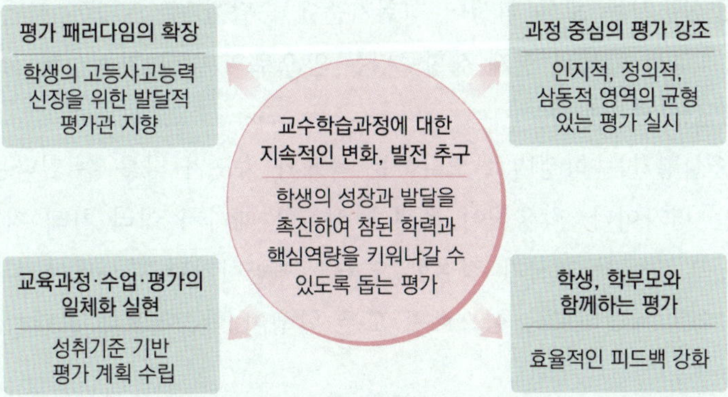

▲ 그림 3-15 학생 성장중심평가의 방향

- 성장중심평가는 평가 패러다임을 확장하였다. 학생이 학습하는 전 과정을 평가의 대상으로 포함시킴으로써 평가 결과의 활용 범위를 확장시키고 평가를 교수·학습의 도구로 사용하고자 하는 의도가 강조되었다.
- 성장중심평가는 과정 중심의 평가를 강조한다. 학생이 지식을 알고 있는지에 대한 여부를 평가하는 결과 중심적인 평가와 대비되어 학생의 문제 해결 과정에 중점을 두는 평가이다. 학생들이 자신의 배움을 지속적으로 성찰하고 개선함으로써 자신의 성장을 확인할 수 있도록 한다.
- 성장중심평가는 교육과정 재구성－수업－평가(기록) 일체화를 실현하고자 한다. 교과의 성취기준을 근거하여 교육과정을 재구성하고 배움중심수업을 통해 지도한 내용과 기능을 평가하여 교수·학습과 평가 활동이 일관성 있게 이루어지도록 한다.
- 성장중심평가는 학생, 학부모와 함께하는 평가이다. 학생의 자기평가와 동료 간의 상호평가를 강화하고 평가 결과를 학부모와 공유함으로써 학교에 대한 신뢰감을 형성시켜 학교교육에 참여하는 계기를 마련한다.

3 과정 중심 학생 성장 평가 특징

가. 발달중심의 평가

- 성장중심평가는 모든 학생이 성취기준에 도달할 수 있다는 신념을 전제로 한 평가로서 학생의 현재 상황보다는 앞으로의 발달 가능성과 잠재력에 대한 진단을 중시한다.
- 성장중심평가는 학생별로 도달하는 목표와 속도가 다를 수 있다는 것을 인정하는 평가이다. 학생들이 문제를 해결할 때까지 여러 차례 기회를 제공하고, 그 속에서 교사가 적절한 도움을 제공하거나 학생들이 함께 협력해서 문제를 해결하도록 함으로써 모든 학생이 학습목표에 도달하도록 지원한다.
- 성장중심평가는 경쟁을 부추기는 상대평가보다 학생의 성취를 절대적인 준거에 비추어 판단하는 절대평가 방식을 적용한다. 중학교에서는 내신 상대

평가를 폐지하고 성취평가제를 도입하였다. 특히 자유학기제를 통해 수행평가 위주의 학생평가를 운영하고 있다.

나. 협력중심의 평가

- 성장중심평가는 일상적인 학교문화, 교육과정 재구성·수업·평가의 전 과정에서 교사와 학생, 학생과 학생 간의 협력을 통하여 문제를 해결하는 과정을 통해 학생의 잠재적 발달을 이끄는 평가이다.
- 성장중심평가는 학생들이 서로 도움을 주고받을 수 있는 기회를 주는 평가로서 흥미로우면서도 도전적인 과제, 학생들의 실생활과 밀접하게 관련되어 있어 흥미를 유발하는 과제, 혼자서는 해결하기 어려우나 협력하면 해결할 수 있는 과제 등을 제시하여 동료 간의 실질적인 협력활동이 일어날 수 있도록 한다.
- 성장중심평가는 다양한 능력을 가진 여러 아이들이 함께 모여 있는 학급에서 능력의 정도가 다른 학생들이 서로 도우며 스스로 자기의 지식을 좀 더 명확하게 이해할 수 있게 되고, 그 분야의 조금 느린 아이들은 교사의 수업만으로는 알지 못했던 내용을 친구의 도움을 받아 할 수 있게 된다.

다. 과정중심의 평가

- 성장중심평가는 평가가 수업과 분리된 것이 아닌 수업 자체가 평가가 되도록 하여 학생의 배움을 도울 수 있어야 한다. 성취기준에 근거하여 중요하게 지도한 내용과 기능을 평가하여 교수·학습과 평가활동이 일관성 있게 이루어지도록 한다.
- 성장중심평가는 지식이나 기능에 대한 습득 여부를 나타내기 위해 학생이 만든 산출물이나 실제 수행을 통해 학습의 학습을 평가하는 것으로 수행평가를 원래 의도하는 바대로 시행하면 그것으로 충분히 성장중심평가의 방향성을 담을 수 있다.
- 성장중심평가는 토의·토론, 발표, 프로젝트 활동 등 다양한 활동이 평가와

연동될 수 있도록 수업 중에 이루어지는 평가로 학생의 강점과 약점, 잠재력, 교육적 요구를 확인하고 향후 학습을 위한 즉각적인 피드백을 제공하여 배움중심수업을 강화할 수 있도록 한다.

라. 수업의 흐름 속에 이루어지는 평가

- 성장중심평가는 시간의 제약을 두지 않는 평가로 한 차시, 한 단원, 한 학기를 넘어 일 년의 과정 혹은 평생 교육의 차원으로 이루어진다. 학년군 교육과정의 연계와 연임제 등으로 교사가 오랫동안 지켜보는 평가로 학생의 성장과 발달의 과정을 관찰하며 긍정적인 변화를 확인하는 장기적이며 지속적인 평가이다.
- 성장중심평가는 수업의 흐름 속에서 이루어지는 평가로 수업과 평가가 나눠지는 것이 아니며 학습자가 어느 지점에 와 있고, 효과적인 피드백은 어떤 방향으로 나아가야 할 것인지, 목표에 도달하는 방법은 무엇인지를 밝혀 학생이 자신의 학습을 지속적으로 성찰하고 개선할 수 있도록 한다.

마. 반응의 다양성이 보장된 평가

- 성장중심평가는 다양한 정답이 있을 수 있다는 것을 인정하고 그것을 찾아나가는 과정에서 이미 주어진 지식을 활용해 새로운 아이디어를 창출하거나 이를 사회적 실천으로 연결하는 장면을 강조하는 평가이다.
- 성장중심평가는 여러 번의 도전 기회와 교사가 도움을 주는 역동적이며 개방적인 평가를 강조하며 학생이 평가에 대해 예민하게 받아들이지 않는 분위기를 중시한다. 평가가 주어진 답을 찾는 것이 아니라 보다 깊고 넓은 자기 생각 만들기, 참된 학력 신장에 기여할 수 있어야 한다는 점에서 논술형 평가를 지향한다.

바. 실생활과 연계한 평가

- 성장중심평가는 미래를 살아갈 학생들에게 필요한 '지식활용 능력'을 기르기

위해 단순 지식만이 아닌 자기주도적으로 학습하고 새로운 지식을 적용하는 등 고등 사고능력과 문제해결 능력을 균형적으로 평가한다.

- 성장중심평가는 학생들이 현재 무엇을 알고 무엇을 모르는가보다는 학생들이 앞으로 얼마나 더 성장할 수 있는가에 초점을 맞추어야 하며 이론적 지식의 형태뿐만 아니라 실생활에서 활용할 수 있는 실천적 지식을 평가한다.
- 성장중심평가는 학생들이 실생활과 관련된 내용과 상황을 평가 문항의 소재로 활용하고 학생들이 서로 도움을 주고받을 수 있는 기회를 제공하여 창의적인 문제해결능력을 기를 수 있도록 하는 평가이다.

4 과정 중심 학생 성장 평가 방법

가. 교육과정 재구성-수업-평가의 일체화

성장중심평가는 교육과정 재구성－수업－평가(기록) 일체화와 교사별 상시평가 체제 구축을 통한 교사의 평가권 강화 안에서 효율적으로 이루어진다. 성장중심평가는 '학습을 위한 평가', '학습으로서의 평가'로 일관성 있는 교육과정 편성·운영의 흐름 안에서 이행되어야 한다.

- 교육과정 재구성-수업－평가(기록)는 연계된 하나의 교육활동이다. 교육과정－수업－평가(기록)가 학생 성장을 중심으로 일체화될 때 교사는 교육과정의 설계자 및 수업 디자이너로 자기주도성을 갖게 되며, 그 안에서 학생들은 자기들의 성장스토리를 만들어갈 수 있다.
- 일체화를 통하여 학생중심의 맞춤형 교육이 가능해진다. 평가분야에서는 과정중심 평가로의 전환이 가능하고, 교사의 학생 평가 역량이 신장되며, 평가 방법 및 결과가 교육과정과 수업에 바로 feedback되어 개선되는 선순환 구조를 가질 수 있다.
- 교육과정 재구성-수업－평가(기록) 일체화는 일직선상에 놓여있는 단순 연결 재구성 구조가 아니라 복합적이면서 유기적으로 연결되는 구조를 하고 있다. 교육과정－수업－평가(기록) 일체화 구조는 다음과 같다.

- 교육과정 재구성–수업–평가(기록) 일체화에서 평가는 교육과정 수립 단계에서부터 학생을 대상으로 한 평가 계획이 수립되어야 하며, 수업과정에서 교사별 평가가 이루어져야 하고, 성취기준 단위의 마무리 단계에서 학생의 성장을 이끌어 내기 위한 평가가 실시되어야 한다. 이러한 모든 단계는 상호 유기적인 관계로 평가 결과는 피드백 되어 다음 평가 계획에 반영한다.
- 교육과정 재구성–수업–평가(기록) 일체화에서 평가는 수업과 평가가 연계되도록 수업 중에 다양한 평가방법을 활용하여 학생의 성장을 돕는 평가이다. 평가하려는 교과의 지식, 기능, 태도, 역량 등 내용적 요소뿐 아니라 평가방법의 타당성을 확보하여야 한다.

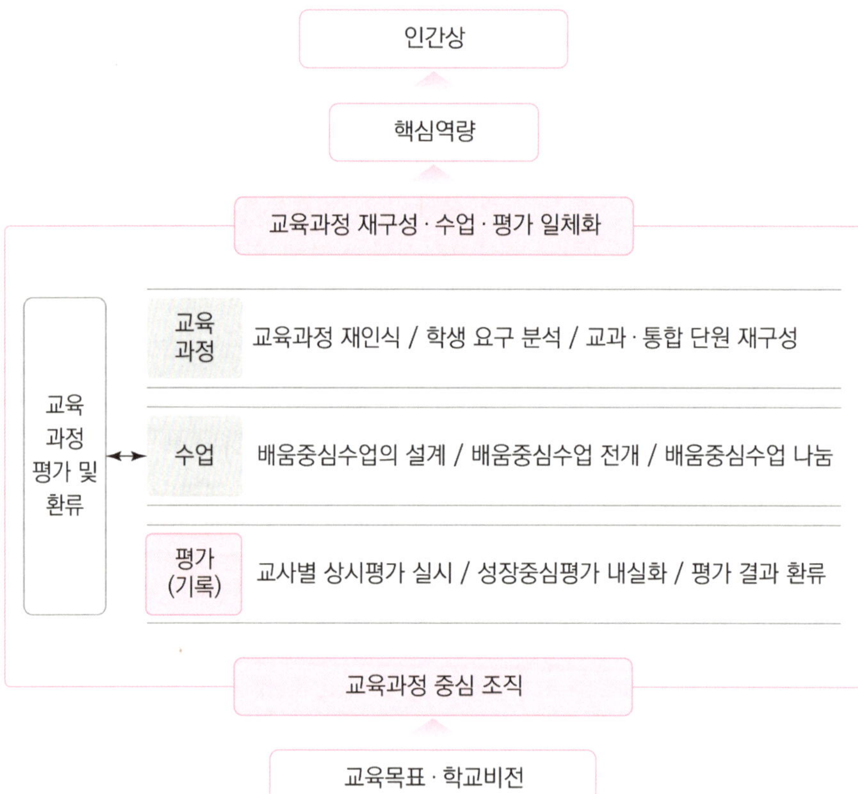

▲ 그림 3-16 교육과정 재구성-수업-평가(기록) 일체화 구조도

나. 교사의 평가권 강화

- 교사별 평가는 수업 담당 교사가 자신이 지도한 내용에 따라 자신의 담당 학급을 자신이 출제한 문항으로 평가하는 것으로, 교육내용 재구성이 가능하며 학생의 수업 집중도를 높일 수 있는 평가 방안이다. 또한 교사가 설정한 교육목표를 성취하고 독자적인 교육과정 개발을 촉진하며, 교과의 성격에 따라 다양한 평가방식을 가능하게 한다.[1)]
- 상시 평가는 기존 정기고사의 획일성에서 벗어나 평가의 시기, 방법, 횟수 등을 교육과정 운영상황에 맞게 학년별, 과목별로 유연하게 평가를 실시하는 방식으로 교사별 평가가 함께 시행되었을 때 평가 본래의 목적 도달에 더 효과적이다.
- 교사별 상시평가 체제는 수업을 담당하는 교사가 창의적으로 교육과정을 재구성하여 학급별, 학년별, 교과별로 평가계획 및 성취기준을 고려한 수업과 평가를 연계하고 평가의 본질적인 목표인 적기의 피드백을 실시하여 학생의 성장을 지원하고 있다.
- 경기도 교육청은 2012년부터 교사별 상시평가체제를 도입하였고, 2014년~2015년에는 전체 학년에 교사별 상시평가를 실시하도록 하되 학교실정에 따라 적용범위를 정하여 교사별 상시평가를 실시하였다. 2016년에는 경기도 초등학교 1~2학년 일제식 정기고사를 폐지하였고, 중등에서는 수행평가에서 교사별 상시평가 시행하였다. 2017학년부터는 초등학교에서 일제식 정기고사를 전면적으로 폐지하게 되었다.
- 교사별 상시평가체제는 교사에게 교육과정의 책무성을 가지고 온전한 교육과정을 운영할 수 있게 하고, 학생의 교육목표 달성여부를 확인하고 적기에 피드백 할 수 있는 여건을 조성한다.

1) 김민남 외(2004). 「학교교육체제 혁신을 위한 교육이력철 도입·활용방안 연구」, 교육부.

4 과정 중심 학생 성장 평가 단계

가. 학업성적 관리 규정 개정

학교에서는 부여받은 평가 자율권을 근거로 학교상황과 교육공동체의 요구를 고려한 성장중심평가 계획을 수립할 수 있다. 학교에서는 부여된 평가권의 범위 내에서 적법한 절차에 따라 교사들에게 평가권을 위임함으로써 교사별 상기평가가 실시되도록 할 수 있다.

1) 학교 학업성적관리위원회 구성 운영

- 학업성적 평가 및 관리의 객관성·투명성·공정성과 신뢰도를 높이고, 학교생활기록부의 작성과 관리 및 기타 학교 학업성적 관련 사항을 심의하고 효율적으로 시행하기 위하여 학교 학업성적관리위원회를 설치한다.
- 학교 학업성적관리위원회는 위원장을 포함한 재적위원 과반수 이상의 출석과 출석위원 과반수의 찬성으로 심의한다.
- 학교 학업성적관리위원회는 학업성적 평가 및 관리의 제반사항을 검토하고, 학업성적과 관련한 문제가 발생하지 않도록 예방에 힘쓴다.
- 학교 학업성적관리위원회 심의 내용

> - 학교 학업성적관리규정 제 · 개정
> - 각 학년협의회에서 제출한 지필평가 및 수행평가의 영역 · 방법 · 횟수 · 기준 등과 성적처리방법 및 결과의 활용
> - 교사별 평가에 관한 사항
> - 교과학습발달상황의 평가 및 관리
> - 창의적 체험활동상황의 평가 기준 및 방법
> - 행동특성 및 종합의견의 평가 덕목 및 방법
> - 학업성적 평가 및 관리의 객관성 · 공정성 · 투명성과 신뢰도 제고 방안(평가의 기준 · 방법 · 결과의 공개 및 홍보 등)
> - 학교생활기록부의 기재방법 및 기재내용 등에 관한 사항
> - 기타 학교 학업성적관리 관련 업무

2) 학교 학업성적관리 규정 개정

- 평가에 관한 규정은 초·중등교육법 제25조, 학교생활기록의 작성 및 관리에 관한 규칙(교육부령), 학교생활기록 작성 및 관리지침(교육부 훈령)에 제시되어 있다.
- 시·도교육청은 학업성적관리 시행지침을 개발하여 학교에 보급하고, 학교에서는 이를 근거하여 학교의 학업성적관리규정을 제·개정하여 평가에 대한 기준으로 삼는다.
- 학교 학업성적관리규정에 대한 교원 연수를 연 1회 이상 실시하여 모든 교원이 규정 내용을 숙지하고 준수하도록 한다.

나. 평가 계획 수립

1) 학교 평가 계획 수립

- 단위 학교에서는 교육공동체(학생, 학부모, 교사)의 학생평가에 관련 의견 수렴 및 당해 연도 교육과정, 수업, 평가 반성자료를 분석하여 단위학교 학업성적관리규정을 수립하고 단위학교의 평가 계획에 반영한다.
- 학교평가 계획은 '교사 간의 협의'를 바탕으로 집단지성을 통해 구안함으로써 교사의 자발성과 책무성을 이끌어 낼 수 있어야 한다. 평가에 있어서 교사 간의 협의문화를 구축하기 위해 정기적인 동학년 협의 시간이나 학교 안 전문적 학습 공동체 내에서 평가를 논의할 수 있는 물리적인 시간을 확보할 수 있어야 한다.

2) 교과별 성취기준 분석

- 학년(교과)별 협의회를 통하여 해당 학년의 학생실태를 바탕으로, 학년(교과)별 성취기준을 설정하고 그에 따라 평가내용 및 평가요소, 평가방법, 평가시기를 결정한다.
- 2015 개정 교육과정의 교과별 교육목표를 확인하고 교과별 내용 성취기준

에서 다루고 있는 주요 개념이나 기능에 대한 상세한 정보를 찾아 분석하여 교수학습의 질을 개선하는 데 필요한 성취기준을 설정한다. 주요 개념과 기능과 관련하여 학생들의 선행지식, 오개념, 선행 경험, 학습의 증거 등에 대해 검토한다.

- 교수·학습할 주요 개념과 기능에 대해, 학생이 이해 또는 수행할 수 있는지를 판단할 수 있는 근거를 설정한다. 성취기준에 맞는 근거를 바탕으로 교수·학습과 평가 계획을 세웠을 때 교육과정과 수업, 평가가 일체화될 수 있다.
- 해당 성취기준에 학생들이 도달하기 위하여 학생들이 일련의 학습을 하는 과정에서 알게 되거나 할 수 있게 된 것을 평가하는 데 어떤 평가가 적절한지를 판단한다.

3) 학년 평가 계획 수립

- 동료 간의 수평적 관계의 협업을 통해 교사의 교육실천 전문성을 높일 수 있고 이러한 집단 지성으로 평가 계획을 수립하고 함께 실천할 수 있도록 한다.

- 평가 계획은 대부분 학기별로 수립하는데, 교과협의회(학년협의회)를 통하여 설정한 성취기준에 따른 평가 내용과 평가 방법을 선정한다. 평가 내용은 인지적 영역, 심동적 영역, 정의적 영역을 종합적으로 평가할 수 있도록 하는데, 이 때 정의적 능력 평가와 연계 방안을 고려한다.
- 단위학교에서는 훈련 및 경기도학업성적관리 시행지침에 근거하여 학업성적관리규정을 정하고 있는데, 이 규정을 준수하며 학교에서 이루어진 교수
- 학습활동과 평가가 일관성 있게 이루어져 학생의 성장과 발달을 돕는 평가

계획을 작성한다.

- 초등의 경우 교과의 성취기준, 영역, 평가방법, 평가시기 등을 바탕으로 평가 계획을 작성한 후 실제 교수·학습 과정에서 평가도구를 개발하고 채점기준안을 작성하여 활용한다. 중등의 경우 반영비율이나 횟수 등 단위학교 학업성적관리규정에서 정하고 있는 부분을 고려하여 평가 계획을 작성한다.

4) 평가 계획 처리 절차

- 학년별(교과별) 평가 계획은 단위학교 학업성적관리위원회 심의 후 학교장의 결재를 통하여 학기별로 정보공시를 하고 학교 알리미 서비스를 통해 공개된다. 또 학생 및 가정에 평가 계획을 예고하도록 한다.

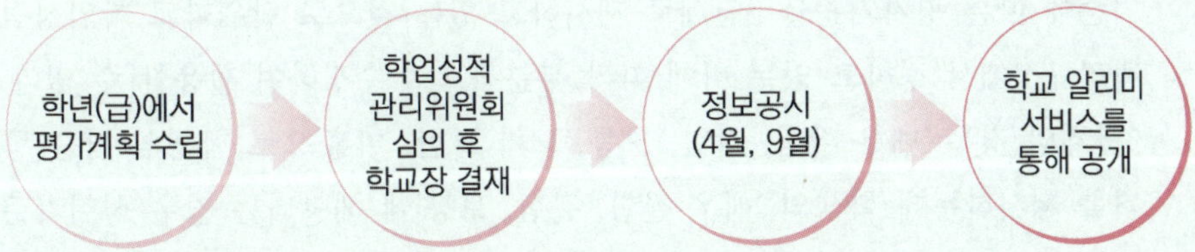

다. 학생 성장 중심 과정 평가 운영

1) 성장중심평가 과제 개발

- 성장중심평가 과제는 일반적으로 문항 설계, 채점기준안과 평가기준, 평가 피드백 등의 내용으로 개발하는데, 학교나 학년(급) 상황에 맞게 중요한 부분이 누락되지 않는 선에서 개발하여 활용한다.
- 문항 설계 부분은 문항의 정보를 한눈에 볼 수 있도록 관련 성취기준과 평가요소, 평가방법과 평가 장면 등을 간단하게 제시한 후 성취기준 분석을 토대로 수업과 평가 흐름을 연계하여 과제를 설정한다.
- 학생의 성장을 지원하는 평가 운영을 위한 평가 과제를 개발하기 위해서는 특히 다음과 같은 부분에 대한 고려가 필요하다.

- 실제 상황에서 학생들의 수행 능력을 평가할 수 있는가?
- 종합적이고 고등정신능력을 평가하는 데 적절한가?
- 학생 상호 간 협력을 조장하여 협력적 문제해결력을 향상할 수 있는가?
- 평가를 통하여 긍정적이고 가치 있는 경험을 할 수 있도록 개발되었는가?
- 평가 도구/과제가 성별, 지역, 문화적인 측면에서 특정 학생에게 유리하거나 불리하지는 않는가?
- 평가 도구/과제가 공간, 시간, 장비, 비용 등의 요소를 고려할 때 충분히 실행 가능한가?

2) 채점기준안 개발

- 채점기준안은 성취기준에 대한 학생의 학습 증거를 어떻게 판단할지에 대한 기준으로 학교급별 상황에 맞게 작성하여 활용한다. 교육부에서는 성취기준에 따른 평가기준을 3단계로 제시하고 있는 것으로 단위학교 학업성적 관리규정에서 정하고 있는 바에 따라 부분적으로 수정하여 활용할 수 있다.
- 5단계의 경우 '매우 잘함, 잘함, 보통, 노력 요함, 미흡'으로 학생의 학습 증거를 제시하는데 학생의 '매우 잘함, 잘함, 보통'에 해당되는 경우 성취기준에 도달했다고 판단할 수 있고, '노력요함, 미흡'에 해당되는 경우 성취기준에 미도달한 것으로 판단할 수 있다.
- 학생 실태 분석, 평가기준과 성취수준 분석 등을 바탕으로 채점기준안을 개발하여 성취기준에 미도달한 학생들을 진단하여 적절한 자료와 방법으로 충분한 피드백을 제공할 수 있도록 한다.

라. 평가의 피드백

성장을 돕는 피드백을 통하여 학생에게는 학생의 발달정도에 대한 정보를 제공하고, 교사는 평가를 교수·학습 개선을 위한 자료로 활용하며 학부모에게는 평가 결과를 다양한 방법으로 통지함으로서 교사와 학부모의 상호 소통을 강화한다.

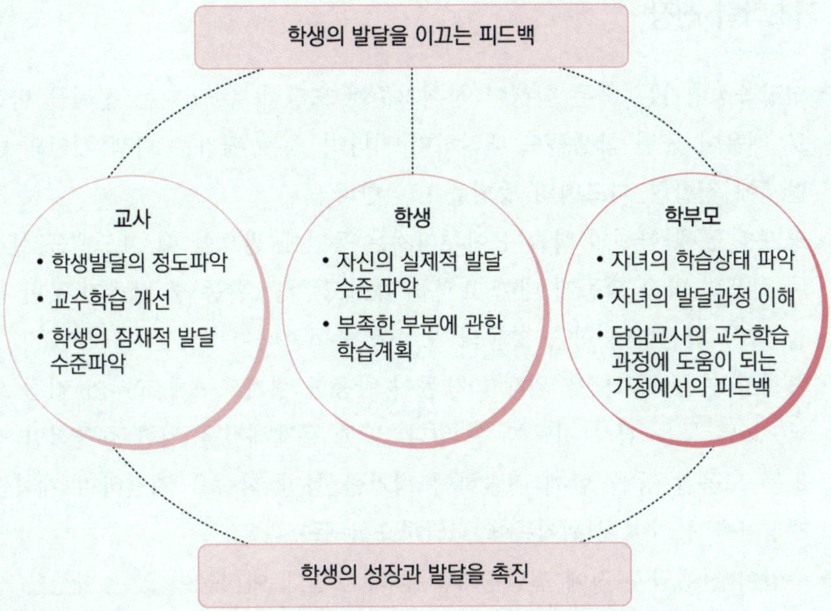

▲ 그림 3-16 피드백의 기능

1) 정보의 제공

- 피드백은 수업과 평가의 과정 중에 이루어질 수 있고, 평가 후에 이루어질 수도 있는데 학생의 성장을 위하여 학생 개인별로 성취기준에 도달할 수 있도록 적절한 자료와 방법으로 충분한 피드백을 제공하는 것이 중요하다.
- 학생에게는 자신의 실제적 발달 수준을 알고 부족한 부분을 찾아서 스스로 공부할 수 있는 기회를 제공하고 교사에게는 교육실천의 전문성을 강화하며 교수학습 과정을 개선하는 중요한 자료가 되며 학부모에게는 자녀의 성장과 발달을 이해하는 데 도움을 주게 되어 학교교육에 대한 신뢰도 높일 수 있다.
- 피드백은 성취기준을 준거로 학생들의 성취수준을 평가 기준에 따라 서술 등의 형태로 안내함으로써 서열화를 탈피하고 평가결과 해석에 대한 구체적 정보를 제공한다.

2) 기초학력 신장

- 성장중심평가는 모든 학생이 성취기준에 도달할 수 있다는 신뢰를 바탕으로 배움이 느린 학생들도 배려하며 기다려 주는 평가로 학생 개인의 발달단계에 적합한 피드백의 방법을 구안한다.
- 평가를 통해 학생의 학습이 이루어지는 동안에 필요할 때 피드백을 실시하여 학생의 학습 활동에 대한 효과를 높이고 학습 활동 중 바르지 못한 활동을 즉시 확인하여 학습 활동의 오류를 줄여준다.[2)]
- 즉시성 있는 피드백을 위해 학생들이 반응한 평가도구에 교사가 직접 오개념, 오류 등을 첨삭 지도할 수 있다. 또한 문제해결을 위한 효율적인 전략 또는 도움말 등을 함께 기술하여 평가를 통한 학습을 지원하며 재학습과 재평가를 통하여 성취기준에 도달하도록 돕는다.
- 수업이 진행되기 전에 진단평가를 통해 수업에 어려움이 있는 학생을 선발하여 특별교육 대상자로 선정할 수 있다. 형성평가의 경우에는 차시에 대한 학생의 이해도와 교사의 수업 방법을 진단할 수 있어 재학습과 오류 확인이 가능하다.

3) 교사의 교수 · 학습 방법 개선 지원

- 평가를 통하여 학생이 무엇을 얼마만큼 알고 있는지에 대한 구체적인 정보와 함께 성취기준 도달에 필요한 교수학습 개선의 방향 설정을 위해 활용한다. 즉, 평가결과는 교사와 학생 간 학습에 대한 자료로 소통되어 다음 단계의 학습을 효율적으로 설계할 수 있게 되는 것이다.
- 교사가 피드백을 수행하면서 학생들의 학습에 대한 이해를 바탕으로 학습목표 자체를 보다 적절하고 의미있게 수정할 수 있으므로 학생들에게 보다 효과적인 수업을 실시할 수 있다.
- 교사별 평가를 실시함으로써 교수학습에서 다루어진 성취기준의 평가요소 반영 여부와 평가 도구의 타당도와 신뢰도 향상을 이끌어 낼 수 있으며 학생 평가에 대한 교사의 전문적 역량이 신장된다.

---

2) 한국교육과정평가원, 『교과별 수행평가 방법 개선 방안』, 2014

4) 평가 결과의 학생, 학부모 통지

- 교사가 학생에 대한 의견을 가정에 제공하고 학생의 자기평가 결과를 병행하며 가정에서 학생에 관한 이야기를 적을 수 있는 상호 소통의 공간으로 구성한다.
- 통지 내용, 통지 횟수, 통지 시기 등은 학교의 여건과 구성원의 협의에 따라 다양한 형태의 통지방법을 학교별로 창의적으로 구안하여 활용한다.
- 학생의 발달과 성장 과정에 대해 학부모와의 다양한 소통을 위한 가정과의 연계 방법으로 다음과 같은 예시를 들 수 있다.

표 3-17 학생평가에 대한 가정과의 연계 방법 예시

구분	내용
학생평가 계획 가정통지	학교 학업성적관리 중점 사항, 학년 평가 계획 안내
포트폴리오 가정통지	학생 활동 결과물을 수집, 정리한 파일을 학기(학년)말 통지
학생-학부모 상담	지속적이고 다양한 방법으로 학생의 성장 정도 상담
교육과정 및 평가 홍보	학급 교육과정 운영 및 평가 방법에 대한 지속적 홍보
학습 결과물 전시	학생의 학습 및 평가 결과물 전시
학교(학급)누리집 활용	학생의 체험 활동 과정, 평가 결과물 탑재

5) 학교생활기록부 기록

- 학교생활기록부는 학생 성장과 발달에 대한 종합기록으로 '학생이 무슨 활동을 했는가'보다는 '학생이 어떻게 활동하였는가'에 초점을 두고 학생의 성장과 발달을 구체적으로 기록한다.
- 교과와 창의적 체험활동, 독서활동 등을 함께 연계하는 교육과정 재구성을 바탕으로 학생의 변화와 성장을 지속적으로 관찰하여 학생의 참된 학력을 정착하고 미래사회에 필요한 핵심역량 및 민주시민의 시민성 함양의 관점에서 평가결과를 기술한다.
- 교과학습발달상황은 학생의 수행 과정과 교과에 대한 관심, 학습태도, 학업

역량, 학습과정과 자기주도적인 노력 등에 대한 상시 관찰 및 누가기록을 바탕으로 학생의 성취수준의 특성 및 학습활동 참여도 등 특기할 만한 사항을 기록한다.

- 행동특성 및 종합의견은 학년 및 학교생활에 대한 총평의 성격으로 학교생활 전반에 나타나는 학업 특성, 인성 및 대인관계 특성, 공동체 의식 등 상시 평가 결과를 바탕으로 다양한 분야에서 구체적인 변화와 성장정도를 종합적으로 기록한다.

마. 학생 성장 중심 과정 평가 방법

경기도교육청 평가 중점 사항에는 학교와 교사는 성취기준에 근거하여 학교에서 중요하게 지도한 내용과 기능을 평가하며, 교수·학습활동과 평가가 일관성 있게 이루어져 학생의 인지적, 정의적, 심동적 능력에 대한 균형 있는 평가로 학생의 전면적 발달을 돕는 것에 주안점을 두고 있다.

1) 논술형 평가

- 논술형 평가는 학생이 알고 있는 지식이나 정보를 활용하여 자신이 이해한 언어로 써보는 것으로 학생이 자기의 생각을 덧붙여 표현하는 데 도움을 주기 위해 실제 생활과 연계하는 장면을 제시하는 등 정답이 어느 정도 열려있는 평가가 되도록 한다.
- 고도의 지식정보화 시대에서는 기획력과 과정, 논리가 중시된다. 이를 위해서는 평가가 주어진 답을 찾는 것이 아니라 보다 깊고 넓은 자기 생각 만들기와 참된 학력 신장에 기여할 수 있어야 한다는 점에서 논술형 평가가 확대되고 있다.
- 논술형 평가는 개인의 생각과 주장을 창의적이고 논리적으로 설득력 있게 조직해야 함을 강조하는 평가로 학생들의 심층적인 이해, 고등사고능력 함양은 물론 수동적 학습 태도를 능동적 학습 태도로 개선시켜 학생 성장을 도모할 수 있다.

- 초등학교에서는 평가 목적과 평가 내용, 학년 발달 단계에 따라 서술형의 형태까지 논술형 평가 문항 속에 배치가 가능하도록 하여 저학년 단계에서부터 학생의 창의적 사고력 발달에 도움이 되도록 하고 있다.
- 논술형 평가는 학생들의 반응이 다양하기 때문에 문항 출제 시에 학생들의 예상되는 반응을 면밀히 고려하여 정답, 인정답안, 부분 점수 부여 등 채점 기준안을 마련한다. 채점 시 교사(채점자)는 주관적 판단에만 의존하지 않도록 평가 요소와 채점기준을 명확히 하고, 객관성 및 신뢰성을 확보할 수 있도록 해야 한다.

2) 구술평가

- 구술평가는 학생으로 하여금 특정 교육 내용이나 주제에 대해 자신의 의견이나 생각을 발표하도록 하여 학생의 준비도, 이해력, 표현력, 판단력, 의사소통 능력 등을 직접 평가하기 위해 활용하는 방법이다.
- 평가 전에 특정 주제에 대해 발표준비를 할 수 있도록 주제나 질문을 사전에 알려주는 경우도 있지만, 특별한 내용 영역만 알려주고 난 다음 구술평가를 시행할 때 평가자가 그 내용 영역에 있는 주제나 질문을 제시하고 학생이 답변하는 형식을 취할 수도 있다.
- 구술평가는 개별적인 대면 상황에서 뿐만 아니라 교실 수업 상황에서 교사 및 학생들에게 자신의 의견이나 생각을 발표하는 것까지 포함할 수 있다.
- 구술평가는 학생에게 특정 주제나 질문을 제시하고 학생들이 응답하도록 한다는 측면에서는 면접과 유사하나, 면접이 정의적 영역(인성이나 태도 등)을 중심으로 이루어지는 평가인 반면 구술평가는 인지적 영역을 중심으로 교육목표에 직접적인 것만을 중심으로 이루어진다는 점에서 차이가 있다.

3) 토의 · 토론

- 토의 · 토론은 교수 · 학습 활동과 평가 활동을 통합적으로 수행하는 대표적인 방법으로 특정 주제에 대해 학생들이 토의하고 토론하는 것을 관찰하여 평가하는 방법이다.
- 토의 · 토론은 교사와 학생, 학생과 학생간의 토의 · 토론의 장을 마련하여 학생의 토론 준비도(관련 자료 및 증거 수집 정도, 토론 내용의 조직 등), 의사소통능력(이해력, 표현력, 설득력), 사고력(논리적 사고력, 창의적 사고력, 비판적 사고력), 토론 · 토의 · 태도 등을 평가하는 방법이다.
- 토의·토론은 논술형 평가나 구술평가를 통해 얻을 수 있는 정보를 모두 얻을 수 있는 장점이 있는 반면, 학생 수가 많을 경우에는 개별 학생들이 충분히 발언할 기회를 갖지 못하는 단점도 있다.
- 토의 · 토론을 시행할 때에도 구술평가와 비슷하게 평가기준표를 이용하여 특정 학생의 준비도, 이해도, 조직력, 표현력, 판단력, 의사소통능력, 토론 태도 등을 평가할 수 있다.

4) 실험·실습

- 실험 · 실습은 자연과학 분야에서 많이 사용하는 것으로 어떤 과제에 대하여 학생들로 하여금 직접 실험이나 실습을 하게 한 후 결과 보고서를 제출하여 실험 · 실습 과정과 제출된 보고서를 종합적으로 평가하는 방법이다.
- 실험 · 실습은 개인 단위로 하게 할 수도 있고 팀을 구성하여 공동 작업을 하게 할 수도 있다.
- 실험 · 실습을 위한 기자재의 조작 능력뿐만 아니라 지식을 적용하는 문제해결과정을 포괄적이면서도 종합적으로 평가할 수 있다.
- 실험 · 실습을 시행할 때에도 수행능력을 평가하기 위한 채점기준표를 이용하여 실험 계획, 조작기능 및 실험 수행, 관찰 및 기록, 자료해석 및 실험, 실험 · 실습 태도 등을 평가할 수 있다.

5) 프로젝트

- 특정한 연구 과제나 산출물 개발 과제 등을 수행하도록 한 다음, 프로젝트의 전 과정과 결과물(연구보고서나 산출물)을 종합적으로 평가하는 방법이다. 결과물과 함께 계획서 작성 단계에서부터 결과물 완성 단계에 이르는 전 과정도 함께 중시하여 평가한다.
- 프로젝트는 교사가 부여한 활동이 아니라 학습자 자신이 선정한 문제를 중심으로 진행하므로 학습에 대한 학습자의 책임을 강조하고, 해당 주제 혹은 문제에 대한 탐구활동과 표현활동 수행하는 학습과정이자 평가과정이다.
- 프로젝트 평가는 작품 분석, 일화 분석, 자기평가 및 동료평가, 체크리스트, 면접 등 다양한 평가방법을 활용하여 평가할 수 있다.

6) 포트폴리오

- 포트폴리오는 학생이 쓰거나 만든, 지속적이면서도 체계적으로 모아 둔 개인별 작품집 혹은 서류철을 이용한 평가 방법으로 학생 개개인의 변화, 발달과정을 종합적이면서도 지속적으로 평가하는 방법이다.
- 학생들은 자신이 제작한 포트폴리오를 통해 자신의 변화과정을 알 수 있고, 자신의 강점이나 약점, 성실성, 잠재 가능성 등을 스스로 인식할 수 있으며, 교사들은 학생들의 과거와 현재의 상태를 쉽게 파악할 수 있을 뿐만 아니라 앞으로의 발전 방향에 대한 조언을 쉽게 할 수 있다.
- 포트폴리오를 활용한 평가에서는 학생의 역할이 중요시되고, 결과뿐만 아니라 과정을 강조하고 협동적인 활동을 장려하며, 발전 가능성에 초점을 두고, 다양한 상황과 연령에 적용할 수 있으며 활용 가능성이 높다.
- 포트폴리오는 일회적인 평가가 아니라, 학생 개개인의 변화와 발전 과정을 종합적으로 평가하는 방법이므로 학생의 성장 과정을 한눈에 볼 수 있어서 학생에게 유용한 피드백을 제공할 수 있다.

7) 자기평가 · 동료평가

- 자기평가 · 동료평가는 대안적 평가 방식의 중요한 요소로서 학습자가 평가의 주체가 되므로 학습자들을 학습에 적극적으로 참여하도록 유도하고 학습에 대한 인지적 능력을 동기와 태도 등의 정의적 능력과 통합할 수 있는 방법이다.
- 자기평가 · 동료평가는 학습을 통해 얻은 기능과 지식을 학습자가 스스로 평가하는 과정으로, 학습자 중심교육이며 학생들이 학습에 더 적극적이고 반성적으로 참여함으로써 학습방법을 개선하고 조정하면서 자기개발을 도모할 수 있는 평가방법이다.
- 자기평가를 통하여 학습자는 자신의 준비도, 학습동기, 성실성, 만족도, 다른 학생들과의 관계, 학업성취도 등에 대해 스스로 생각하고 반성할 수 있는 기회를 제공할 뿐만 아니라 교사로 하여금 교사가 행한 학생평가가 타당하였는지 비교 · 분석해 볼 수 있는 기회를 제공한다.
- 동료평가는 동료 학생들이 상대방을 서로 평가하도록 하여 그 결과를 보고 평가하는 방법으로 동료 학생 간의 대화(평가)를 통해 상호 반성적 과정을 촉진한다. 동료평가는 상호 경쟁적인 입장에서 평가하는 것이 아니라 서로의 부족함을 채워주고 잘된 것을 더욱 촉진시키는 상호 협력적인 관계 속에서 평가가 이루어져야 한다.
- 교사가 학생을 관찰하고 기록한 내용과 수시로 시행한 평가가 타당하였는지를 비교 · 분석해 볼 수 있는 기회를 제공한다. 특히 학생 수가 많아서 담당 교사 혼자의 힘으로 모든 학생들을 제대로 평가하기 어렵다고 판단될 때, 동료평가 결과와 합하여 학생의 최종 성적으로 사용한다면 교사의 주관성을 배제할 수 있을 뿐만 아니라 성적처리 방식에 대한 공정성도 높일 수 있다.

8) 정의적 능력 평가

- 정의적 능력 평가는 개인의 전인적 발달을 도모하는 전인교육의 관점에서 학생들의 자아개념, 가치관, 흥미, 책임, 협력, 동기, 자신감, 자기효능감 등

학급자의 정의적 요소를 평가[3]하고 성취 정도를 살펴보는 것이다.

- 정의적 능력 평가도구의 유형으로는 질문지법, 관찰법, 면접법 등이 있다. 질문지법은 자유반응형, 선택형, 체크리스트형, 평정 측도법, 등위형, 유목분류형, 조합비교형, 의미 분석법이 있고 관찰법에는 일화 기록법, 체크리스트, 추인법, 평정 척도법이 있다. 면접법은 학생에게 적절한 교육적 조치를 취하기 위해 대화를 통해 학생의 학습 상황, 학생의 특성, 사고과정과 학습수준을 진단하고 평가하는 방법이다.
- 정의적 능력 평가를 수업 전에 실시한다면 학생들의 흥미도와 효능감 등을 파악하여 수업에 반영할 수 있다. 수업 중에 실시할 경우는 학습자의 상황을 이해하고 이를 바탕으로 교사가 교수·학습 방법을 설정하고 개선할 수 있다.
- 정의적 능력 평가 결과는 인성교육, 진로교육의 활용 자료로 사용할 수 있으며 학생의 발달에 유의미한 도움을 줄 수 있는 내용을 중심으로 학생생활기록부 교과학습발달의 세부능력 및 특기사항에 기록할 수 있다.

---

3) 교육부, 위의 책, 102쪽.

참 고 문 헌

경기도교육연구원(2015), 416교육체제 비전과 전략 연구.

경기도교육연구원(2015), 교육과정, 수업, 평가 운영 실태 및 일체화방안 연구.

경기도교육청(2010~2017), 경기도 중·고등학교 학업성적관리 시행지침.

경기도교육청(2013~2017), 경기도 초등학교 학업성적관리 시행지침.

경기도교육청(2010~2017), 경기도 평가계획.

경기도교육청(2014~2017), 경기도 초·중·고등학교 교육과정 총론.

경기도교육청(2017), 교육과정 정책 추진계획.

경기도교육청(2016), 성장중심평가 기본문서 성장중심평가의 이해와 실제.

경기도교육청(2014~2017), 초등평가 예시 자료.

교육부(2017), 학생생활기록부 작성 및 관리지침.

교육부(2016), 2015 개정 교육과정 총론 해설.

교육부(1997~2015), 7차~2015 개정 교육과정 총론.

교육부, 한국교육과정평가원(2017), 과정을 중시하는 수행평가 어떻게 할까요?.

김민남 외(2004), 학교교육체제 혁신을 위한 교육이력철도입·활용방안 연구, 교육부.

김운자(2015), 경기도 '상시평가'에 대한 초등교사의 인식 실태 분석, 경인교육대학교 교육전문대학원 석사학위논문.

박도순(2008), 교육평가, 교육과학사.

백순근(2000), 수행평가의 원리, 교육과학사.

영국 교육과정평가원(1998), 핵심역량 정의 및 선정 프로젝트(DeSeCo Project).

이형빈(2015), 교육과정-수업-평가 어떻게 혁신할 것인가, 맘에드림.

진보교육연구소비고츠키교육학실천연구모임(2015), 관계의 교육학, 비고츠키, 살림터.

최철용 김환남 공저(2014), 알기쉬운 교육평가, 양서원.

한국교육과정평가원(2014), 교과별 수행평가 방법 개선 방안.

한국교육학술정보원(2015), 꿈과 끼를 키우는 학생평가.

한순미(1999), 비고츠키와 교육, 교육과학사.

황정규 외(2013), 교육평가의 이해, 학지사.

제 4 부

학급 경영을 위한 교직실무

CHAPTER

01 생활지도 및 상담의 기초

1 생활지도의 이해

가. 생활지도의 개념

생활지도는 영어로는 'guidance'로서 내포하는 의미로는 조종(steering), 관리(manage), 안내(pilot), 지도(direction) 등의 개념을 포함하고 있다. 이처럼 '이끌다', '지도하다', '안내하다', '영향을 미치다', '조언하다' 등의 의미적 맥락은 학생들이 바르고 올바른 방향으로 성장하고 발전할 수 있도록 안내하고 지도하고 이끌어 주는 활동이라고 정의 할 수 있다.

생활지도는 학생 자신과 그를 둘러싼 현실 환경을 이해하여 건전한 적응이 가능하도록 돕는 활동으로서(이영덕 · 정원식, 1994), 일시적인 해결이나 구체적인 행동의 변화보다 인간의 전반적인 성장 및 발달을 촉진하여 학생의 자아실현을 돕는 행위를 의미한다(한용진 외, 2007).

특히, Shertzer 등(1966)에 의하면 생활지도는 개인들이 자기 자신과 자신의 세계를 이해할 수 있도록 도와주는 과정을 말하고, Jones(1970)은 개인들이 지적인 선택과 적응을 할 수 있도록 도와주는 것으로 정의하였다. 또한, 박성수(1993)는 생활지도를 개개인의 인지적, 정의적, 신체적 특성과 잠재 가능성을 바르게 이해하고 발달시켜 개인의 교육적, 직업적, 사회적, 심리적 발달을 가능성의 최고 수준까지 도달할 수 있도록 원조하는 봉사활동으로 정의하였다.

따라서, 생활지도는 한 개인이 가지고 있는 능력과 소질을 스스로 발견하게 하여 최대한으로 발달 · 발휘하고 육성시키도록 돕는 과정 즉, 자기지도를 이루게 하는 과정이라 할 수 있다(한은숙 · 김종두, 2008). 이러한 생활지도는 학교교육에서 교과활동 이외의 모든 교육으로서, 학생의 학업, 진로, 문제행동 등 전문적인 도움을 주는 활동과 예절교육, 청결위생, 생활습관 등 전반적인 지도를 하는 비전문적 활동까지 포함한다(한상길 외, 2007).

최근 생활지도는 단순히 문제학생의 지도나 훈육에 제한하는 것이 아니라, 문제학생이 발생하지 않도록 적극적인 예방활동까지 포함하고 있다. 즉, 부정적인 측면에서의 생활지도보다는 학생들의 자율적 의지를 바탕으로 한 자기 조절, 이해와 배려, 공감 등, 자기 스스로의 성찰을 통한 바람직한 생활습관 형성의 긍정적인 측면에서의 생활지도가 바람직하다고 볼 수 있다.

지금까지 살펴본 것처럼, 생활지도는 교육의 목적을 달성하기 위한 방법으로 학생들이 일상생활에서 해결해야 할 교육적, 직업적, 사회적, 신체적, 도덕적 문제를 자기 힘으로 해결할 수 있도록 돕는 활동으로서 학생들이 가지고 있는 흥미·적성·능력·인격 등 인성적 특성과 잠재력을 발견하고 이해하게 하여 이를 최대한으로 발전시켜 나가며 현명한 선택과 적응을 위해 조직적인 봉사가 이루어지고 자기지도 및 자아실현을 돕기 위한 활동이다(이형행, 2007).

나. 생활지도의 원리

생활지도의 기본적인 방향은 모든 학생을 대상으로 해야 하고 개인의 존엄성과 전인적 성장 및 발달에 중점을 두며 학생의 처벌이나 치료보다 선도나 비행의 예방에 초점을 두며 의사의 자기결정 및 문제의 자기해결을 도와주어야 하고 생활지도는 과학적으로 추진하며 관련 인사 또는 관계 기관과의 협동적인 노력이 필요하다(김운삼, 2003). 이러한 생활지도의 원리는 존엄성 인정과 수용의 원리, 자율성 존중의 원리, 적응의 원리, 인간관계의 원리, 자아실현의 원리 등 기본 원리와 계속 과정의 원리, 균등의 원리, 전인의 원리, 과학적 기초의 원리, 적극성의 원리, 협동성의 원리 등 실천 원리로 이원화 하여 <표 4-1>과 같이 구분할 수 있다.

표 4-1 생활지도의 원리

구분		개념
기본 원리	존엄성 인정과 수용의 원리	학생의 존엄성을 인정하고 어떤 경우이든 학생을 긍정적으로 수용
	자율성 존중의 원리	자신의 문제를 해결하는데 있어서 스스로 판단하고 결정
	적응의 원리	개인의 능력과 특성을 살려 적극적으로 자신을 이끌어 가도록 하여 전반적인 생활에 적응
	인간관계의 원리	교사와 학생 간에 참다운 인간관계 유지
	자아실현의 원리	개인의 자아실현 달성
실천 원리	계속 과정의 원리	한번으로 끝나는 것이 아니라, 계속적인 추수활동 포함
	전인의 원리	개인의 특수한 영역이나 기능의 일부만 다루는 것이 아니라, 모든 측면을 통합적으로 지도
	균등의 원리	문제 학생만 대상으로 하는 것이 아니라, 모든 학생을 대상
	과학적 기초의 원리	구체적이고 객관적 자료를 토대로 과학적 이론을 토대로 실천
	적극성의 원리	문제 행동의 치료에만 국한하는 것이 아니라, 예방에 더 초점
	협동성의 원리	담임교사나 생활지도 교사만이 아니라, 전 교직원, 부모, 지역사회 인사, 전문가 등의 상호 협력

자료: 강갑원 · 박영진 · 안병환 · 이경희(2006). 교육학개론. 교육과학사, 재구성.

다. 생활지도의 영역

생활지도의 영역은 교육 지도, 진로 지도, 인성 지도, 사회성 지도, 건강 지도, 여가 지도, 다문화이해 지도 등 <표 4-2>와 같이 분류할 수 있다(김병희 외, 2008).

표 4-2 생활지도의 영역

구분	개념	세부 활동
교육 지도	학교교육에 필수적인 교과과정에 대한 안내와 효과적인 학습방법 및 올바른 학습습관 지도, 학습부진 지도, 학습동기 유발을 포함한 학업에 관한 모든 지도	신입생 오리엔테이션, 학업부진아, 학습방법 지도, 독서, 기타 학업문제 지도
진로 지도	학생의 욕구, 적성, 능력, 흥미 등을 파악하고 그에 따른 상급학교 진학이나 자신에게 적합한 직업을 선택하도록 돕는 활동	상급학교 진학 관련 정보, 다양한 직업세계에 대한 정보 제공, 진학 및 취업 상담, 직업적성 진단, 추수지도
인성 지도	학생 개인의 심리적, 정서적 문제를 다루어 개인의 원활한 학교생활 적응을 돕는 활동	정서와 성격문제, 욕구불만의 진단과 해석, 습관 교정, 심리적 장애 진단과 치료
사회성 지도	민주시민으로서 갖추어야 할 자질과 의무, 권한과 책임을 이해하고 민주적인 태도, 기능, 습관, 협동정신 함양	교우관계 지도, 이성관계 지도, 가족관계 지도, 대인관계 문제 지도, 상호에 대한 봉사정신 지도
건강 지도	학생 개인의 건강에 관한 중요성을 인식하고 자신의 건강을 위한 적절한 대책을 세울 수 있도록 지도	건강한 신체 유지를 위한 보건 및 건강 교육, 각종 질병 예방 방법, 사고 예방을 위한 안전지도 및 교육
여가 지도	학생의 욕구, 흥미, 능력, 소질에 따라 다양한 과외활동을 할 수 있도록 지도 및 조언	스포츠 활동, 취미 활동, 독서, 음악 및 미술 감상, 사회봉사 활동, 놀이

라. 생활지도의 활동

생활지도의 활동은 조사활동, 정보활동, 상담활동, 정치활동, 추수활동 등 <표 4-3>과 같이 요약할 수 있다(김병희 외, 2008; 이형행, 2007; 김운삼, 2003; 조영일, 2003).

표 4-3 생활지도의 활동

구분	개념
조사 활동	• 계획이나 실천을 위해 보다 과학적이고 정확한 학생들의 실태를 파악하거나 학생들의 자기 이해를 돕기 위한 활동 • 각종 표준화 검사, 학업성취도 검사, 환경조사, 질병조사, 생활사 조사, 가족관계 조사, 교우관계 조사, 관찰에 의한 행동의 누가기록 • 학생의 현재, 미래 활동에 대한 정확한 판단을 목적으로 학생에 대한 정보를 수집하는 과정 • 학생의 개별성을 찾아내는 자료 제공 • 학생이해 활동, 학생평가 활동
정보 활동	• 학생들이 필요로 하는 각종 정보 및 자료를 제공하여 학생들의 개인적 성장과 사회적 적응을 돕기 위한 활동 • 교육정보, 직업정보, 개인적 및 사회적 정보 • 정보는 학교 자체에서 조사하거나 인쇄물을 통해 수집, 정리, 보관하여 개인상담이나 집단상담시 제공 • 정보 수집 방법: 인터넷 정보, TV, 신문, 잡지, 각 분야 전문가, 각종 간행물 및 논문, 전문서적 등 • 정보 제공 방법: 강의, 개인 및 집단 상담, 온라인 상담, 안내 책자, 게시판, 편지, 교내 방송, 오리엔테이션, 현장 견학, 전문가 초빙 등
상담 활동	• 상담자와 내담자 간의 관계에서 면접상담의 기술을 통해 학생들의 자율능력과 문제해결력을 기르는 동시에 학생들의 적절한 감정 처리를 위해 조력함으로써 정신건강을 향상시키고 적응을 돕는 활동 • 협력적인 관계 형성 → 문제 탐색 → 문제 해석 → 방향 설정 • 상담활동의 목적: 학생들의 행동변화 촉진, 학교 적응능력 향상, 합리적인 의사결정 능력 배양, 대인관계 기술 증진, 학생 개인의 잠재능력 개발 • 개인상담, 집단상담, 전화상담, 쪽지상담, 온라인상담, 또래상담 등
정치 활동	• 자신의 적성 및 진로의 특성을 정확하게 이해하여 진로를 현명하게 선택하도록 도와주는 활동 • 진학지도, 취업지도, 상위학교나 계열, 학과 선택
추수 활동	• 지도를 받은 학생들의 추후 적응 상태를 확인하여 항상 보살피고 부적응에 대한 조력과 보다 나은 적응을 돕는 활동 • 사후 점검활동 • 상담자나 교사가 학생에게 제공한 도움의 성과를 알아보기 위한 우발적인 추수활동 • 사례연구의 대상이 되었거나 집중적인 교정 지도를 받은 학생에 대한 추수활동 • 졸업생, 중퇴자, 졸업예정자, 진학예정자에 대한 추수활동

자료: 조영일(2003). 새로운 접근의 교육학개론. 교육과학사, 재구성.

3 상담의 이해

가. 상담의 개념

상담의 사전적 의미는 의논, 충고, 조언, 협의, 정보 제공으로 정의할 수 있는데, 이장호(1988)는 도움을 필요로 하는 내담자가 전문적으로 훈련을 받은 상담자와의 대면관계에서 생활과제의 해결과 사고, 행동 및 감정 측면의 인간적 성장을 위해 노력하는 학습과정으로 상담을 정의하였다.

또한, 이영덕과 정원식(1994)은 도움을 필요로 하는 사람과 도움을 줄 수 있는 사람 사이의 개별적인 관계를 통해 새로운 학습이 이루어지는 과정으로 정의하였고, 황응연과 윤희준(1983)은 도움이 필요로 하는 사람을 다른 사람이 도와주는 상호작용의 인간관계로 정의하였으며, 이재창(1995)은 상담이란 전문적인 훈련을 받은 상담자가 도움을 필요로 하는 내담자에게 자신과 주위 환경에 대한 이해를 촉진시킴으로써 적응과 발달을 할 수 있도록 행동의 변화를 가져오게 하는 상호작용의 학습과정으로 보았다.

특히, 상담의 궁극적인 목표는 인간으로 하여금 자신의 잠재력을 최대한으로 발휘하도록 돕고 일상생활에서 보다 건강하고 행복한 삶을 누릴 수 있도록 도와주는 것이다(한상길 외, 2007). 이러한 상담의 구체적인 목표는 첫째, 행동의 변화를 가져오게 하고 둘째, 정신 건강의 증진시키며 셋째, 문제해결 및 증세를 제거하며 넷째, 내담자의 잠재력 촉진과 효율성을 증진시키며 끝으로 의사결정 능력을 증진시키는 것이다(김운삼, 2003).

한편, 상담의 기본 조건으로 진실성, 존경, 공감적 이해 등 <표 4-4>와 같이 정리할 수 있다(Patterson, 1971).

표 4-4 상담의 기본 조건

구분	개념
공감적 이해	• 감정이입 • 상담자 자신이 내담자의 입장이 되어 내담자의 문제를 느끼고 이해하는 것

구분	개념
진실성	• 일치성, 진지성, 순수성 • 대인관계에서 자신의 실제적인 경험을 정확하게 깨닫고 거리낌 없이 깊이있게 자기 자신을 드러내는 것
존경	• 상담자가 내담자를 귀중한 인간, 어떤 다른 사람과도 비교할 수 없는 그 사람만의 독특한 가치를 지닌 인간으로 받아들이는 관계

또한, 상담의 기본 원리는 개별화의 원리, 감정 표현의 원리, 통제된 정서 관여의 원리, 수용의 원리, 비심판적 태도의 원리, 자기결정의 원리, 비밀보장의 원리 등 <표 4-5>와 같이 요약할 수 있다.

표 4-5 상담의 기본 원리

구분	개념
개별화의 원리	• 상담자는 내담자의 말을 경청하고 세밀하게 관찰하며 내담자와 견해가 다를 경우 적절하게 선택하도록 해야 하는 원리
감정표현의 원리	• 내담자의 감정을 솔직하게 표현하도록 상담자가 모든 노력을 기울여야 한다는 원리
통제된 정서 관여의 원리	• 내담자가 표현한 감정에 민감하고 의도적으로 적절하게 반응해야 하는 원리
수용의 원리	• 내담자에게 따뜻하고 명랑하고 친절하게 대해 주고 내담자를 수용해 준다는 원리
비심판적 태도의 원리	• 내담자의 행위에 대해 상담자가 판단이나 비판을 하지 않는다는 원리
자기 결정의 원리	• 상담자가 결정하는 것이 아니라, 내담자가 선택하고 결정해야 한다는 원리
비밀 보장의 원리	• 상담 과정에 있었던 모든 사항에 대해 제 3자가 알지 못하도록 하는 원리

자료: 강갑원 · 박영진 · 안병환 · 이경희(2006). 교육학개론. 교육과학사, 재구성.

나. 상담의 과정

상담의 과정은 준비 단계, 상담 초기 단계, 상담 중심 단계, 종결과 평가 단계 등으로 <표 4-6>과 같이 구분할 수 있다.

표 4-6 상담의 과정

구분	개념
준비 단계	• 면접에 들어가기 전 또는 면접과 거의 동시에 내담자에 관한 각종 자료를 가능한 한 체계적, 종합적으로 수집하는 과정 • 내담자의 인적 사항, 신체발달 기록, 학업성적 기록, 각종 심리검사 결과, 사례사, 과거의 상담 기록 등을 준비하는 단계
상담 초기 단계	• 내담자에게 자신의 결정 문제, 찾아온 이유 및 배경 등을 진술하는 단계 • 내담자에게 자기의 문제를 회피하거나 운명론적이거나 피해자란 지각에서 벗어나 전문적인 상담의 필요성을 절실하게 느끼도록 하는 단계 • 관심집중 기술: 내담자 향해 앉기, 개방적인 몸자세 취하기, 가끔 상대방을 향해 몸을 기울여 앉기, 시선을 통한 접촉을 적절히 하기, 긴장 풀기 • 경청 기술: 내담자의 비음성적 표현 경청하기, 경청 확인하기, 내담자의 음성언어 경청하기
상담 중심 단계	• 상담 문제를 보다 구체적으로 정의하고 명료하게 한 후 문제 행동과 목표 행동에 대한 내담자의 자각과 문제해결 과정에서의 실제적인 노력을 촉진하는 과정
종결 및 평가 단계	• 종결은 내담자와 상담자의 합의에 의해 결정 • 종결 전 그동안 성취한 것을 상담 목표에 비추어 평가하고 성취하지 못한 경우 왜 그렇게 되었는지 토의

자료: 조영일(2003). 새로운 접근의 교육학개론. 교육과학사, 재구성.

다. 상담의 이론

상담이론은 지시적 상담, 개인구념 이론, 합리적·정서적 행동상담 등의 인지적 영역의 상담이론과 정신분석적 상담, 실존주의 상담, 인간중심적 상담 등의 정의적 영역의 상담이론, 행동수정, 상호제지 이론 등의 행동적 영역 상담이론으로 구분할 수 있다.

1) 정신분석적 상담

정신분석적 상담은 프로이드(Freud)의 정신분석학의 원리와 방법을 응용한 것으로서, 정신분석적 기법 즉 자유연상, 꿈과 환상의 분석, 저항과 전이의 해석과 훈습 등을 이용하여 내담자를 면접하는 것이다(이병승 외, 2006). 이러한 정신분석적 상담의 목표는 무의식적 갈등을 의식화시켜 개인의 성격 구조를 재구성하는 데 있다(조영일, 2003).

특히, 정식분석적 상담은 무의식적 심리과정과 동기에 대한 이해를 촉진하고 역사적인 근거를 탐색함으로써 현재의 문제 행동을 해결하는 것을 치료의 초점으로 삼고 있다(김운삼, 2003).

한편, 불안은 기본적인 갈등을 억압한 결과로서 나타나는데 개인의 자아가 합리적이고 직접적인 방법으로 불안을 조절할 수 없을 경우 <표 4-7>과 같은 방어기제를 의존하여 조절한다(김계현 외, 2000).

표 4-7 방어기제의 유형

구분	개념
투사	• 자신의 바람직하지 못한 특성들을 다른 사람에게 전가함으로써 불편한 마음과 자기 책임으로부터 벗어나려 함
합리화	• 용납할 수 없는 자신의 행동과 감정을 정당화하기 위해 사회적으로 받아들일 수 있는 이유를 붙여 자기보호와 체면을 유지하고 사회적 비판을 피하려고 함
부인	• 고통스럽거나 위협적인 상황을 받아들이기 두려울 때 그 상황의 존재를 부정함
승화	• 억압된 충동이나 감정을 사회적으로 잘 수용될 수 있는 형태의 욕구로 변형시켜 표현하는 것
반동형성	• 자신이 가지고 있는 것과는 반대되는 생각이나 감정을 과장되게 표현함으로써 본래 자신이 가지고 있는 생각이나 감정을 은폐시키려 함
퇴행	• 현실적으로 만족할 수 없는 위협이나 불만, 불안 등을 어린 시절의 원시적이고 유치한 행동 수준으로 후퇴하여 해소시킴

구분	개념
억압	• 사회적으로 수용될 수 없거나 매우 고통스러운 감정이나 생각, 욕구 등을 의식 수준 아래로 밀어내는 것
백일몽	• 불쾌한 문제나 현실에 처해 있을 경우 이를 배제시키려는 시도로 보다 유쾌한 일을 마음 속으로 상상함으로써 현실적으로 불가능한 것을 가능한 것으로 생각함
동일시	• 자신보다 우월하다고 생각되는 타인의 가치나 성격 특성을 자기의 것으로 내면화함으로써 자신의 무능력이나 나약함을 회피하는 것
고립	• 어떤 일에 관련되는 것을 거절하고 회피함으로써 그로 인해 생길지도 모르는 정서적 긴장과 갈등의 상황을 벗어나려는 행동 양식
보상	• 자신의 부족한 점을 감추기 위해 약점을 지각하지 않거나 어떤 다른 특성을 발전시키는 것

또한, 정신분석학적 상담의 주요 기술로는 자유연상법, 해석, 꿈의 분석, 전이 등 <표 4-8>과 같이 정리할 수 있다.

표 4-8 정신분석학적 상담의 기술

구분	개념
자유연상	• 내담자에게 머리에 떠오르는 것을 자유롭게 말하도록 하는 방법 • 억압된 과거의 경험을 회상하거나 정서적 문제의 원인이 되는 단서를 찾아내는데 도움이 되는 방법
해석	• 무의식적 경험이 의식수준으로 떠오는 것을 방해하는 내담자의 심리적 저항이 있을 경우에 그 저항을 이해하도록 도와줌으로써 자유연상을 촉진할 수 있는 방법
꿈의 분석	• 내담자의 잠재몽이나 현재몽에 나타난 무의식적인 동기를 이해하는 중요한 수단 • 현실적으로 이루어질 수 없는 무의식적인 욕망이나 소원 등이 꿈 속에서 실현되게 하는 방법
전이	• 내담자가 어렸을 때 중요한 타인들과의 관계에서 경험했던 억압된 감정을 정신분석학자에게 재현하는 심리적 현상

자료: 이형행(2007). 교육학개론(전정 2판). 양서원, 재구성.

2) 인간중심 상담

인간중심 상담은 로저스(Rogers)에 의해 창시된 것으로 내담자 중심 상담, 비지시적 상담이라고도 한다. 내담자로 하여금 충분히 기능하는 인간으로 성장하도록 하는 것 즉, 내담자의 자아개념과 유기체적 경험 간의 불일치를 제거하고 내담자가 느끼는 자아에 대한 위협을 제거하도록 하는 것을 의미한다(한상길 외, 2007).

특히 인간중심 상담에서 상담자는 내담자가 스스로 치료할 수 있는 능력을 가지고 있다고 믿기 때문에, 바람직한 행동을 가르치는 교사나 숨겨진 의도를 분석하는 분석가이기 보다 내담자의 잠재력이 충분히 발휘될 수 있도록 분위기를 제공하는 조력자가 되어야 한다(김운삼, 2003). 이러한 인간중심 상담의 목표는 한 개인의 자아실현 경향성의 발현과 완전히 기능하는 인간의 육성에 있기 때문에 상담자와 내담자의 관계형성과 조력이 무엇보다 중요하다(김병희 외, 2008).

따라서 인간중심 상담이 잘 이루어지기 위해서는 상담자의 따뜻한 마음과 태도, 진솔함, 자유롭게 이야기할 수 있는 부드러운 상담 분위기와 비밀 보장, 우호적인 관계 형성이 매우 중요하고 무조건적인 긍정적인 수용, 진실성, 공감적 이해 등의 태도를 상담자는 지니고 있어야 한다(한상길 외, 2007).

3) 특성-요인 상담

특성–요인 상담은 윌리암슨(Williamson)에 의해 진로상담을 기초로 출발한 이론으로서 상담자의 주도 하에 내담자의 문제에 대한 자료를 수집, 분석, 종합, 진단, 예측, 상담 과정을 거쳐서 정보를 제공하고 조언, 충고, 프로그램을 계획하는 등 상담자의 적극적이고 주도적인 역할을 강조한다(한상길 외, 2007). 이러한 특성–요인 상담은 지시적 상담, 이성적 지시적 상담, 상담자 중심 상담, 의사결정 상담 등으로 불리워지고 있다(김성회, 1997).

특히, 특성–요인 상담의 궁극적인 목표는 개인의 자기 가능성을 최대한 실현할 수 있도록 개인의 전체적인 발달을 촉진하도록 돕는 데 있다(강갑원 외, 2006).

한편, 특성－요인 상담의 과정은 <표 4－9>와 같은 단계를 거친다.

표 4-9 특성-요인 상담의 단계

구분	개념
수집 · 분석 단계	• 객관적, 주관적 방법을 동원해 내담자(적성, 지능, 흥미, 학업성취도 등)에 관한 자료 수집 및 분석
종합 단계	• 심리검사 결과, 사례연구 결과 등 종합
진단 단계	• 내담자의 특성과 진로 문제를 기술하고 이에 대응하는 교육 및 직업 능력을 비교하여 문제 진단
예측 단계	• 진로와 관련된 문제를 해결할 수 있는 대안과 가능성 탐색
상담 단계	• 내담자가 무엇을 어떻게 해야 하는가에 대한 정보 제공 및 협의

자료: 한상길 · 김응래 · 박선환 · 박숙희 · 정미경 · 조금주(2007). 교육학개론. 공동체, 재구성.

또한 특성－요인 상담의 주요 기술을 살펴보면 첫째, 대답을 예/아니오 또는 구체적인 정보를 한정하면서 매우 구체적인 질문을 하고 둘째, 설명하고 논의하고 문제나 치료에 관련이 있는 정보를 제공하며 셋째, 화제를 제시하지만 대화의 전개는 내담자에게 맡기며 넷째, 내담자의 행동을 주시하고 다섯째, 내담자가 방금 이야기한 주제의 내용을 인정하며 여섯째, 증거를 정리하고 내담자에게 제시한 행동을 하도록 설득하며 끝으로 문제나 교정이 필요한 조건을 지적해야 한다(조영일, 2003).

4) 합리적-정서적 상담

합리적－정서적 상담은 엘리스(Ellis)에 의해 창시된 것으로 인간의 감정과 문제가 대부분 비합리적인 사고로부터 생겨나기 때문에, 내담자의 비현실적이고 비이성적인 관점을 바꾸어 자신과 환경 또는 대인관계를 합리적으로 접근하고 수용하도록 논리적인 판단과 자기 주장을 강조하였다(김운삼, 2003). 이러한 합리적－정서적 상담의 목표는 내담자가 자기파괴적인 신념들을 줄이고 보다 합리적이고 현실적인 관대한 신념과 인생관을 갖도록 함으로써 보다 융통성 있고 생산적인 삶을 살도록 조력하는 것이다(한상길 외, 2007).

특히, 합리적-정서적 상담의 단계는 ABCDE모형으로서 <표 4-10>과 같은 과정을 거친다.

표 4-10 합리적-정서적 상담의 단계

구분	개념
A	• 내담자가 생각하는 문제 장면이나 선행 사건
B	• 선행 사건에 대한 내담자의 신념
C	• 선행 사건 A에 대한 비합리적 신념때문에 생긴 정서, 행동적인 결과
D	• 비합리적 신념 B에 대한 상담자의 적극적인 논박
E	• 비합리적인 신념을 논박한 후의 효과

자료: 김병희 · 김형구 · 배재학 · 이기용 · 이영애 · 정길영 · 최병옥(2008). 교육학개론. 공동체, 재구성.

한편, 합리적-정서적 상담에서 상담자는 내담자가 가지고 있는 불합리한 사고와 신념을 반박하고 부정하는 설득과 주장, 권고, 격려 등을 하기 위해 논박, 과제 제시, 독서법, 자기 진술, 수용 등의 기술을 사용한다(한상길 외, 2007).

5) 행동 수정 상담

행동 수정 상담은 행동주의 학습이론에 기초한 것으로 사회기술훈련 등 내담자에게 필요한 사회행동을 학습시키는 행동치료와 왜곡된 신념과 사고방식을 수정하는 인지적, 재구성, 문제 해결적 사고방식의 훈련을 목표로 하는 '인지적 훈련' 등이 배합된 접근 방법이다(김운삼, 2003). 따라서, 행동 수정 상담의 목표는 잘못 학습된 바람직하지 않은 문제 행동은 소거하고 보다 효율적이고 바람직한 행동을 새로 학습하도록 조성해 나가는 것이다(한상길 외, 2007).

특히, 행동 수정 상담은 객관적으로 관찰할 수 있고 측정 가능한 행동을 상담 대상으로 삼기 때문에 상담의 효과와 진전 상태 등을 객관적으로 평가할 수 있다(조영일, 2003).

한편 행동 수정 상담의 주요 기술은 체계적 감감법, 혐오치료, 강화, 대리경제체제, 행동조성, 시범보이기, 역할연기, 사고중지, 자기지도, 인지적 행동수정 등 <표 4-11>과 같이 정리할 수 있다(김계현 외, 2000).

또한, 행동 수정 상담의 과정은 상담관계의 형성, 문제 행동 규명, 현재 상태 파악, 상담목표 설정, 상담기술 적용, 상담결과 평가, 상담 종결 등 7단계를 거친다(한상길 외, 2007).

표 4-11 행동 수정 상담의 주요 기술

구분	개념
강화	• 목표행동을 할 때마다 보상을 주어 바람직한 행동의 빈도를 높이는 방법
체계적 감감법	• 주로 공포증을 치료할 때 많이 쓰이는 방법으로 불안을 일으키는 자극에 대해 불안 위계를 작성한 다음, 하위 불안 위계부터 시작, 가장 위협적인 불안 수준까지 단계적으로 노출, 불안대상에 직면하도록 하면서 각 단계에서 불안 장면을 상상하고 이완절차를 거쳐 불안을 극복해 나가는 방법
혐오치료	• 불쾌하거나 혐오스러운 자극을 제공하여 부적응 행동을 치료하는 방법
대리경제 체제	• 직접적으로 강화물을 쓰지 않고 후에 내담자가 원하는 것과 교환할 수 있는 토큰을 보상으로 제공하는 방법
행동조성	• 원하는 바람직한 행동을 쉬운 것부터 여러 단계로 나누어 강화시킴으로써 점진적으로 목표행동에 도달하도록 하는 방법
자기지도법	• 내담자 스스로 문제점을 파악하고 교정해 나가는 방법으로 자기관찰, 자기계약, 지가교수 훈련 등을 이용

6) 현실 상담

현실 상담은 글래이저(Glasser)에 의해 창시된 단기상담으로서 과거나 무의식적 동기보다 현재의 행동과 사고에 초점을 두고 행동을 선택하는 책임감을 강조하며 현재보다 심리적 욕구를 바르게 만족시켜 줄 수 있는 효과적인 행동을 학습하도록 해서 성공적인 자기상, 즉 성공적 정체감을 갖도록 하는데 목적이 있다(김병희 외, 2008). 즉, 현실 상담의 궁극적인 목적은 내담자가 자신의 욕구와 바램을 충족시켜 자신이 원하는 삶을 살도록 하는데 있다(강갑원 외, 2006).

특히, 현실 상담의 과정은 WDEP체계로서 <표 4-12>와 같은 단계를 거친다(Wubbolding, 2000).

표 4-12 현실 상담의 단계

구분	개념
Want (바램)	• 상담자는 숙련된 질문을 통해 내담자로 하여금 자신의 욕구 충족을 위한 바램이 무엇인지 그리고 그 바램들의 우선 순위를 결정하는 단계
Doing (-하기)	• 내담자로 하여금 바램을 충족하기 위해 어떤 행동을 하고 있는지 인식하는 단계
Evaluation (평가)	• 내담자가 현재 하고 있는 행동이 현실적으로 자신의 바램을 충족하기 위한 적절한 행동인지 평가하는 단계
Plan (평가)	• 내담자로 하여금 자신의 바램과 욕구를 보다 효과적으로 충족할 수 있는 계획을 세우고 실천하도록 돕는 단계

한편, 현실 상담의 주요 기술은 내담자와 개인적인 친밀한 유대 관계 맺기, 내담자의 감정보다 현재 행동에 과거보다 현재에 초점 두기, 내담자로 하여금 자신의 행동을 평가하고 판단하도록 돕기, 책임있게 행동하는 계획 세우기, 내담자가 책임있는 행동 단계를 결성하고 서약하도록 돕기, 내담자가 계획을 수행 또는 완수하지 못한 경우 변명을 허용하지 않기, 처벌을 사용하지 않기, 절대 포기하지 않기 등이 있다(김병희 외, 2008).

8) 교류 분석적 상담

교류 분석적 상담은 번(Berne)에 의해 창시된 것으로 자신의 삶에 책임을 지고 스스로 자신을 지도할 수 있는 자율적인 인간이 되는 것이 궁극적인 목적이다(강갑원 외, 2006). 이러한 교류 분석적 상담의 일반적인 목표는 첫째, 집단원들로 하여금 자아상태의 오염을 제거하도록 돕는 것 둘째, 생활 면의 요구에 따라 모든 자아생태를 고르게 활용할 수 있는 능력을 개발하도록 돕는 것 셋째, 개인이 부적절한 생활각본을 버리고 생산적인 생활각본을 지니도록 보는 것 끝으로 상담자와 집단원들에게 적절한 구체적인 목표를 계약 형태로 문서화하는 것이다(김운삼, 2003).

9) 형태주의적 상담

형태주의적 상담은 펄스(Perls)에 의해 창시된 것으로 부적응자들을 보다 성숙한 인간으로 성장시키고 그들의 감정, 지각, 행동, 사고, 신체 모두가 하나의 전체로 통합된 기능을 발휘할 수 있도록 도와 주는 것이다(김병희 외, 2008). 이러한 형태주의적 상담은 정신분석학적 상담에 반대하여 집단 구성원들 간의 상호작용에 초점을 두기보다 상담자가 중심이 되어 한번에 한 집단원의 문제를 집중적으로 다루어 '집단 속의 개인상담'이라고 부른다(김운삼, 2003).

특히, 형태주의적 상담의 목표는 내담자로 하여금 체험을 통해 현재 자신이 경험하고 행동하고 있는 것이 무엇인지 자각해서 지금 순간에 에너지를 쏟고 자신의 행동을 선택하고 책임질 수 있도록 돕는 것에 있다(김병희 외, 2008). 즉, 형태주의적 상담은 상담자가 집단원의 현재 경험에 중점을 두고, 그것에 대한 집단원의 자각이 이루어지도록 돕는다(김운삼, 2003).

한편, 형태주의적 상담의 주요 기술을 살펴보면 <표 4-13>과 같이 요약할 수 있다.

표 4-13 형태주의적 상담의 주요 기술

구분	개념
신체 자각	• 내담자의 신체표현을 관찰하고 거기에 초점을 둠으로써 내담자로 하여금 현재 상황에서 느끼는 신체감각을 자각하게 해주는 기법
환경 자각	• 내담자로 하여금 주위 환경에 대해 자각하도록 해줌으로써 환경과의 접촉을 증진시켜 주는 기법
언어 자각	• 내담자의 언어사용 습관을 잘 관찰하여 잘못된 언어 습관을 고쳐주는 기법
빈 의지 기법	• 내담자로 하여금 지니고 있는 감정들을 빈 의자 또는 빈 자리에 투사하게 함으로써 감정을 스스로 확실히 체험하고 자각할 수 있도록 하는 기법
대화게임 기법	• 내담자의 마음 속에 있는 서로 상반되는 극단적인 사고나 감점을 대화로 엮어보게 함으로써 내담자가 자신의 일치되지 못한 면이나 양극성을 수용하고 통합헤게 하는 기법
과장하기 기법	• 내담자의 어떤 행동이나 언어를 과장하여 표현하도록 요구함으로써 내담자로 하여금 자신의 무의식적 욕구나 감정 또는 행동을 명료하게 자각하도록 돕는 기법

자료: 김병희 · 김형구 · 배재학 · 이기용 · 이영애 · 정길영 · 최병옥(2008). 교육학개론. 공동체, 재구성.

10) 집단 상담

집단 상담은 한 사람의 상담자가 여러 내담자를 대상으로 공통의 문제에 대해 상담을 하는 형태로서 내담자 간 상호 의견을 교환함으로써 도움을 서로 주고받는다(강갑원 외, 2006).

특히, 집단 상담의 장점으로 첫째, 여러 사람을 상대하므로 상담자의 영향력이 여러 사람에게 동시에 미치고 둘째, 개인 상담에서 느끼는 위압감이나 긴장감을 주지 않으며 셋째, 집단이라는 상황과 동료의식을 효과적으로 이용하며 넷째, 상담자는 학생들의 경험을 촉진하고 수용하는 사람의 역할을 수행하며 끝으로 개인 상담을 촉진하는 계기가 되고 기타 학생들의 필요를 충족시키는 새로운 기회를 쉽게 만들 수 있다는 것이다(한은숙 · 김종두, 2008).

따라서 집단 상담은 일반적으로 자신을 이해하고, 표현하며 의사소통하는 능력, 대인 관계 능력 등을 신장시키는데 목표가 있다(강갑원 외, 2006).

4 영유아 상담의 이해

상담이란 훈련과 기술, 신용으로서 상담자가 내담자의 적응 문제를 해결하는 면대면의 상태이다(Williamson, 1939).

상담이란 용어는 영어로는 'counseling'으로 사용된다. 이는 라틴어의 'counsuler'에서 유래한 한 말로 '고려하다(to consider), '반성하다'(to reflect), '깊이 생각하다'(to reflect), '조언을 받거나 구하다'(to take or ask counsel) 등의 의미를 가지고 있다. 상담이라는 말은 원래 법률이나 경제, 종교 등의 분야에서 주로 사용되었는데 1983년 윌리엄슨(Williamson)의 저서 『How to counsel student』d에서 상담이라는 용어를 학교교육과 관련지어 사용함으로써 교육계에 널리 쓰이게 되었으며, 1950년대 이후 임상심리학의 한 분야로 취급되어 왔던 상담심리학이 독자적인 영역으로 분리됨으로써 상담이 새로운 전문분야로 등장하게 되었다(황선희, 2015).

윌리엄슨(Williamson)이후 학자별로 상담에 대한 정의는 다음과 같다.

학자	상담의 정의
Rogers(1942)	상담이란 훈련받은 상담자와 도움을 주고 받고자 하는 내담자와의 상호작용을 과정으로 내담자 스스로 자기를 이해하고 발전적인 수준으로 나아가도록 도와주는 과정이다.
Tyler(1969)	상담이란 내담자가 일상생활중에서 개인적 발달의 방향에 있어서 현명한 선택이 이루어지도록 촉진하는 것이다.
박성수(1986)	상담이란 내담자와 상담자 간에 수용적이고 구조화된 관계를 형성하고, 내담자가 스스로 자신의 환경에 대한 이해와 효율적인 의사결정을 위해 도와줌으로써 내담자의 심리적인 특성을 긍정적인 방향으로 변화는 물론 내담자의 성장과 발전을 촉진하는 심리적 조력과정이다.
이장호(1992)	내담자가 상담자와의 대면관계에서 생활과제의 해결과 사고, 협동 및 감정측면의 인간적 성장을 위해 노력하는 학습과정이다.
Wrenn(1962)	상담이란 내담자의 적절한 필요의 특징에 따라 상담자와의 역동적인 목적적인 관계이며, 내담자의 자기명료화와 자기결정에 초점을 두고 상호참여가 항상 이루어져야 하는 것이다.

한편 아동상담이란 아동의 건강한 성장발달을 돕기 위한 서비스의 한 분야이다. 즉 아동상담은 아동의 가정의 틀을 유지하며 그 틀 안에서의 기능을 강화하도록 아동 및 가족구성원의 기능을 신장시키기 위해 직접적, 간접적으로 돕는 전문적인 분야이다(유미숙, 2003).

'아동상담'은 아동의 문제행동의 증상을 예방하고 완화하며 향상시킬 수 있는 방법을 개발하고 적용하는 것이라고 본다(최영희 등, 2004).

아동상담의 본질적 목적은 그 대상이 아동이든 성인이든 크게 다르지 않다. Spiegel(1996)은 성인치료의 경우 대화를 통해 내담자를 돕기 위해 상호 협조 관계를 기본으로 한다고 하였다. 그러나 아동상담의 목적은 이미 성장한 사람들에 대한 상담과 그 목표와 강조점이 다소 다르며(이성진, 1998), 대화로서 상호 협조 관계를 맺기에는 아동의 특성상 어려움이 있다.

따라서 다음과 같이 아동상담의 특징을 설명할 수 있다(박희현, 2005).

첫째, 아동은 성장 중이라는 점이다. 따라서 아동상담에 임할때는 성인 내담자를 대할 때와는 다른 시각에서 접근해야 한다. 즉, 아동의 문제는 성장 발달이라고 하는 맥락을 항상 염두에 두어야 하며,아동을 이해하는 일, '치료하는' 일도 아동은 성장 발달하고 있는 중이라는 사실에 근거해야만 한다.

둘째, 아동은 성인보다 언어능력이 부족하다는 것이다. 아동이 언어능력에 있어 상대적으로 부족하다는 사실이 아동상담의 접근법이나 방법이 달라야 함을 말해 준다. 언어능력이 부족하다는 사실이 아동상담에 있어서 놀이치료, 미술치료, 음악치료 등에 의존하고 크게 효과를 보는 경우를 반증한다. 또한 아동이 지적으로 미숙하다는 점도 같은 맥락에서 이해될 수 있을 것이다.

셋째, 아동은 상담에 대하여 수동적이다. 이것은 상담동기의 차이로서 나타나는데 성인의 경우 상담을 받으려는 동기가 상대적으로 높은 반면, 아동은 그 동기가 낮거나 없기 때문에 아동상담과 성인상담의 차이가 발생할 수 있다. 아동의 상담에 대한 수동적 태도는 상담에 대한 저항을 나타낼 수 있을 뿐만 아니라 상담의 효과에도 상당한 영향을 미칠 것으로 예상된다.

넷째, 아동의 문제는 부모와의 관계 문제이다. 아동상담의 접근에 있어서 부모와의 관계를 도외시할 수 없으며, 많은 경우 아동상담에서 아동에게 절대적 영향력을 행사하는 위치에 있는 부모의 협조에 구하게 된다. 이는 부모 자신의 문제가 아동을 위한 상담의 성과에 영향을 미치거나, 부모의 변화와 아동의 변화가 병행될 때 치료 효과가 극대화되기 때문이다.

다섯째, 아동의 정신세계를 성인상담자가 잘 모른다는 점이다. 내담자가 아동일 때 성인 상담자는 아동이 어떤 시각으로 '세상을 보는지' 알 수 없는 경우가 많다. 대부분의 상담이론은 바로 이 '세상을 보는' 시각 자체가 문제의 핵심이라고 간주하고 있다. 성인과의 상담관계와 아동과의 상담관계는 상담접근에 적지 않은 차이를 초래할 수 있다. 따라서 아동상담자는 아동의 조회체제를 가능한 한 정확히 이해할 필요가 있다.

여섯째, 아동은 미래의 선택 가능성이 열려있다는 것이다. 아동은 아직도 성장과정에 있기 때문에 변화의 가능성, 성장의 가능성, 선택의 가능성이 열려 있다. 즉 성인상담은 문제해결을 위한 상담이 핵심이고 아동상담을 성장을 위한 상담이라는 것이다. 그만큼 성인상담은 표적상담이고, 아동상담은 교육상담이 되어야 한다는 것이다(이성진, 1998).

아동의 연령에 따라 부모의 역할이 달라야 하는 것(김광웅, 1997)처럼, 아동이라는 특수 연령층을 대상으로 하는 상담은 그 대상이 달라지므로 해서, 상담자의 자세, 전략 및 접근이 달라져야 할 것이다(박희현, 2005).

이처럼 상담 대상의 연령에 따라 아동의 발달 및 행동특성은 다르게 나타날 뿐만아니라 나타나는 특성에 따라 상담의 방향도 달라지게 된다. 따라서 내담자의 연령과 발달 수준 및 특성에 따라 상담의 방향에 대한 상담 접근법과 상담자의 태도를 조절해 나가야 할 것이다.

따라서 아동상담은 성인상담과 달리 비언어적인 의사소통 방식이 더 많이 요구되며, 부모나 주양육자 또는 의뢰인과의 잦은 접촉 및 상담 등 다양한 접근을 시도해야 하는 등 더욱 다양한 능력들이 요구되는 것이다(박희현, 2005).

상담자는 전문가적인 자질과 함께 인간적인 자질을 동시에 갖춰야 한다. 상담자는 자기 자신과 조화를 이루고, 전문가로서의 경험과 인간적 자질을 통합하여 상담에 적용시키는 것이다. 인간적 자질을 갖춘 상담자는 자신의 생활에서 흥미를 느낄 수 있고, 활기를 유지할 수 있어야 한다(Corey& Corey,1989).

상담자가 단순히 전문가로서 새로운 지식을 축적하는 것만으로는 내담자를 깊이 이해할 수 없을 뿐만 아니라, 바람직한 상담자라고 할 수 없을 것이다.

상담에서의 가장 중요한 도구는 인간으로서의 상담자 자신이며, 가장 강력한 기법은 활기 있게 살아가는 모습과 현실을 직시하는 상담자의 모습을 보고 배우도록 하는 상담자의 능력이다.(박희현, 2005).

따라서 바람직한 아동상담자는 아동상담에 대한 학문적인 기반과 상담기법에 대한 소양을 기반으로, 내담아동과 그 부모와 보다 깊은 이해와 신뢰 관계가 형성될 수 있도록 하여야 할 것이다. 그렇기 때문에 많은 아동상담이론에서는 아동상담자의 역할과 자질에 대해 그 중요성을 강조하고 있는 것처럼, 아동상담자의 자질과 인격은 매우 중요하다 할 수 있다. 이는 상담자의 자질과 인격이 내담자에게 보이지 않는 내면작용에 영향을 미치기 때문일 것이다. 따라서 상담자는 상담자로서의 윤리적인 측면을 항상 인지하고 스스로 자신의 자질 및 인격에 대해 성찰 및 점검해야 할 것이다.

참 고 문 헌

강갑원 · 박영진 · 안병환 · 이경희(2006). 교육학개론. 교육과학사.

김계현 외(2000). 학교상담과 생활지도. 서울: 학지사.

김병희 · 김형구 · 배재학 · 이기용 · 이영애 · 정길영 · 최병옥(2008). 교육학개론. 공동체.

김성회(1997). 특성 · 요인적 상담. 이형득(편저). 상담이론. 서울: 교육과학사.

김운삼(2003). 교육학개론. 창지사.

박성수(1993). 생활지도. 서울: 정민사.

이병승 · 우영효 · 배제현(2006). 쉽게 풀어 쓴 교육학. 서울: 학지사.

이영덕 · 정원식(1994). 생활지도의 원리와 실제. 서울: 교육과학사.

이장호(1988). 상담심리학 입문. 서울: 박영사.

이재창(1995). 생활지도. 서울: 문음사.

이형행(2007). 교육학개론(전정 2판). 양서원.

조영일(2003). 새로운 접근의 교육학개론. 교육과학사.

한상길 · 김응래 · 박선환 · 박숙희 · 정미경 · 조금주(2007). 교육학개론. 공동체.

한용진 · 권두승 · 남현우 · 오영재 · 류지헌(2007). 교육학개론(2판). 학지사.

한은숙 · 김종두(2008). 교육학개론. 교육과학사.

황응연 · 윤희준(1983). 현대생활지도론. 서울: 교육출판사.

Jones, A. J.(1970). Principles of guidance. New YorkL McGRaw−Hill Book Co.

Patterson, C. H.(1971). An Introduction to Counseling in the School. New York: Harper Row.

Shertzer, Bruce, and Stone, S. C.(1994). Fundamentals of Guidance. Boston: Houghton Mifflin Co.

Wubbloding, W. E.(2000). Reality Therapy for the 21st Century. Muncie, IN: Taylor & Francis.

CHAPTER

02 학교 및 학급 경영

1 학교 경영

가. 학교 경영의 개념

학교 경영은 단위학교에서 교육활동에 참여하는 사람들이 교육 목표를 달성하는 데 보다 효과적으로 일할 수 있도록 자원을 확보하고 여러 사람들의 노력과 지원을 조화롭게 결합해 나가는 활동이다(주삼환 외, 2004). 즉, 학교 경영은 단위학교의 학교장을 중심으로 구성원과 집단적 협력 행위를 통해 교육목표를 효율적으로 달성하기 위해 학교가 필요로 하는 자원을 확보하여 배분, 계획, 집행, 평가하는 일련의 봉사활동이라 할 수 있다(한상길 외, 2007).

특히, 학교 경영의 원리를 정리하면 <표 4-14>과 같이 요약할 수 있다.

표 4-14 학교 경영의 원리

구분	개념
합리성의 원리	• 합리적인 의사결정을 하고 절차상의 합리성과 과학성이 요구되는 원리
합법성의 원리	• 국민의 교육권 보장과 국가 예산의 낭비와 재량권 남용 방지를 위한 원리
민주성의 원리	• 학교 경영 활동의 모든 절차에 걸쳐 구성원을 모두 참여하게 하고 외부의 간섭없이 자주적으로 결정하고 운영하는 민주적 기본원리에 충실하고자 하는 원리
효율성의 원리	• 설정된 목표의 효과적인 달성을 위해 효율성이 강조되는 원리
지역성의 원리	• 지역사회와 학교의 연계성을 유지함으로써 교육의 현실성, 교육의 생활화가 실현될 수 있다는 원리

나. 학교 경영의 영역

학교 경영의 영역은 교육과정 운영, 학생 인사, 교직원 인사, 학교 재정, 학교 시설, 지역사회 등 <표 4-15>와 같이 구분할 수 있다.

표 4-15 학교 경영의 영역

구분	개념
교육과정 운영	• 교육과정의 운영과 기간 단위의 시간 편성, 교수기술, 교육과정 개선 등 학교활동과 관련된 영역
학생 인사	• 학생의 입학, 진급, 졸업, 학년 편성, 학급 편성, 전입, 전출 등 학생 관리
교직원 인사	• 교직원 전보, 승진, 연수, 보직 등 인사에 관한 영역
학교 재정	• 재원 확보, 편성, 집행, 결산 등 학교 예산에 관한 영역
학교 시설	• 학교 시설을 정비, 확충, 유지, 관리 및 환경 조성
지역 사회	• 학부모, 동창회와 지역사회, 교육청, 관련 단체 등과의 긴밀한 관계 유지, 학교 발전에 기여하는 영역

다. 학교 경영의 과정

학교 경영의 과정은 계획하고, 실천하고, 평가하는 일련의 연속적·순환적인 과정으로서, 일반적으로 계획, 조직, 지시, 조정, 평가 등의 순서를 거친다(<표 4-16> 참조).

표 4-16 학교 경영의 과정

단계	개념
계획	• 한 조직에 있어서 목적이나 목표를 설정하고 그 목표 달성을 위한 최적의 수단, 방법, 절차 등을 상정하는 행위 • 미래의 행동을 예정하고 준비하는 일련의 과정
조직	• 교육목표를 효율적으로 달성하기 위해 분업적 협동체제인 관리 기구를 구성하고 인적 조직과 자원 배정 등 포함

단계	개념
지시	• 교육목표 달성을 위해 교수학습지도, 생활지도, 학급경영 등을 자발적으로 노력하도록 지도 • 지휘, 명령, 자극, 영향, 동기화, 지도
조정	• 교직원의 역할과 노력, 각 부서의 활동과 여러 자원을 학교 교육목표의 달성에 이바지하도록 조화하고 통합
평가	• 설정된 목적에 비추어 학교 경영 업무의 수행 과정 및 결과를 분석, 검토하여 과정의 합리성과 결과의 효율성을 알아보는 행위

자료: 주삼환 외(2004). 교육행정 및 교육경영. 서울: 학지사, 재구성.

특히, 학교 경영은 계획, 실천, 평가 등 세 단계로 구분하는데, 계획 단계에서는 문제 규명, 목표 및 방침 설정, 활동 계획, 조직 계획, 평가 계획 등을 포함하고 실천 단계에서는 조직 편성, 실천 활동을 포함하며 평가 단계에서는 평가 실천, 결과 처리, 결과 활용 등을 포함한다(문낙진, 1993).

라. 학교 경영의 조직

학교 경영의 조직은 교수·학습이 증진되어 교육목표를 원활하게 달성할 수 있도록 활동이나 과업을 수행할 부서로서 조직원들의 협동체제를 구성하는 것으로 교과운영 조직, 교직원 조직, 운영회 조직 등 <표 4−17>와 같이 정리할 수 있다(한상길 외, 2007).

표 4-17 학교 경영의 조직

구분		개념
교과운영 조직	교무분장제	• 교무업무: 교수학습을 제외한 학교내 또는 관할청과 관련된 모든 행정사무 업무 • 학교 경영에 필요한 사무를 부서별로 분류, 능률적으로 업무를 수행할 수 있도록 분담하는 제도
	교과담임제	• 중 · 고등학교에서 교과별로 담당하는 교사를 배치하여 학생을 지도하는 제도
	학급담임제	• 학급의 학생들에게 교과의 전부 또는 일부를 제외한 교과목을 담당하여 지도하는 제도

구분	개념
교직원 조직	• 초 · 중 · 고등학교의 교장, 교감, 교사, 특수교사, 보건교사, 예체능 전담 교과, 사무직원 등의 배치 여부, 인원수를 법률로써 정하여 운영하는 제도
운영회 조직	• 학교운영위원회: 학부모 위원(40-50%), 교원 위원(30-40%), 지역 위원(10-30%) • 교직원회, 학부모회

마. 학교 경영의 원리

학교 경영의 원리는 합목적성의 원리, 합법성의 원리, 민주성의 원리, 자율성의 원리, 능률성의 원리, 과학성의 원리, 지역성의 원리 등 <표 4-18>와 같이 정리할 수 있다(문낙진, 1993).

표 4-18 학교 경영의 원리

구분	개념
합목적성의 원리	• 타당성의 원리 • 바람직한 학교교육 목표를 설정하고 목표에 부합되는 학교 경영활동 전개
합법성의 원리	• 법에 의거하여 법이 정하는 범위 내에서 이루어지는 학교 경영 • 헌법 제 31조
민주성의 원리	• 학교교육의 목표설정과 경영 계획 수립, 실천, 평가 등 학교 경영의 제반 과정과 영역에 교직원과 학생, 학부모의 광범위한 참여를 통해 공정한 의사 반영
자율성의 원리	• 상부나 외부조직의 지시나 간섭없이 자주적으로 의사를 경정하고 조직체 운영
능률성의 원리	• 최소한의 인적, 물적 자원과 시간 정보 등을 투입하여 최대한의 교육 목표 달성
과학성의 원리	• 합리적으로 계획하고, 체계적인 운영 체제를 갖추어 실현하여 과학적인 평가
지역성의 원리	• 지역사회의 특성에 맞추어 학교 경영 • 사회성의 원리

2 학급 경영

가. 학급 경영의 개념

학급 경영은 학급의 목적을 달성하기 위해 인적 및 비인적 자원의 활용을 계획, 조직, 지도, 통제하는 일련의 활동으로서, 학교 경영의 한 영역으로서 학급을 대상으로 하는 경영활동을 의미한다(김운삼, 2003). 또한, 학급 경영은 학급에서 교육의 기능을 보다 충실하고 보다 능률적이고 보다 바람직하게 발휘시키기 위해서 여러 가지 조건을 정비하는 작용이고(김봉수, 1982), 훈육, 민주적 기술, 물품 및 참고자료의 활용과 보호, 교실의 물리적 특징, 일반적 관리, 학생의 사회적 관계와 같은 문제에 관련된 학급 활동의 운영 또는 지도를 의미한다(Carter, 1973).

특히, 학급 경영은 학급의 목표를 효과적으로 달성하기 위해 교육정책과 관리자의 지도에 따라 학급을 관리, 운영하는 활동(한상길 외, 2007)으로서 학교-학년-학급으로 이어지는 학교 조직의 연계성을 바탕으로 학교 및 학년 경영과 상호 유기적인 관계를 유지하면서도 독자적으로 운영해 가는 활동이다(김운삼, 2003).

따라서, 학급 경영은 단위 학급 수준에서 학급 담임이 학급 교육에 관해 공동 목표를 설정하고 그 목표 달성을 위한 제반 조건을 정비 및 확립하고 목표 달성을 위한 지도와 감독을 포함하는 일련의 봉사 활동이라 할 수 있다(김종철, 1983).

한편, 학급 경영의 원리는 타당성의 원리, 개별화의 원리, 자율화의 원리, 사회화의 원리, 통합화의 원리, 전문성의 원리 등 <표 4-19>와 같이 요약할 수 있다.

표 4-19 학급 경영의 원리

구분	개념
타당성의 원리	• 학교와 학급의 교육목표를 달성하는 수단 · 보조적 활동
개별화의 원리	• 개인의 능력을 최대한으로 발휘시켜 학생의 지능, 정서, 성격, 흥미, 적성 등의 차이를 인정하고 개인차 인정
자율화의 원리	• 교사의 주관적 신념과 철학에 입각하여 창의적으로 학급 운영
사회화의 원리	• 학급의 집단생활을 통해 상호 신뢰와 협동, 공동의 과제 해결 등 사회성 함양
통합화의 원리	• 전인으로서 지, 덕, 체를 겸비한 조화로운 인간을 육성하여 개인의 인격을 완성하고 사회인 육성
전문성의 원리	• 학급 경영의 계획, 프로그램 작성 및 실천, 결과의 평가에 대한 주도권, 학급경영에 대한 이론과 실제 등 전문적인 기술과 지식 필요

나. 학급 경영의 영역

학급 경영의 영역은 학습 지도 및 생활 지도, 특별활동 지도, 학급환경, 학급 사무, 지역사회 등 <표 4-20>과 같이 구분할 수 있다(한상길 외, 2007).

표 4-20 학교 경영의 영역

구분	개념
학습 지도 및 생활 지도	• 교과지도, 인성지도, 진로 및 진학 지도 등
특별활동지도	• 특기활동, 단체활동, 동아리 활동 등
학급환경	• 학급 시설, 설비 및 학급 환경 정비 등
학급사무	• 학생에 관한 제반 기록, 성적 관리 등
지역사회	• 학부모 관계, 지역사회와의 관계, 봉사활동 등

다. 학급 경영 체제

학급 경영 체제의 모형은 투입, 과정, 산출에 기초하여 학급 경영 체제의 동태적인 종합 모형으로서, [그림 4-1]과 같이 도식화할 수 있다(김명한 외, 1988).

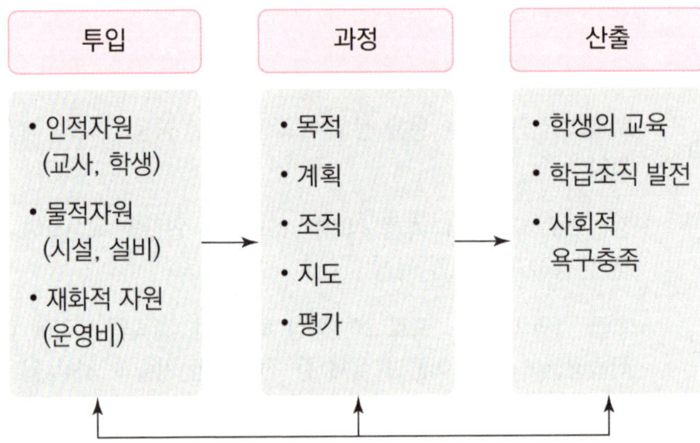

▲ 그림 4-1 학급 경영 체제의 모형

라. 학급 경영자의 역할

담임교사가 수행해야 할 일반적인 학급 경영은 학급 경영 계획, 학생 지도, 학생 평가, 방과후 지도, 학급 단체 활동 지도, 교실 관리, 학급 사무관리, 지역사회 관리 등으로 구분되는데 담임교사가 연간 수행해야 할 업무를 기간별로 구분해 보면 <표 4-21>과 정리할 수 있다.

표 4-21 학교 경영자의 역할

구분	개념
매일 수행 업무	• 아침 교실 순회(환경 정리, 청소 상황 점검 등) • 아침 자습 지도 • 조례(출석점검, 전달사항, 훈화 등) • 직원회의 참석 • 점심시간 교실 순회(실내정숙, 학생 상태 파악 등) • 종례(전달사항, 일과 반성, 건의사항 청취 등) • 청소 지도 • 과외활동 지도 • 학급일지, 주번일지 등 검사 • 과제물 및 출석부 정리 • 개별 및 집단 상담(학습 지도 및 생활 지도)
주말 수행 업무	• 주말 출석 통계 • 청소 당번, 주번 결정 • 대청소 실시 지도 • 학습지도안 작성
월말 수행 업무	• 월말 출석 통계 • 여러 가지 장부나 서류의 정리나 제출 • 월말고사(평가) 결과 처리 • 주번일, 학급일지 정리 • 학급 경영안(교사수첩) 정리 • 월중 행사 계획안 작성 • 분장 사무에 따른 월말 또는 분기별 보고
학기말 및 학년말 수행 업무	• 학기말 또는 학년말 성적 처리 • 진급 및 졸업 사정회 참석 • 여러 가지 장부 정리 및 제출 • 분장 사무에 따른 학기말 또는 학년말 보고 • 방학 중 학생 지도 계획 • 각종 시상대상자 선정 • 가정통신문 또는 성적통지표 작성 및 발송

자료: 김운삼(2003). 교육학개론. 창지사, 재구성.

마. 학급 경영의 평가

학급 경영 평가의 내용은 일반적으로 경영계획면, 학습지도면, 생활지도면, 환경구성면, 학급사무면 등 다섯 가지로 구분할 수 있는데, 투입평가, 과정평가, 산출평가, 총합평가 등 <표 4-22>와 같이 구분할 수 있다.

표 4-22 학교 경영의 평가

구분	개념
투입평가	• 학급 경영 활동에 투입된 요소들의 질과 양 평가 • 교사(학력, 경력, 경영능력), 학생(선수학습 능력, 학습태도, 가정환경), 학습 시설과 설비, 경비, 교육과정, 시간과 노력, 학부모 지원 등
과정평가	• 학급 경영 계획을 실천하는 활동 평가 • 학급 경영안 작성, 학급의 물리적 환경 정비, 학급 집단 지도, 학습 지도, 특별활동 지도, 생활 지도, 학급 사무 관리, 지역사회와의 관계 등
산출평가	• 학급의 산출 즉, 목표가 어느 정도 달성되었는가를 판단하여 학급 경영의 효과를 측정하는 평가 • 학생 행동의 변화(지적, 정의적, 신체발달 등)
총합평가	• 투입 평가, 과정 평가, 산출 평가의 결과를 결합시키거나 종합하여 학급 경영을 총괄적으로 평가

자료: 김명한 외(1988). 교육행정 및 경영. 서울: 형설출판사, 재구성.

참 고 문 헌

김명한 외(1988). 교육행정 및 경영. 서울: 형설출판사.

김봉수(1982). 학교와 학급 경영. 서울: 형설출판사.

김운삼(2003). 교육학개론. 창지사.

김종철(1983). 교육행정의 이론과 실제. 서울: 교육과학사.

문낙진(1993). 학교·학급경영의 이론과 실제. 풍운출판사.

주삼환 외(2004). 교육행정 및 교육경영. 서울: 학지사.

한상길·김응래·박선환·박숙희·정미경·조금주(2007). 교육학개론. 공동체.

Carter, V. G.(1973). Dictionary of Education. New York: McGraw-Hill Book Company.

CHAPTER

03 학교안전교육

가. 학교안전사고

1) 학교안전사고의 개념

"학교안전사고"란 교육활동 중에 발생한 사고로서 학생·교직원 또는 교육활동참여자의 생명 또는 신체에 피해를 주는 모든 사고 및 학교급식 등 학교장의 관리·감독에 속하는 업무가 직접 원인이 되어 학생·교직원 또는 교육활동참여자에게 발생하는 질병으로서 대통령령이 정하는 것을 말한다.(학교안전사고 예방 및 보상에 관한 법률 제 2조 제 6호).

"대통령령이 정하는 것"이란 다음의 각 호의 하나에 해당하는 질병을 말한다.

1. 학교급식이나 가스 등에 의한 중독
2. 일사병
3. 이물질의 섭취 등에 의한 질병
4. 이물질과의 접촉에 의한 피부염
5. 외부충격 및 부상이 직접적인 원인이 되어 발생한 질병

"교육활동"이라 함은 다음의 하나에 해당하는 활동을 말한다

1. 학교의 교육과정에 따라 학교 안팎에서 행해지는 수업, 특별활동, 재량활동, 과외활동, 수련활동 또는 체육대회 등의 활동
2. 등하교 및 학교장이 인정하는 각종 행사, 대회 등에 참가하여 행하는 활동
3. 대통령이 정하는 시간
   등하교 시간, 휴식시간 및 교육활동 전후의 학교체류시간, 학교장 지시에 의해 학교에 있는 시간, 학교장이 인정하는 현장실습 등의 시간, 기숙사 시간, 학교외 장소의

교육활동을 위한 집합, 해산, 왕복 시간

2) 학교안전교육의 목적

학교 안전교육의 목적은 다음과 같다.

가) 심리적 안정: 안전교육은 안전의식 결핍을 방지하고 심리적, 신체적 안전을 도모한다.

나) 행동의 안전: 안전교육을 통해 안전한 행동을 습관화하여 정착 시킬 수 있다.

다) 학교환경의 안전: 안전하지 못한 학교 내외 환경여건은 안전사고를 유발할 가능성이 높으므로 안전교육이 필요하다.

이러한 목적을 가진 학교 안전교육은 첫째, 체계적이고 일상적으로 행해져야 한다. 별도의 과목으로 운영되기보다, 모든 교과와 연계되어 일상적으로 실시되어져야 한다. 둘째, 전체 교사가 안전담당 교사가 되어야 한다. 학교 안전사고는 때와 장소를 불문하고 발생하므로 모든 교사가 안전담당 교사가 될 수 있도록 안전교육이 생활화 되어야 한다. 셋째, 학교장의 강한 의지가 뒷받침 되어야 한다. 학교안전교육에서 가장 중요한 것은 관련자료이며 그 다음으로 학교장의 강한 의지가 뒷받침되어야 한다.

3) 학교안전사고의 발생

학교안전사고는 교육활동과의 관련성, 교원의 임장 여부 원인 행위자, 발생장소, 피해 정도, 피해영역 등에 따라 구분할 수 있다. 최근에는 집단따돌림이나 언어폭력과 같은 정신적 학대가 학교사회의 문제로 등장하면서, 전통적인 신체사고뿐만 아니라 정신영역에 관한 학교안전사고에 대한 관심이 늘어나고 있다.

학교안전사고는 피해 당사자를 비롯하여 피해자의 가족, 교직원, 가해자의 가족 등에게 여러 가지로 정신적 고통을 줄 뿐만 아니라 경제적 손해배상의 문제를 낳기도 한다. 특히 교직경력이 짧은 교사에게 중대한 학교안전사고는 교직사회화 과정에 상당한 영향을 주는 변수가 될 수도 있다. 학교안전사고를 경험한 교사는 교육활동의 계획을 수립할 때 안전에 대한 고려 때문에 위축될 수 있는 반면, 동시에 학교를 바라보는 교사의 관점에 변화가 나타나기도 한다. 학교를 단지 학습활동의 공간으로 보는 것이 아니라 학생의 다양한 활동이 전개되는 생활공간으로 이해하는 것이다. 자연히 교사는 학생의 학습을 넘어서 폭넓은 생활영역에 대한 책임을 지각하게 된다.

어떤 사고든 몇 가지의 요인들이 연쇄적으로 작용하여 발생한다고 할 수 있다. 그 사고의 발생과정은 아래 그림과 같다.

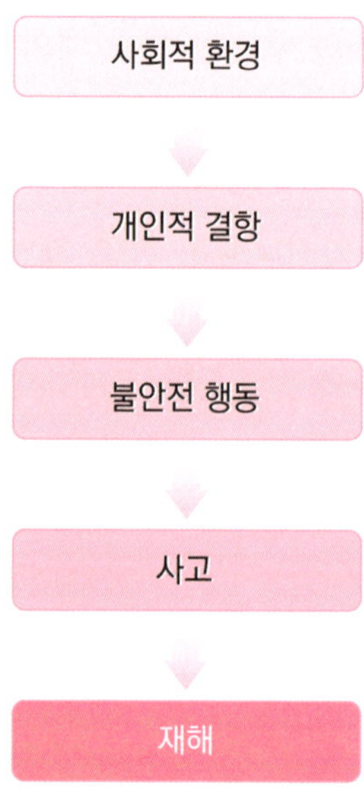

▲ 그림 4-2 사고의 발생과정 5단계

4) 교육활동 중에 발생한 사고

학교안전사고는 '정규교육활동' 중 체육시간에 학생 상호 간 사소한 다툼이나 장난, 교외활동 중의 학생 부주의, 수업 중의 장난으로 인하여 주로 발생한다. '비정규 교육활동' 중에는 점심시간, 쉬는 시간, 청소시간 순으로 학교안전사고가 발생하는 것으로 보아 취약시간대를 알 수 있으며, 이것은 교사의 관리·감독이 소홀한 시기에 많이 발생한다는 것을 알 수 있다.

표 4-23 학교안전사고의 유형

분류 기준	판단근거		
	시간/원인 행위자	활동구분	내용
교육활동과의 관련성	정규교육활동	교과활동	교과 수업
			실험·실습
			체육시간
		교과 외 활동	축제, 체육대회 활동
			현장학습, 수학여행 등 교외활동
			대회 등 교외행사 출전
			동아리활동 중
	기타 활동	점심시간, 청소, 쉬는 시간 등	
	학교의 일과 전후(등·하교)		
원인 행위자	학생 자신	자살·자해 등	
		부주의	
	교원	체벌 등 물리적 영역	
		정신적 영역	
	다른 학생	폭행	
		집단따돌림	
		우발적 접촉 및 부주의	
	학교시설·설비·식중독 등		

5) 학교안전사고의 사례

학생안전사고의 발생시간으로 보면, 신체활동이 많을 뿐만 아니라 학생 간 접촉이 많은 체육수업 중의 사고가 많은 것으로 나타나고 있다. 그다음으로 교사의 직접적인 밀착 지도가 힘든 휴식시간 중에도 학생안전사고가 상당수 나타나고 있다.

시·도 학교안전공제회 홈페이지에 게시된 자료를 활용하여 학생안전사고의 사례를 정리하여 제시하면 다음과 같다.

[사례1] 학교시설물 관련

- 교실에서 과격한 놀이를 하다가 부상(말타기,레슬링 등)
- 호주머니 손을 넣거나 양손이 부자유한 상태에서 넘어져 부상
- 행사, 수업 등을 위해 이동하던 중 무질서하게 나오다가 밀려 넘어져 부상
- 학교를 빠져나가려고 교문 또는 담을 넘다가 부상

[사례2] 청소시간 중 사고

- 형광등 또는 창문 등 높은 곳을 청소하던 중 넘어져 부상
- 철제발판 밑을 청소하다가 떨어뜨려 발에 부상
- 바닥청소를 하던 막대걸레에 얼굴을 부딪쳐 치아 부상
- 장갑을 끼고 변기를 닦던 중 락스가 장갑 안으로 들어가 화상

[사례3] 체육시간 중 사고

- 승부욕에 앞선 과격한 동작으로 다른 선수와 부딪쳐 넘어져 부상
- 유명 선수들의 흉내를 내다 부상
- 농구 골대, 테니스장 롤러 등을 옮기면서 발이 끼는 부상
- 농구경기 도중 골대에 매달렸는데 농구대가 쓰러져 부상

[사례4] 실험수업 중 사고

- 실험수업 지침을 따르지 않고 기구를 가지고 놀다가 부상
- 실험실 정리 중 비커에 든 화학약품을 마구 섞어 폭발하여 부상
- 미술시간에 조각칼로 작업하다가 손을 베이는 부상
- 요리실습 중 뜨거운 물을 쏟아서 화상을 당하는 부상

원인

- 교사의 실험실습 지도와 학생의 인식에 대한 문제
- 실험실습기구의 안정성 문제 및 안전교육의 불완전성

대책

- 실험실습 및 기구에 관한 사전준비와 위험요소 제거 노력
- 실험실습 시 교사 및 학생의 철저한 안전교육의 이행 및 준수

[사례5] 학교시설물 관련

- 낡은 시설물 지지대가 떨어져 나가 학생이 추락
- 중앙 현관문 유리창에 부딪혀 부상
- 축구 골대가 넘어져 부상

원인

- 일상적으로 사용하는 교내 시설물들에 대한 안전의식 결여
- 시설물 자체 위험 요인에 대한 안전 관리 대응의 문제

대책

- 학생들이 항상 이용하는 시설물에 대한 정밀한 점검 요구
- 사용하는 학생들에게 사전 안전점검실시

6) 사고 처리 절차

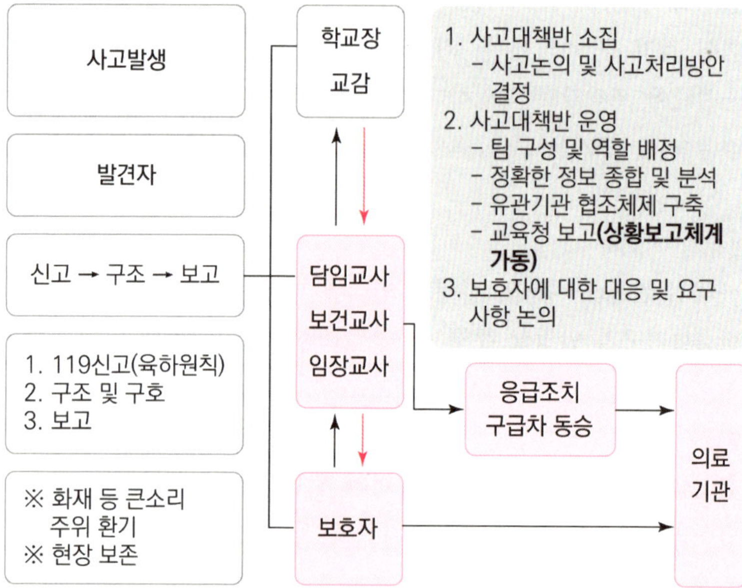

▲ 그림 4-3 사고 발생 시 대응 체계

※ 초기대응 지침

신고

생명구조(119신고)가 최우선

※ 사고 발생 시 자의적 판단으로 부상정도를 단정하지 말고, 119 및 전문가(의료진, 구조사 등)에게 도움요청 및 인계조치

구조

신속하고 안전하게 부상자(환자)에게 적절한 응급처치 실시

※ 응급처치 매뉴얼에 따라 신속·정확하게 하는 것이 중요

보고

개인의 추측을 배제하고 현재 상황에 대하여 정확히 보고

※ 보호자 연락 시 개인의 추측이 섞인 표현과 감상은 삼가

- 부상학생은 반드시 병원에 이송하여 전문가 조치 완료후 귀가(환자이송 시 담임 또는 학교관계자 동승)

나. 학교안전사고 예방

학생안전사고는 예방이 최선이다. 학생안전사고는 피해학생에게 신체 또는 정신의 고통을 줄 뿐만 아니라 사고가 원상회복되거나 마무리될 때까지 교육받을 기회를 제한할 수 있기 때문이다. 교육은 학생의 신체적·정신적 건강의 유지를 전제로 한다고 할 때, 학교는 학생안전사고를 예방하는 데 최선의 노력을 다하여야 한다. 학생안전사고를 예방하기 위한 학교의 활동은 안전한 교육환경을 마련하기 위한 조건에 그치지 않고 그 자체가 중요한 교육활동이 될 수도 있다.

학생안전사고를 예방하려면 안전사고를 발생시킬 수 있는 잠재적인 시설 설비나 장소에 대한 안전점검을 적절히 시행함과 더불어 안전사고의 원인 제공자가 될 수 있는 학생 및 교직원을 상대로 안전교육을 실시하여야 한다. 물론 교직원은 안전교육과 별도로 교육활동이나 교육활동과 밀접하게 관련된 활동에서 안전사고 예방을 위해 필요한 보호·감독을 다해야 한다.

1) 학교안전교육의 중요성

안전교육의 원천은 언론매체, 기업, 사회단체, 친구, 학교, 가정과 개인경험 등으로 후자로 갈수록 그 중요성은 증가하기 때문에 부모에 의한 가정에서의 안전교육이 매우 중요하지만 현실은 그렇지 않다. 이런 관점에서 안전교육을 위한 인력과 시설이 구비되어 있고 가장 많은 교육 대상자를 확보하고 있으며 교육이론으로 무장된 학교에서의 체계적인 안전교육은 안전교육 효과의 극대화라는 측면에서 그 중요성이 더욱 크다.

2) 안전교육의 법적 근거

학교장은 학교안전사고를 예방하기 위해 학생·교직원 및 교육활동참여자에게 학교안전사고 예방 등에 관한 다음의 교육을 실시하고 그 결과를 학기별로 교육감에게 보고해야 한다(규제「학교안전사고 예방 및 보상에 관한 법률」 제8조제1항).

- 「아동복지법」에 따른 교통안전교육, 감염병 및 약물의 오남용 예방 등 보

건위생관리교육 및 재난대비 안전교육

- 「학교폭력 예방 및 대책에 관한 법률」에 따른 학교폭력 예방교육
- 「성폭력방지 및 피해자보호 등에 관한 법률」에 따른 성폭력 예방에 필요한 교육
- 「성매매방지 및 피해자보호 등에 관한 법률」에 따른 성매매 예방교육
- 「초·중등교육법」에 따른 교육과정이 체험중심 교육활동으로 운영되는 경우 이에 관한 안전사고 예방교육

안전교육에 관한 사항은 현재 교육과정 속에도 포함되어 있으므로 학교교육계획을 수립할 때 교육과정과 연계하여 자연스럽게 안전교육을 실시하는 것도 필요하다. 안전의식 고취를 위한 유관기관 견학 및 체험장도 활용할 수 있다.

3) 학교안전사고 예방 수칙

학교안전사고의 성격상 모든 사고를 완전히 예방할 수는 없지만 그동안 발생한 사례를 통해 안전사고 예방을 위한 수칙을 찾아볼 수 있다(서울특별시학교안전공제회). 학교안전공제회에 접수된 사고유형을 고려할 때 다음과 같은 수칙을 고려할 수 있다.

[체육수업]

- 수업 시작 직전과 종료 직후 긴장이 풀어지기 쉬우므로 적절한 교사의 현장지도를 실시한다.
- 안전사고가 사례를 제시하고 필요한 예방교육을 실시한다.
- 신체에 무리를 줄 수 있는 활동을 할 때는 학생 건강상태를 점검한다.

[실험실습]

- 실험실습 유형별로 사전에 안전수칙을 정하고, 이 수칙에 따르도록 한다.
- 실험실습실에서는 중요한 안전수칙을 주기적으로 학생들에게 환기시킨다.
- 사전에 실험용기나 시약에 대해 철저히 파악한다.

• 교사의 감독이 미치지 못하는 곳이 없도록 실험실습을 진행한다.
• 소화기 위치를 학생이 알 수 있도록 하고 사용법을 지도한다.

[청소 및 휴식시간]

• 청소도구의 안전성을 확인하고 위험한 청소방법을 피한다.
• 취험한 물품을 학생이 임의로 보관하지 못하게 한다.
• 복도나 계단에서 급하게 뛰어다니지 않도록 한다.

[교외 체험활동 등]

• 교외 체험활동에 참가할 때에는 사전에 담당기관의 안전관리 방침과 기준을 확인하고 함께 현장을 지도한다.
• 교통수단을 이용하여 이동할 때에는 반드시 안전벨트를 매도록 한다.
• 학생의 긴장이 풀어지지 않도록 각별히 주의를 준다.

표 4-24 학교 안전 교육 7대 표준안

대분류	중분류	소분류
생활안전	시설 및 제품이용 안전	시설안전
		제품안전
		실험실습안전
	신체활동 안전	체육 및 여가 활동 안전
	유괴 및 미아사고 방지	유괴 및 미아사고 방지
교통안전	보행자안전	교통 표지판구별하기
		길을 건너는 방법
		보행안전
	자전거안전	안전한 자전거 타기
		안전한 자전거 관리
	오토바이안전	오토바이 사고의 원인과 예방
		오토바이 운전 중 주의 사항
	자동차 안전	자동차사고의 원인
		자동차사고 예방법
	대중교통안전	대중교통 안전, 대중교통 이용 안전 수칙

대분류	중분류	소분류
폭력 및 신변안전	학교폭력	학교폭력
		언어/사이버 폭력
		물리적 폭력
		집단따돌림
	성폭력	성폭력예방 및 대처방법, 성매매 예방
	아동학대	아동학대 예방 및 대처방법
	자살	자살예방 및 대처방법
	가정폭력	가정폭력 예방 및 대처방법
약물 · 사이버중독	약물중독	마약류 폐해 및 예방
		흡연 폐해 및 예방
		음주폐해 및 예방
		고카페인 식품 폐해 및 예방
	사이버중독	인터넷게임 중독
		스마트폰 중독
재난안전	화재	화재발생
		화재발생시 안전수칙
		소화기 사용 및 대처방법
	사회재난	폭발 및 붕괴의 원인과 대처방법
		각종 테러사고 발생시 대처요령
	자연재난	홍수 및 태풍 발생시대처요령
		지진 · 대설 · 한파 · 낙뢰 발생시 대처요령
직업안전	직업안전의식	직업안전 의식의 중요성
		직업안전 문화
	산업재해의 이해와 예방	산업재해의 의미와 발생
		산업재해의 예방과 대책
	직업병	직업병의 의미와 발생
		직업병의 예방과 대책
	직업안전의 예방 및 관리	산업재해 관리
		정리정돈
		보호구 착용

대분류	중분류	소분류
응급처치	응급처치의 이해와 중요성	응급처치의 목적과 일반원칙
		응급상황 시 행동요령
		응급처치 전 유의사항 및 준비
	심폐소생술	심폐소생술
		자동제세동기의 사용
	상황별 응급처치	기도폐쇄
		지혈 및 상처처치, 염좌, 골절, 화상 등
7개 영역	25개 중분류	52개 소분류

다. 피해회복 지원 및 재발 방지

1) 학교안전공제제도

학교안전사고를 예방하고 학생, 교직원 및 교육활동참여자가 학교안전사고로 인하여 입은 피해를 신속·적정하게 보상

[사고발생통지]

학교안전법 제44조 제2항에 의거 학교안전사고가 발생한 때에는 이를 지체 없이 공제회에 통지해야 함.

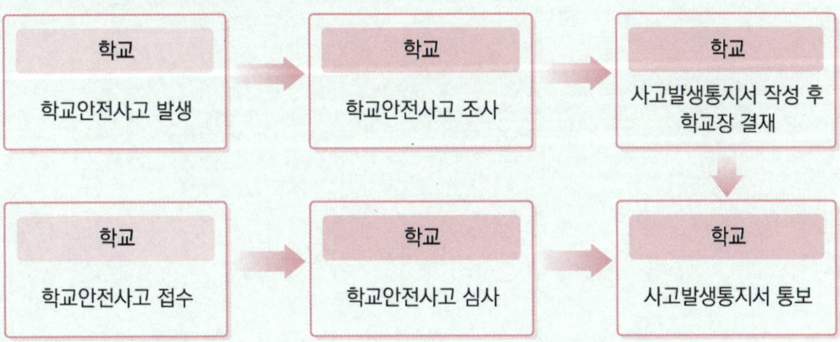

[공제급여청구 절차](학교안전법 제41조)

학교안전법 제44조 제2항에 의거 학교안전사고가 발생한 때에는 이를 지체 없이 공제회에 통지해야 함.

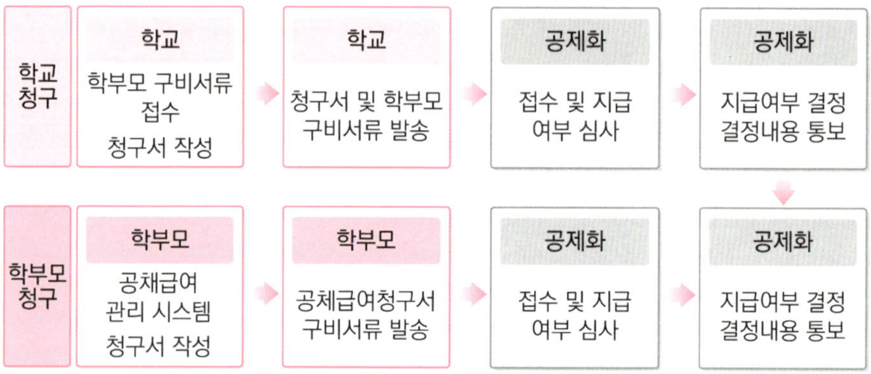

참 고 문 헌

학교안전사고 예방 및 보상에 관한 법률(약칭: 학교안전법) [시행 2021. 4. 6.] [법률 제 17883호, 2021. 1. 5., 타법개정]

교육부. 주요 학교안전사고 사례

부산광역시교육청(2021). 2021 학교안전관리 기본계획

제 5 부

학교 행정을 위한 교직실무

CHAPTER

01 교육행정 및 장학

1 교육행정

가. 교육행정의 개념

교육행정은 사회적, 공공적 현상으로서의 교육활동에 대한 목표를 설정하고 그 목표 달성을 위해 필요한 조건을 정비하고 확립하여 목표를 지도하고 조성하는 것으로 정의할 수 있다(김운삼, 2003). 이러한 교육행정의 개념은 교육에 관한 행정, 교육을 위한 행정, 행동과학의 교육행정 등 <표 5-1>과 같이 분류할 수 있다(한상길 외, 2007).

표 5-1 교육행정의 개념 분류(1)

구분	개념
교육에 관한 행정	• 국가공권설 입장에서 법규해석적 또는 공권적 정의 • 행정의 종합성을 강조하여 국가 통치작용을 입법, 사법, 행정 3권으로 나누고 입법, 사법을 제외한 행정 중에 하나로 보는 교육보다 행정을 우선시하는 입장
교육을 위한 행정	• 교육활동을 원활하게 하기 위해 필요한 인적, 물적 자원을 지원하는 조건 정비적, 기능학설적 견해 • 교육을 중요시하는 서구의 민주적 사조 바탕 • 행정은 교육을 위한 목적이 아닌 수단
행동과학의 교육행정	• 공동 목표를 추구하기 위해 구성한 사회 체제의 하나인 교육조직의 목표 달성을 위한 협동 행위로 보는 견해

특히, 교육행정의 개념을 좀 더 구체적으로 살펴보면, 법규해석적 정의, 기능론적 정의, 일원론적 정의, 행위론적 정의 등으로 <표 5-2>와 같이 구분할 수 있다(한은숙 · 김종두, 2008).

표 5-2 교육행정의 개념 분류(2)

구분	개념
법규해석적 정의	• 교육에 관한 행정 • 행정의 종합성 강조 • 교육법규 해석 및 교육정책 집행에 중점 • 전근대적인 시대의 교육행정 • 교육행정의 전문성, 독자성, 특수성 미흡 • 국가공권설
기능론적 정의	• 교육을 위한 행정 • 교육의 자주성 강조 • 교육이 효과적으로 수행되도록 지원하는 행정 • 행정은 교육에 필요한 인적, 물적 제반 조건을 정비하고 확립시켜 주는 보조적인 봉사활동
일원론적 정의	• 국가의 권력기관이 교육정책을 실현하는 과정 • 교육정책 수립에 유용한 정보 제공 및 전문적 조언 • 정치, 행정 일원론 • 교육의 사회성, 공공성 강조
행위론적 정의	• 교육조직의 공동목표를 달성하기 위해 합리적 협동 행위를 이룩하려는 작용 • 협동적 집단 행위. 합리적 협동 행위

따라서, 교육행정은 학교활동의 핵심이 되는 교수-학습 활동을 지원하기 위한 봉사적 활동으로써 교육의 전문성과 특수성을 고려함과 동시에 행정에서 요구되는 효율성과 능률성을 극대화할 수 있는 방법을 강구하여 이것을 교육행위에 적응시키기 위한 활동행위라 할 수 있다(김운삼, 2003).

나. 교육행정의 성격

교육행정의 성격은 조장적·봉사적 성격, 수단적·기술적 성격, 민주적·중립적 성격, 전문적 성격, 특수한 성격 등 <표 5-3>과 같이 요약할 수 있다(한은숙·김종두, 2008; 한상길 외, 2007).

표 5-3 교육행정의 성격

구분	개념
조장적· 봉사적 성격	• 개인과 사회의 복지 증진 • 정신적, 물질적 봉사에 역점을 두는 행정
수단적· 기술적 성격	• 교육목표 달성을 위해 필요한 인적, 물적 제반 조건을 정비하고 확립하여 실천하는 수단적, 기술적
민주적· 중립적 성격	• 자주성과 중립성을 보장하고, 전문성과 특수성에 맞추어 독자적인 견지에서 교육 본래의 목적에 의거하여 운영 및 실시
전문적 성격	• 전문적 교육과 훈련을 받은 전문가에 의해 수행
특수한 성격	• 장기적 투자, 교육성과 평가의 어려움 • 비긴급성 • 공개성과 개방성, 독자성과 협력성

특히 현대 교육행정은 행정력의 강화, 직무의 전문화, 합리화의 촉진, 민주적 운영, 중립화, 학교 교육과 더불어 사회 교육에 관심 증가 등 직무가 세분화도고 행정활동이 전문화되어 가고 있는 특징을 가지고 있다(이형행, 2007).

다. 교육행정의 원리

교육행정의 원리는 법규면의 원리와, 운영면의 원리로 구분할 수 있다(<표 5-4> 참조).

표 5-4 교육행정의 원리

구분		특징
운영면	타당성	교육계획을 세워 실천하는 교육활동에 목적과 수단간 괴리감 제거
	민주성	교육정책 수립에 있어 광범위한 참여로 교육행정에 국민의 의사를 반영하여 행정의 공개성과 공익성, 행정과정의 민주화 추구
	능률성	최소한 노력과 경비를 투입하고 소비를 극소화하여 최대한 효과를 올리려는 원리
	적응성	발전하는 사회에 신축성 있게 대응해 나감으로써 조화적 관계와 능률적 성과를 계속 확보해 가는 원리
	안정성	교육활동의 지속성과 안정성을 주기 위해 전통을 계승하여 장점을 강화, 발전시키는 원리
	균형성	원리 간의 상충을 조절하여 전체 원리 간에 조화를 도모하는 원리
법규면	합법성	교육행정의 모든 활동이 법률에 적합해야 하고 법률에 근거
	기회 균등	신앙, 사회적 신분, 경제적 지위 등에 차별 없이 누구나 능력에 따라 균등하게 교육을 받는 권리
	자주성 존중	교육 본질을 추구하기 위해 독자성과 자주성 존중 종교, 정치, 일반 행정으로부터 독립해 중립성 유지
	적도 집권	중앙 집권과 지방 분권이 적절하게 균형점 유지

자료: 한상길 · 김응래 · 박선환 · 박숙희 · 정미경 · 조금주(2007). 교육학개론. 공동체, 재구성.

라. 교육행정의 과정

교육행정의 과정을 살펴보기 전에 먼저 일반행정의 과정은 기획, 조직, 인사배치, 지시, 지시, 조정, 보고, 예산편성 등 <표 5-5>와 같이 정리할 수 있다(Gulick & Urwick, 1937).

표 5-5 일반행정의 과정

단계	특징
기획	조직의 목적을 달성하기 위해 해야 할 일과 그 일을 하는 방법에 대해 포괄적으로 윤곽을 정하는 일
조직	설정된 목적을 위해 업무를 배분하고 규정하며 조정하는 권한 구조를 공식적으로 수립하는 일
인사배치	직원을 채용하고 훈련하며 작업에 유리한 모든 조건을 유지하는 등 일체의 인사에 관한 일
지시	조직의 주도자로서 끊임없이 여러 가지 결정을 하며 그 결정을 구체적이고 일반적인 명령 및 지시와 봉사의 형태로 구체화하는 일
조정	작업의 여러 부분을 상화 관련시키는 일
보고	최고 집행자가 하위 직원들에게 작업의 진전 상황을 알리는 것으로 기록, 조사, 연구, 감독을 통해 자기 자신은 물론, 하위 직원들에게 상황을 알려 주는 일
예산편성	재정 계획, 회계 및 재정 통계의 원칙에 따라 예산을 편성하는데 수반되는 모든 일

특히, 교육행정의 과정은 의사결정, 프로그램 짜기, 자극하기, 조정하기, 평가하기 등 5단계로 구분할 수 있다(<표 5-6> 참조).

표 5-6 교육행정의 과정

단계	특징
의사결정	문제를 분석하여 원인을 탐색하고 문제를 해결하기 위한 방법을 결정하거나 문제가 주는 부정적인 효과를 줄이기 위한 행동 전략 선택
프로그램 짜기	중요한 결정이 이루어 진 후 그것을 수행하기 위한 프로그램 짜기(조직하기)
자극하기	명령이나 지식를 통해 조직 구성원 자극(지시, 명령)
조정하기	조직체가 조직의 목적을 달성하는데 필요한 인적 자원과 물적 조건을 적절한 관계로 조정
평가하기	실행하는 과정을 지속적으로 평가하고 재평가

자료: Campell, R. F., Bridges, E. M., and Nystrand, R. O.(1983). Introduction to Educational Administration, 6th ed. Boston: Allyn and Bacon Inc, 재구성.

마. 교육행정의 이론

교육행정의 이론은 고전적 관리론, 인간관계론, 행동과학론, 체제론, 동기론, 의사결정론, 지도성이론 등 <표 5-7>과 같이 요약할 수 있다(한상길 외, 2007).

표 5-7 교육행정의 이론

구분		특징
고전적 관리론	과학적 관리론	• 학교의 비효율과 낭비를 제거하고 관리의 효율성을 극대화하기 위해 과학적 관리 적용 • 모든 시간에 교육시설을 활용하고 교직원 수를 최소화하여 교직원 능률을 최대한 신장시키고 교육행정에서 낭비를 최소화하며 학교행정을 교원들에게 맡기지 않고 학생들을 가르치는 데 활용 • Taylor, Bobbit
	행정 관리론	• 조직 전체의 거시적인 조직경영의 원리 및 행정원리에 관심 • 기획, 조직, 명령, 조정, 통제 • Fayol, Gulick, Urwick, Sers
	관료제론	• 현대 모든 조직에서 통치구조 또는 조직구조의 기초가 되는 이론 • 분업과 전문화, 비인격 지향성, 권위의 위계, 규칙과 규정, 경력지향성, 능률성 • Weber, Bidwell
	인간 관계론	• 작업실 밝기가 계전기 조립생산량과 비례하여 증가할 것이라는 가설 하에 실험 집단과 비교 집단을 비교하였으나, 조명과 같은 물리적 요인이 아닌 심리적, 사회적 요인이 더 큰 영향을 미침(Hawthrone 실험) • 학교 내 비공식적 조직에 관심 • 민주적 지도성 중시 • 조직 구성원들의 의사소통 원활 • Mayo, Follett, Rotehlisberger
	행동 과학론	• 고전적 관리론과 인간관계론의 갈등을 해소하고자 새롭게 등장한 이론 • 공식조직과 비공식조직의 존재 인정 • 공식조직의 구조적 측면과 비공식적조직 역할의 균형 • Barnard, Simon

구분		특징
	체제론	• 환경으로부터 에너지와 정보가 투입되고 전환과정을 거쳐 산출을 하며 다시 환류시켜 재투입하는 순환 • Getzels, Guba, Thelen
	동기론	• 인간에게 동기를 부여하는 특별한 요인을 식별하는 데 관심을 두는 내용이론(Maslow의 욕구위계론, Herzberg의 동기위생이론, Alderfer의 ERG이론) • 동기를 유발하기 위해 동기요인들이 어떻게 상호작용하는가에 관심을 둔 과정이론(Vroom의 기대이론, Adams의 공정성이론, McGregor의 X · Y이론, Argyris의 미숙-성숙이론)
	의사 결정론	• 여러 대안 중에서 최선의 대안을 선택하는 행위 또는 미래의 행동노선을 선택하고 결정하는 행위 • 합리적 모형, 만족화 모형, 점증적 모형, 혼합형 모형, 쓰레기통 모형
	지도성 이론	• 조직이 추구하는 목표를 효과적으로 달성하기 위해 지도자와 추종자 간의 관계를 긍정적으로 변화시키고 그 조직의 구성원인 개인과 집단의 행동 조정 • 전통적 지도성 이론(특성이론, 행동이론, 상황이론, 상황적 지도성 이론) • 현대적 지도성 이론(카리스마적 지도성이론, 변혁적 지도성이론)

바. 교육재정

교육재정은 국가나 지방공공단체가 교육활동에 필요한 제반 경비를 공권력에 의해 확보하여 관리 · 지출하는 일련의 활동으로서, 공경제활동, 교육활동의 수단, 교육경비의 획득 · 배분 · 관리 기능을 수행한다(한은숙 · 김종두, 2008). 이러한 교육재정 가운데 가장 중요한 교육예산은 원칙은 사전승인의 원칙, 공개성의 원칙, 명료성의 원칙, 완전성의 원칙, 단일성의 원칙, 엄밀성의 원칙, 한정성의 원칙, 통일성의 원칙 등 <표 5-8>과 같이 정리할 수 있다.

표 5-8 교육예산의 원칙

원칙	개념
사전승인	• 예산은 집행하기 전에 국회 의견을 거쳐야 함
공개성	• 예산안 편성, 심의, 의결, 집행, 결산을 국민에게 공개

원칙	개념
명료성	• 예산은 국민에게 이해될 수 있도록 명료하게 편성
완전성	• 세입과 세출은 모두 예산에 편입되어야 하는 예산 총계주의
단일성	• 국가 회계연도를 종합적으로 밝히고 예산 항목 간 상호 관련성을 명확히 하기 위해 예산이 단일해야 함
엄밀성	• 예산과 결산의 일치
한정성	• 예산의 각 항목은 서로 분명한 한계
통일성	• 세입과 세출은 통일적으로 정리되고 전체 세입에서 세출이 지변되어야 함 • 수지간 담보금지 원칙

자료: 조영일(2003). 새로운 접근의 교육학개론. 교육과학사, 재구성.

사. 교육예산

교육예산은 일반회계예산과 특별회계예산, 본예산·수정예산·추가경정예산, 잠정예산·가예산·준예산 등으로 구분되는데, <표 5-9>와 같다.

표 5-9 교육예산의 유형

구분	개념
일반회계예산	일반적인 재정 수입(조세, 전매수입 등)
특별회계예산	국가가 특정 사업을 운영할 경우, 특정 자금을 보유한 경우, 특정한 세입으로 특정한 세출 충당
본예산	정상적인 회계절차를 거쳐 당초 성립한 예산
수정예산	정부가 예산안을 국회에 제출한 후 심의, 확정되기 전에 부득이한 사정으로 내용의 일부를 수정하여 확정된 예산
추가경정예산	예산이 확정된 후 생긴 사유로 인해 이미 성립된 예산을 수정한 예산
잠정예산	수개월분에 해당하는 예산을 잠정적으로 지출하도록 허가하는 예산
가예산	부득이한 사유로 예산이 국회통과하지 못할 경우 1개월 분의 금액을 의결로 집행할 수 있는 예산
준예산	회개년도 개시일 30일 전까지 예산이 성립되지 못할 경우 전년도에 준해서 지출하는 예산

자료: 한은숙 · 김종두(2008). 교육학개론. 교육과학사, 재구성.

2 장학

가. 장학의 개념

장학의 본질을 이해할 수 있는 몇 가지 결정요인을 제시하면 다음과 같다(김정한, 2003).

첫째, 장학이란 교사를 대상으로 하는 봉사활동으로서 교사의 교육행위의 변화를 전문적으로 조력해주어서 교사의 성장, 전문성 개발, 문제 해결력 등을 키워 주는 활동이다.

둘째, 장학의 초점은 교수-학습 개선에 있고 효과적 수업을 통하여 학생의 학습의 효과를 증진시키는 활동이다.

셋째, 장학은 수업 과정에 직접 영향을 미치는 교사, 교육과정, 교육환경, 교육운영 등 인적, 물적 과정적 자원을 변화시키고 조정하는 활동이다.

따라서 장학이란 수업개선, 경영과 지도성, 인간관계, 인적자원 개발 등 복합적인 과정으로서 교사나 다른 교육자들이 학교의 교수-학습의 질을 향상시키기 위하여 협력적, 동료적으로 함께 일하는 과정이며 교사의 평생발달이 일어날 수 있게 돕는 과정이다.

다시 말하면, 장학은 교수·학습의 효율화를 목적으로 교사의 전문성의 신장, 교육과정의 운영 및 학교경영의 합리화를 위해 제공되는 지도, 조언·조정, 정보제공, 자원봉사 등 일련의 전문적·기술적 활동이라 할 수 있다(임호성, 2002).

나. 장학의 원리

장학의 원리는 장학의 개념처럼 학자들마다 다양하게 제시하고 있지만 공통점을 발견할 수 있다. Parker는 효과적인 장학을 위한장학의 원리로 다음과 같이 계획, 필요성, 협력, 전문성, 효과, 지역성, 민주적 지도성 등 <표 5-10>과 같이 제시하였다(김종철, 1982).

표 5-10 Parker의 장학 원리

장학의 원리	개념
계획의 원리	장학은 계획성을 지니고 있으며, 교내 교육을 실천하고 운영하는 수단으로서 학교운영에 있어서 계획성이 요구
필요성의 원리	장학은 형식적이어서는 안되고 교수-학습개선에 초점을 두고 상호 신뢰하는 분위기에서 교사의 문제해결 및 필요에 부응
협력의 원리	장학은 상호작용의 과정으로서, 교사는 자기발전을 위하여 전문성을 고취시키고 보다 능동적으로 참여해야 하며 장학담당자는 감독적 위치가 아니라 조언자적 입장에서 지도
전문성의 원리	교사의 교수-학습향상에 대한 전문적 지식과 기술을 토대로 장학이 전개될 때 권위와 신뢰가 뒤따르고 장학의 목적 달성 가능
효과의 원리	장학의 평가는 여러 가지 방법을 활용하고 적용하여 그 목적에 어느 정도 기여했는지 확인할 필요
지역성의 원리	지역의 특수성에 맞춰 학교를 경영하고 학교교육이 사회발전에 기여
민주적 지도성의 원리	학교장의 민주적 지도성 발휘가 중요하고 전 교직원들의 적극적인 협조 요구

특히, 자율화·민주화·개방화를 지향하는 시대적 변화 추세를 고려할 때, 보다 효과적인 장학이 되기 위하여 <표 5-11>과 같이 시대적 변화 추세를 고려한 장학의 원리를 제시할 수 있다.

표 5-11 시대적 변화 추세를 고려한 장학의 원리

장학의 원리	개념
학교중심성 존중	학교현장의 인적·물적 조건 및 조직적·사회심리적 특성을 존중
자율성 존중	학교기관으로서 자율성과 학교내 구성원으로서 자율성을 존중
협력성 존중	장학담당자, 학교관리자, 교직원, 외부인사 등 협력적인 공동 노력 유도
다양성 존중	학교현장의 조건·특성 및 교직원의 필요·요구에 기초한 다양한 내용과 방법 활용
계속성 존중	일시적·단기적이 아니라, 계속적·장기적인 방향

장학의 원리	개념
자기발전성 존중	기관으로서 학교의 발전, 학교내 구성원으로서 개인의 발전, 장학담당자의 발전 도모

자료: 이윤식(1999). 장학론-유치원 · 초등 · 중등 자율장학론. 서울: 교육과학사, 재구성

다. 장학의 유형

장학의 유형은 시각에 따라 달리 해석할 수 있다. 장학의 조직, 주체, 내용, 방법 등에 따라 구분되기도 하고, 연구자의 관점이나 실무자의 편의에 따라 다르게 구분되기 때문에 다양한 방식으로 분류할 수 있다. 이렇게 장학의 개념이 다양한 것처럼 장학의 유형도 <표 5-12>, <표 5-13>과 같이 다양하게 분류할 수 있다.

표 5-12 장학의 조직과 주체에 따른 장학의 유형

연구자	분류 기준	장학의 유형
강영삼 (1994)	교육조직의 수준	① 문교장학 ② 학무장학 ③ 수업장학 ④ 임상장학
주삼환 (1984)	교육조직의 수준	① 교육부장학 ② 교육청장학 ③ 교내장학
윤정일 외 (1995)	장학의 형태	① 종합장학 ② 확인장학 ③ 수업장학 ④ 개별장학 ⑤ 요청장학 ⑥ 자율장학 ⑦ 교내장학
	장학의 방법	① 일반장학 ② 특수장학 ③ 협동장학 ④ 통신장학
김윤태 (1995)	장학의 주체	① 행정장학 - 교육부장학 - 지방교육행정기관 장학 ② 교내자율장학 - 임상장학 - 동료장학 - 자율적 장학 - 행정적 감독

연구자	분류 기준	장학의 유형
이윤식 (1999)	장학의 주체	① 교육행정기관이 주도하는 행정적 장학 – 역할로서의 장학 ② 교직원들이 협력적 · 자율적 성격이 강한 자율장학 – 과정으로서의 장학
윤보영 (1999)	수업개선 관련정도	① 일반장학 ② 수업장학 ③ 임상장학
	교사의 참여정도	① 참여장학 ② 동료장학 ③ 자기장학
김명대 (1996)	장학의 발전단계	① 전통적(과학적 관리)장학 ② 인간관계장학 ③ 인간자원론 장학

표 5-13 연구자의 관점이나 실무자의 편의에 따른 장학의 유형

연구자	장학의 유형	장학의 방법
강영삼	문교장학 학무장학 수업장학 임상장학	임상장학 동료장학 자기장학 행정적 확인장학 선택적 장학
조병효	일반장학 수업장학 임상장학	임상장학 동료장학 자기장학 확인장학 교내연수
주삼환	일반장학 수업장학 임상장학	전통적 장학 동료장학 자기장학 확인장학 교내연수
이윤식	교내자율장학	수업장학 동료장학 자기장학 전통적 장학 교내연수
변영계	일반장학 수업장학 임상장학	임상장학 동료장학 자기장학 약식장학 교내연수
강영삼 외 4인	일반장학 수업장학 임상장학	임상장학 동료장학 자기장학 약식장학 선택적 장학

자료: 차광숙(2003). 교내 자율장학 활성화 방안에 관한 연구. 석사학위논문. 경주대학교 교육대학원

한편, 교육행정기관이 주도하는 장학, 즉 교육부 장학, 시·도교육청 장학, 지역교육청 장학은 <표 5-14>와 같이 다양한 형태와 방법으로 전개되고 있다(이윤식, 1999)

표 5-14 교육행정기관이 주도하는 장학의 유형과 방법

유형	개념	방법
종합장학	교육시책 추진사항, 교육과정운영, 학교경영 등 전반 영역에 대해 종합적으로 수명의 장학지도반이 실시하는 장학	학교현황 파악, 수업참관, 협의, 확인, 평가
담임장학	각 학교 담당 장학사가 해당 학교 교육활동 전반에 대해 수시로 실시하는 장학	상담, 협의, 참관, 확인, 평가
표집장학	학교별 또는 주제별로 학교를 무선표집하는 장학	학교경영 또는 주제활동을 점검·협의·지원
확인장학	장학지도시 시정·보완 지시사항에 대한 이행을 확인하거나 학교경영활동을 확인하기 위한 장학	지시사항 및 학교경영사항 확인
요청장학	학교의 필요에 의해 장학사를 초청하여 실시하는 장학	수업참관, 연구회 참석, 상담, 협의
특별장학	특별한 문제가 발생하거나 발생이 우려될 때 해당 문제의 해결이나 예방을 위하여 실시하는 장학	지도, 조언
협동장학	장학사, 학교관리자, 교사 등 장학협동체를 구성하여 실시하는 장학	장학협동체 구성, 협의, 정보교환
개별장학	장학사 개인별로 담당 학교에 대해 실시하는 장학	상담, 협의, 참관, 확인, 평가
교과장학	각 교과별로 교과담당 장학사가 해당 교과활동중심으로 실시하는 장학	수업참관, 수업협의
교과장학	교과장학 담당자가 교과관련 교육정책 수립, 교육과정 운영지도, 교구설비의 확보와 사용계획 수립·조정·보급, 자료개발과 연구·실험·시범학교의 운영, 각종 교원연수 및 학교의 교과관련 교육행사를 지도하는 장학	교육정책 수립, 교육과정 운영지도, 교육행사 지도
일반장학	학교 교육활동 또는 사업내용에 대하여 협의·검토, 지도·조언하는 장학	협의, 검토, 지도, 조언

유형	개념	방법
방문장학	학교의 요청 또는 교육행정기관의 필요에 따라 해당 학교 담당 장학사나 해당업무 담당장학사가 학교를 방문하여 실시하는 장학	요청, 방문
통신장학	교육과정운영, 학교경영, 기타 학교에서 질의 · 협의 요청한 사항에 대해 통신수단을 이용하여 지도 · 조언하는 장학	통신수단을 이용한 지도 · 조언

참 고 문 헌

강영삼(1994). 장학론. 서울: 세영사.

김동일(1999). 교내 수업장학에 대한 초등교사의 지각과 기대에 대한 연구. 석사학위논문. 인천교육대학교 교육대학원.

김명대(1996). 교사와 장학담당자를 통해서 본 장학의 효과성 평가. 석사학위논문. 충남대학교 대학원.

김운삼(2003). 교육학개론. 창지사.

김윤태(1995). 교육행정 · 교육신론. 서울:배영사.

김정한(2003). 장학론 －이론 · 연구 · 실제－. 학지사.

김종철(1982). 교육행정의 이론과 실제(3정). 서울:교육과학사.

윤보영(1999). 교사의 장학활동 인식에 관한 연구. 석사학위논문. 순천향대학교 산업정보대학원.

윤정일 외(1995). 교육행정학원론. 서울:학지사, 304－312.

이윤식(1999). 장학론－유치원 · 초등 · 중등 자율장학론. 서울:교육과학사.

이형행(2007). 교육학개론(전정 2판). 양서원.

임호성(2002). 중학교 교내 자율장학에 대한 교사들의 인식 및 개선방안 연구. 석사학위논문. 경희대학교 교육대학원.

조영일(2003). 새로운 접근의 교육학개론. 교육과학사.

주삼환(1984). 장학지도 방법과 절차의 합리화. 교육행정학연구 2(1). 교육행정학연구회, 88.

차광숙(2003). 교내 자율장학 활성화 방안에 관한 연구. 석사학위논문. 경주대학교 교육대학원.

한상길 · 김응래 · 박선환 · 박숙희 · 정미경 · 조금주(2007). 교육학개론. 공동체.

한은숙 · 김종두(2008). 교육학개론. 교육과학사.

Campell, R. F., Bridges, E. M., and Nystrand, R. O.(1983). Introduction to Educational Administration, 6th ed. Boston: Allyn and Bacon Inc.

Gulick, L. & Urwick, L.(1937). Papers on the science of administration. New York: Institute of Public Administration, Columbia University.

CHAPTER

02 교육제도 및 법규

1 교육제도

가. 학제의 유형

학제는 계통성을 중심으로 하는 복선형 제도와 단계성을 중심으로 하는 단선형 제도로 구분되는데, 과거에는 국가 간에 복선형 제도와 단선형 제도의 형태가 뚜렷하게 구별되었지만, 최근에는 각국 교육제도의 장점을 서로 인정하거나 모방하는 방식으로 발전하고 있기 때문에, 점차 뚜렷한 구분이 사라지고 있는 실정이다.

특히, 단선형 학제와 복선형 학제, 분기형 학제를 서로 비교해 보면 <표 5-15>과 같이 정리할 수 있다(이정표 · 권영신, 2008; 이형행, 2007).

표 5-15 단선형 학제와 복선형 학제의 비교

단선형	복선형	분기형
• 모든 국민들이 단일체계의 학교교육을 받는 제도 • 사회계층, 종교, 성별에 구애받지 않고 누구나 능력에 따라 취학, 진학 가능 • 계층형 • 미국 중심의 민주형 학제	• 둘 이상의 학교 계통으로 나누어지는 형태 • 서로 다른 체계간의 학생 이동이 불가능한 제도 • 단계성보다 계통성 중시 • 유럽권 중심으로 발전 • 유럽형 학제	• 단선형과 복선형의 중간 형태 • 복선형의 기초학교 부분이 통일되고 그 위에 동격이 아닌 복수의 학교 계통이 병존하는 학교제도 • 영국과 독일의 최근 학제

한편, 우리나라 학제의 주요 특징을 살펴보면 첫째, 기간학제로서 초등학교, 중학교, 고등학교, 대학교로 연결되는 학교 계통으로 세워졌다. 첫째, 6-3-3-4의 연계를 이루어 총 교육연한은 16년이고 둘째, 교원양성 교육기관으로서 교육대학, 사범대학, 한국교원대학교가 있으며 수업연한은 4년제 대학과 동일하며 셋째, 고등학교 중에 농·공·상·수산·가정·가사 등 전문계 고등학교가 있으나 이는 주로 교육과정 중 전문계열 과목의 비중에 의해 결정되기 때문에 단선형 기간학제라 할 수 있다. 넷째, 전문직업인 양성을 목적으로 하는 고등교육기관으로 2년~3년제 과정의 전문대학 제도가 신설되었고 다섯째, 기간학제와 병립하여 일종의 사회교육기관으로서 공민학교(3년), 고등공민학교(1년 이상 3년), 고등기술학교(1년 이상 3년)의 계통이 있어 어느 정도 복선형 요소를 내포하며 끝으로 맹아·농아·정신박약아 등의 교육기관으로서 특수학교, 방송통신고등학교, 산업체 부설 중·고등학교, 취학 전 교육기관으로서 유치원 등의 학교가 있다.

그러나, 최근 학제는 대학교육의 종전 엘리트교육에서 대중교육으로 전환, 인적자원 개발의 강조, 정보화 추세 가속화, 지식기반사회 심화, 교육제도로의 학제 범위 확장, 현행 교육제도의 경직성과 운영의 획일성, 청소년 성장 발달의 조기화, 교육기간의 장기화에 따른 사회진출 시기의 지연, 수요자에 대한 민감한 교육 지원, 세계화의 가속화에 대비한 국제적 표준에 '따른 학제 개편 등의 이유로 개편의 필요성이 대두되고 있다(이정표·권영신, 2008).

2 교육기본법

가. 제 1장 총칙

제1조(목적) 이 법은 교육에 관한 국민의 권리·의무 및 국가·지방자치단체의 책임을 정하고 교육제도와 그 운영에 관한 기본적 사항을 규정함을 목적으로 한다.

제2조(교육이념) 교육은 홍익인간(弘益人間)의 이념 아래 모든 국민으로 하여금 인격을 도야(陶冶)하고 자주적 생활능력과 민주시민으로서 필요한 자질을 갖추게 함으로써 인간다운 삶을 영위하게 하고 민주국가의 발전과 인류공

영(人類共榮)의 이상을 실현하는 데에 이바지하게 함을 목적으로 한다.

제3조(학습권) 모든 국민은 평생에 걸쳐 학습하고, 능력과 적성에 따라 교육받을 권리를 가진다.

제4조(교육의 기회균등) ①모든 국민은 성별, 종교, 신념, 인종, 사회적 신분, 경제적 지위 또는 신체적 조건 등을 이유로 교육에서 차별을 받지 아니한다. ②국가와 지방자치단체는 학습자가 평등하게 교육을 받을 수 있도록 지역 간의 교원 수급 등 교육 여건 격차를 최소화하는 시책을 마련하여 시행하여야 한다.

제5조(교육의 자주성 등) ①국가와 지방자치단체는 교육의 자주성과 전문성을 보장하여야 하며, 지역 실정에 맞는 교육을 실시하기 위한 시책을 수립·실시하여야 한다. ②학교운영의 자율성은 존중되며, 교직원·학생·학부모 및 지역주민 등은 법령으로 정하는 바에 따라 학교운영에 참여할 수 있다.

제6조(교육의 중립성) ①교육은 교육 본래의 목적에 따라 그 기능을 다하도록 운영되어야 하며, 정치적·파당적 또는 개인적 편견을 전파하기 위한 방편으로 이용되어서는 아니 된다. ②국가와 지방자치단체가 설립한 학교에서는 특정한 종교를 위한 종교교육을 하여서는 아니 된다.

제7조(교육재정) ①국가와 지방자치단체는 교육재정을 안정적으로 확보하기 위하여 필요한 시책을 수립·실시하여야 한다. ②교육재정을 안정적으로 확보하기 위하여 지방교육재정교부금 등에 관하여 필요한 사항은 따로 법률로 정한다.

제8조(의무교육) ①의무교육은 6년의 초등교육과 3년의 중등교육으로 한다. ②모든 국민은 제1항에 따른 의무교육을 받을 권리를 가진다.

제9조(학교교육) ①유아교육·초등교육·중등교육 및 고등교육을 하기 위하여 학교를 둔다. ②학교는 공공성을 가지며, 학생의 교육 외에 학술 및 문화적 전통의 유지·발전과 주민의 평생교육을 위하여 노력하여야 한다. ③학교교육은 학생의 창의력 계발 및 인성(人性) 함양을 포함한 전인적(全人的) 교육을 중시하여 이루어져야 한다. ④학교의 종류와 학교의 설립·경영 등 학교교육에 관한 기본적인 사항은 따로 법률로 정한다.

제10조(사회교육) ①국민의 평생교육을 위한 모든 형태의 사회교육은 장려되어야 한다. ②사회교육의 이수(履修)는 법령으로 정하는 바에 따라 그에 상응하는 학교교육의 이수로 인정될 수 있다. ③사회교육시설의 종류와 설립·경영 등 사회교육에 관한 기본적인 사항은 따로 법률로 정한다.

제11조(학교 등의 설립) ①국가와 지방자치단체는 학교와 사회교육시설을 설립·경영한다. ②법인이나 사인(私人)은 법률로 정하는 바에 따라 학교와 사회교육시설을 설립·경영할 수 있다.

나. 제 2장 교육당사자

제12조(학습자) ①학생을 포함한 학습자의 기본적 인권은 학교교육 또는 사회교육의 과정에서 존중되고 보호된다. ②교육내용·교육방법·교재 및 교육시설은 학습자의 인격을 존중하고 개성을 중시하여 학습자의 능력이 최대한으로 발휘될 수 있도록 마련되어야 한다. ③학생은 학습자로서의 윤리의식을 확립하고, 학교의 규칙을 준수하여야 하며, 교원의 교육·연구활동을 방해하거나 학내의 질서를 문란하게 하여서는 아니 된다.

제13조(보호자) ①부모 등 보호자는 보호하는 자녀 또는 아동이 바른 인성을 가지고 건강하게 성장하도록 교육할 권리와 책임을 가진다. ②부모 등 보호자는 보호하는 자녀 또는 아동의 교육에 관하여 학교에 의견을 제시할 수 있으며, 학교는 그 의견을 존중하여야 한다.

제14조(교원) ①학교교육에서 교원(教員)의 전문성은 존중되며, 교원의 경제적·사회적 지위는 우대되고 그 신분은 보장된다. ②교원은 교육자로서 갖추어야 할 품성과 자질을 향상시키기 위하여 노력하여야 한다. ③교원은 교육자로서의 윤리의식을 확립하고, 이를 바탕으로 학생에게 학습윤리를 지도하고 지식을 습득하게 하며, 학생 개개인의 적성을 계발할 수 있도록 노력하여야 한다. ④교원은 특정한 정당이나 정파를 지지하거나 반대하기 위하여 학생을 지도하거나 선동하여서는 아니 된다. ⑤교원은 법률로 정하는 바에 따라 다른 공직에 취임할 수 있다. ⑥교원의 임용·복무·보수 및 연

금 등에 관하여 필요한 사항은 따로 법률로 정한다.

제15조(교원단체) ①교원은 상호 협동하여 교육의 진흥과 문화의 창달에 노력하며, 교원의 경제적·사회적 지위를 향상시키기 위하여 각 지방자치단체와 중앙에 교원단체를 조직할 수 있다. ②제1항에 따른 교원단체의 조직에 필요한 사항은 대통령령으로 정한다.

제16조(학교 등의 설립자·경영자) ①학교와 사회교육시설의 설립자·경영자는 법령으로 정하는 바에 따라 교육을 위한 시설·설비·재정 및 교원 등을 확보하고 운용·관리한다. ②학교의 장 및 사회교육시설의 설립자·경영자는 법령으로 정하는 바에 따라 학습자를 선정하여 교육하고 학습자의 학습성과 등 교육의 과정을 기록하여 관리한다. ③학교와 사회교육시설의 교육내용은 학습자에게 미리 공개되어야 한다.

제17조(국가 및 지방자치단체) 국가와 지방자치단체는 학교와 사회교육시설을 지도·감독한다.

다. 제 3장 교육의 진흥

제17조의2(남녀평등교육의 증진) ①국가와 지방자치단체는 남녀평등정신을 보다 적극적으로 실현할 수 있는 시책을 수립·실시하여야 한다. ②국가 및 지방자치단체와 제16조에 따른 학교 및 사회교육시설의 설립자·경영자는 교육을 할 때 합리적인 이유 없이 성별에 따라 참여나 혜택을 제한하거나 배제하는 등의 차별을 하여서는 아니 된다. ③제1항에 따른 시책에는 체육·과학기술 등 여성의 활동이 취약한 분야를 중점 육성할 수 있는 교육적 방안이 포함되어야 한다. ④학교교육에서 남녀평등을 증진하기 위한 학교교육과정의 기준과 내용 등 대통령령으로 정하는 사항에 관한 교육과학기술부장관의 자문에 응하기 위하여 남녀평등교육심의회를 둔다. <개정 2008. 2.29> ⑤제4항에 따른 남녀평등교육심의회 위원의 자격·구성·운영 등에 필요한 사항은 대통령령으로 정한다.

제17조의3(학습윤리의 확립) 국가와 지방자치단체는 모든 국민이 학업·연구·시험 등 교육의 모든 과정에 요구되는 윤리의식을 확립할 수 있도록 필요한 시책을 수립·실시하여야 한다.

제17조의4(건전한 성의식 함양) ①국가와 지방자치단체는 학생의 존엄한 성(性)을 보호하고 학생에게 성에 대한 선량한 정서를 함양시킬 수 있도록 필요한 시책을 수립·실시하여야 한다. ②제1항에 따른 시책에는 학생 개인의 존엄과 인격이 존중될 수 있는 교육적 방안과 남녀의 성 특성을 고려한 교육·편의시설 마련 방안이 포함되어야 한다.

제18조(특수교육) 국가와 지방자치단체는 신체적·정신적·지적 장애 등으로 특별한 교육적 배려가 필요한 자를 위한 학교를 설립·경영하여야 하며, 이들의 교육을 지원하기 위하여 필요한 시책을 수립·실시하여야 한다.

제19조(영재교육) 국가와 지방자치단체는 학문·예술 또는 체육 등의 분야에서 재능이 특히 뛰어난 자의 교육에 필요한 시책을 수립·실시하여야 한다.

제20조(유아교육) 국가와 지방자치단체는 유아교육을 진흥하기 위하여 필요한 시책을 수립·실시하여야 한다.

제21조(직업교육) 국가와 지방자치단체는 모든 국민이 학교교육과 사회교육을 통하여 직업에 대한 소양과 능력을 계발하기 위한 교육을 받을 수 있도록 필요한 시책을 수립·실시하여야 한다.

제22조(과학 · 기술교육) 국가와 지방자치단체는 과학·기술교육을 진흥하기 위하여 필요한 시책을 수립·실시하여야 한다.

제22조의2(학교체육) 국가와 지방자치단체는 학생의 체력 증진과 체육활동 장려에 필요한 시책을 수립·실시하여야 한다.

제23조(교육의 정보화) 국가와 지방자치단체는 정보화교육 및 정보통신매체를 이용한 교육을 지원하고 교육정보산업을 육성하는 등 교육의 정보화에 필요한 시책을 수립·실시하여야 한다.

제23조의2(학교 및 교육행정기관 업무의 전자화) 국가와 지방자치단체는 학교 및 교육행정기관의 업무를 전자적으로 처리할 수 있도록 필요한 시책을 마련

하여야 한다.

제23조의3(학생정보의 보호원칙) ①학교생활기록 등의 학생정보는 교육적 목적으로 수집·처리·이용 및 관리되어야 한다. ②부모 등 보호자는 자녀 등 피보호자에 대한 제1항의 학생정보를 제공받을 권리를 가진다. ③제1항에 따른 학생정보는 법률로 정하는 경우 외에는 해당 학생(학생이 미성년자인 경우에는 학생 및 학생의 부모 등 보호자)의 동의 없이 제3자에게 제공되어서는 아니 된다.

제24조(학술문화의 진흥) 국가와 지방자치단체는 학술문화를 연구·진흥하기 위하여 학술문화시설 설치 및 연구비 지원 등의 시책을 수립·실시하여야 한다.

제25조(사립학교의 육성) 국가와 지방자치단체는 사립학교를 지원·육성하여야 하며, 사립학교의 다양하고 특성있는 설립목적이 존중되도록 하여야 한다.

제26조(평가 및 인증제도) ①국가는 국민의 학습성과 등이 공정하게 평가되어 사회적으로 통용될 수 있도록 학력평가와 능력인증에 관한 제도를 수립·실시할 수 있다. ②제1항에 따른 평가 및 인증제도는 학교의 교육과정 등 교육제도와 상호 연계되어야 한다.

제26조의2(교육 관련 정보의 공개) ①국가와 지방자치단체는 국민의 알 권리와 학습권을 보장하기 위하여 그 보유·관리하는 교육 관련 정보를 공개하여야 한다. ②제1항에 따른 교육 관련 정보의 공개에 관한 기본적인 사항은 따로 법률로 정한다.

제27조(보건 및 복지의 증진) ①국가와 지방자치단체는 학생과 교직원의 건강 및 복지를 증진하기 위하여 필요한 시책을 수립·실시하여야 한다. ②국가 및 지방자치단체는 학생의 안전한 주거환경을 위하여 학생복지주택의 건설에 필요한 시책을 수립·실시하여야 한다.

제28조(장학제도 등) ①국가와 지방자치단체는 경제적 이유로 교육받기 곤란한 자를 위한 장학제도(奬學制度)와 학비보조제도 등을 수립·실시하여야 한다. ②국가는 다음 각 호의 자에게 학비나 그 밖에 필요한 경비의 전부 또는 일부를 보조할 수 있다.

1. 교원양성교육을 받는 자

2. 국가가 특히 필요로 하는 분야를 국내외에서 전공하거나 연구하는 자

③ 제1항 및 제2항에 따른 장학금 및 학비보조금 등의 지급 방법 및 절차, 지급받을 자의 자격 및 의무 등에 관하여 필요한 사항은 대통령령으로 정한다.

제29조(국제교육) ①국가는 국민이 국제사회의 일원으로서 갖추어야 할 소양과 능력을 기를 수 있도록 국제화교육에 노력하여야 한다. ②국가는 외국에 거주하는 동포에게 필요한 학교교육 또는 사회교육을 실시하기 위하여 필요한 시책을 마련하여야 한다. ③국가는 학문연구를 진흥하기 위하여 국외유학에 관한 시책을 마련하여야 하며, 국외에서 이루어지는 우리나라에 대한 이해와 우리 문화의 정체성 확립을 위한 교육·연구활동을 지원하여야 한다. ④국가는 외국정부 및 국제기구 등과의 교육협력에 필요한 시책을 마련하여야 한다.

3 유아교육법

가. 제 1장 총칙

제1조(목적) 이 법은 교육기본법 제9조의 규정에 따라 유아교육에 관한 사항을 정함을 목적으로 한다.

제2조(정의) 이 법에서 사용하는 용어의 정의는 다음 각호와 같다.

1. "유아"라 함은 만 3세부터 초등학교 취학 전까지의 어린이를 말한다.
2. "유치원"이라 함은 유아의 교육을 위하여 이 법에 따라 설립·운영되는 학교를 말한다.
3. "보호자"라 함은 친권자·후견인 그 밖의 자로서 유아를 사실상 보호하는 자를 말한다.
4. "반일제"라 함은 1일 3시간 이상 5시간 미만의 교육과정을 말한다.
5. "시간연장제"라 함은 1일 5시간 이상 8시간 미만의 교육과정을 말한다.

6. “종일제”라 함은 1일 8시간 이상의 교육과정을 말한다.

제3조(책임) 국가 및 지방자치단체는 보호자와 더불어 유아를 건전하게 교육할 책임을 진다.

제4조(유아교육 · 보육위원회) ①유아교육 및 영유아보육법 제2조의 규정에 의한 보육에 관한 다음 각호의 사항을 심의하기 위하여 국무총리 소속하에 유아교육·보육위원회를 둔다.

1. 유아교육 및 보육에 관한 기본계획
2. 유치원 및 보육시설간의 연계운영
3. 그 밖에 위원장이 부의하는 사항

② 제1항의 규정에 의한 위원회는 위원장을 포함한 11인의 위원으로 구성하되, 위원장은 국무조정실장이 되고 위원은 다음 각호의 자가 된다.

1. 기획재정부차관 · 교육과학기술부차관 · 보건복지가족부차관 및 여성부차관
2. 교육과학기술부차관 · 보건복지가족부차관 및 여성부차관이 추천하여 국무총리실장이 위촉하는 유아교육계 · 보육계 및 여성계를 대표하는 자 각 2인

③ 제1항의 규정에 의한 위원회의 구성 및 운영에 관하여 필요한 사항은 대통령령으로 정한다.

제5조(유아교육위원회) ①유아교육에 관한 정책, 사업의 기획 · 조사 등에 관한 사항을 심의하기 위하여 교육과학기술부에 중앙유아교육위원회를 두고, 특별시 · 광역시 · 도(이하 “시 · 도”라 한다) 교육청에 시 · 도 유아교육위원회를 둔다. ②중앙유아교육위원회 및 시 · 도 유아교육위원회는 유아교육전문가, 유치원대표, 유치원교사대표, 학부모대표 및 관계공무원 등으로 구성한다. ③중앙유아교육위원회 및 시 · 도 유아교육위원회의 조직 · 운영 등에 관하여 필요한 사항은 대통령령으로 정한다.

제6조(유아교육진흥원) ①국가 및 지방자치단체는 유아교육에 관한 연구와 정보제공, 프로그램 및 교재 개발, 유치원교원 연수 및 평가를 담당하는 유아교육진흥원을 설치하거나 당해 업무를 교육관련연구기관 등에 위탁할 수

있다. ②제1항의 규정에 따른 유아교육진흥원의 설치·운영 및 위탁 등에 관하여 필요한 사항은 대통령령으로 정한다.

나. 제 2장 유치원의 설립 등

제7조(유치원의 구분) 유치원은 다음 각호와 같이 구분한다.

1. 국립유치원: 국가가 설립·경영하는 유치원
2. 공립유치원: 지방자치단체가 설립·경영하는 유치원(설립주체에 따라 시립유치원과 도립유치원으로 구분할 수 있다)
3. 사립유치원: 법인 또는 사인이 설립·경영하는 유치원

제8조(유치원의 설립 등) ①유치원을 설립하고자 하는 자는 시설·설비 등 대통령령이 정하는 설립기준을 갖추어야 한다. ②사립유치원을 설립하고자 하는 자는 특별시·광역시 또는 도교육감(이하 "교육감"이라 한다)의 인가를 받아야 한다. ③사립유치원을 설립·경영하는 자가 유치원을 폐쇄하거나 대통령령이 정하는 중요사항을 변경하고자 하는 경우에는 교육감의 인가를 받아야 한다.

제9조(유치원의 병설) 유치원은 초·중등교육법 제2조의 규정에 따른 초등학교·중학교 및 고등학교에 병설될 수 있다.

제10조(유치원규칙) ①유치원의 장(유치원을 설립하는 경우에는 당해 유치원을 설립하고자 하는 자를 말한다)은 법령의 범위안에서 지도·감독기관(국립유치원인 경우에는 교육과학기술부장관, 공·사립유치원인 경우에는 교육감을 말한다. 이하 "관할청"이라 한다)의 인가를 받아 유치원규칙을 제정할 수 있다. ②유치원규칙의 기재사항 및 제정절차 등에 관하여 필요한 사항은 대통령령으로 정한다.

제11조(입학연령) 유치원에 입학할 수 있는 자는 제2조 제1호의 규정에 따른 유아로 한다.

제12조(학년도 등) ①유치원의 학년도는 3월 1일부터 다음해 2월 말일까지로 한다. ②유치원은 보호자의 요구 및 지역실정에 따라 반일제·시간연장제·종일제 등을 운영할 수 있다. ③유치원의 학기·수업일수·학급편성·휴업일 및 반의 편성·운영 등에 관하여 필요한 사항은 대통령령으로 정한다.

제13조(교육과정 등) ①유치원은 교육과정을 운영하여야 한다. ②교육과학기술부장관은 제1항의 규정에 따른 교육과정의 기준과 내용에 관한 기본적인 사항을 정하며, 교육감은 교육과학기술부장관이 정한 소정의 교육과정의 범위안에서 지역의 실정에 적합한 기준과 내용을 정할 수 있다. ③ 교육과학기술부장관은 유치원의 교육과정 운영을 위한 프로그램 및 교재를 개발하여 보급할 수 있다.

제14조(유치원생활기록) 유치원의 장(이하 "원장"이라 한다)은 유아의 발달 등을 종합적으로 관찰·평가하여 유아생활지도 및 초등학교 교육과의 연계지도에 활용할 수 있도록 하기 위하여 교육과학기술부장관이 정하는 기준에 따라 생활기록부를 작성·관리하여야 한다.

제15조(특수학교 등) ①특수학교는 신체적·정신적·지적 장애 등으로 인하여 특수교육을 필요로 하는 유아에게 유치원에 준하는 교육과 실생활에 필요한 지식·기능 및 사회적응 교육을 하는 것을 목적으로 한다. ②국가 및 지방자치단체는 특수교육을 필요로 하는 유아가 유치원에서 교육을 받고자 하는 경우에는 별도의 입학절차·교육과정 등을 마련하는 등 유치원과의 통합교육의 실시에 필요한 시책을 강구하여야 한다.

제16조(외국인유치원) ①"외국인유치원"이라 함은 국내에 체류중인 외국인의 자녀에 대한 교육을 위하여 설립된 유치원을 말하며, 외국인유치원에 대하여는 제11조 내지 제14조·제17조·제18조제2항·제19조·제22조·제24조 내지 제27조의 규정을 적용하지 아니한다. ②외국인유치원의 설립기준·교육과정·수업연한·학력인정 그 밖에 설립·운영에 관하여 필요한 사항은 대통령령으로 정한다.

제17조(건강검진 및 급식) ①원장은 교육하고 있는 유아에 대한 건강검진을 실시하고, 그 결과 치료를 요하는 유아에 대하여는 보호자와 협의하여 필요

한 조치를 취하여야 한다. ②원장은 교육하고 있는 원아에게 적합한 급식을 제공할 수 있다. ③제1항의 규정에 따른 건강검진의 실시시기 및 그 결과처리에 관한 사항과 제2항의 규정에 따른 급식 시설·설비기준 등에 관하여 필요한 사항은 교육과학기술부령으로 정한다.

제18조(지도·감독) ①국립유치원은 교육과학기술부장관의 지도·감독을 받으며, 공·사립유치원은 교육감의 지도·감독을 받는다. ② 교육과학기술부장관 및 교육감은 유아교육을 충실히 하기 위하여 유치원에 대하여 교육과정 운영에 대한 장학지도를 실시할 수 있다.

제19조(평가) ①교육과학기술부장관은 유아교육의 효율적 수행을 위하여 필요한 경우 유치원 운영실태 등에 대한 평가를 실시할 수 있다. ②제1항의 규정에 따른 평가의 대상·기준 및 절차와 평가결과의 공개 등에 관하여 필요한 사항은 대통령령으로 정한다.

다. 제 3장 교직원

제20조(교직원의 구분) ①유치원에는 교원으로 원장·원감 및 교사를 두되, 대통령령이 정하는 일정 규모 이하의 유치원에는 원감을 두지 아니할 수 있다. ②유치원에는 교원외에 촉탁의사, 영양사, 간호사 또는 간호조무사, 행정직원 등을 둘 수 있다. ③유치원에 두는 교원과 직원(이하 "교직원"이라 한다)의 정원·배치기준 등에 관하여 필요한 사항은 대통령령으로 정한다.

제21조(교직원의 임무) ①원장은 원무를 통할하고 소속교직원을 지도·감독하며 원아를 교육한다. ②원감은 원장을 보좌하여 원무를 관리하고 원아를 교육하며, 원장이 부득이한 사유로 직무를 수행할 수 없는 때에는 그 직무를 대행한다. 다만, 원감을 두지 아니하는 유치원의 경우에는 원장이 미리 지명한 교사가 그 직무를 대행한다. ③교사는 법령이 정하는 바에 따라 원아를 교육한다. ④행정직원 등 직원은 원장의 명을 받아 유치원의 행정사무와 그 밖의 사무를 담당한다.

제22조(교원의 자격) ①원장 및 원감은 별표 1의 자격기준에 해당하는 자로서

대통령령이 정하는 바에 따라 교육과학기술부장관이 검정·수여하는 자격증을 받은 자이어야 한다. ②교사는 정교사(1급·2급)·준교사로 나누되, 별표 2의 자격기준에 해당하는 자로서 대통령령이 정하는 바에 따라 교육과학기술부장관이 검정·수여하는 자격증을 받은 자이어야 한다. ③제1항 및 제2항의 규정에 따른 교원자격의 검정에 관한 사항을 심의하기 위하여 교육과학기술부장관소속하에 유치원교원자격검정위원회를 둔다. ④제3항의 규정에 따른 유치원교원자격검정위원회는 초·중등교육법 제21조제3항의 규정에 따른 교원자격검정위원회와 통합·운영할 수 있다. ⑤제3항 및 제4항의 규정에 따른 교원자격검정위원회의 조직·권한·운영 및 교원의 자격검정에 관하여 필요한 사항은 대통령령으로 정한다.

제23조(강사 등) ①유치원에는 교육과정 운영상 필요한 경우에 제20조제1항의 규정에 따른 교원외에 강사, 기간제 교사 또는 명예교사 등을 두어 유아교육을 담당 또는 보조하게 할 수 있다. ②제1항의 규정에 따라 유치원에 두는 강사 등의 종류·자격기준 및 임용 등에 관하여 필요한 사항은 대통령령으로 정한다.

라. 제 4장 비용

제24조(무상교육) ①초등학교 취학직전 1년의 유아교육은 무상으로 하되, 대통령령이 정하는 바에 따라 순차적으로 실시한다. ②제1항의 규정에 따른 무상교육에 필요한 비용은 국가 및 지방자치단체가 이를 부담하되, 유아의 보호자에게 지원하는 것을 원칙으로 한다. ③제2항의 규정에 따른 지원방법 등에 관하여 필요한 사항은 교육과학기술부령으로 정한다.

제25조(교육비용 등) ①유치원의 설립·경영자는 교육과학기술부령이 정하는 바에 따라 수업료 등 교육비용 그 밖의 납부금을 받을 수 있다. 이 경우 다음 각호의 1에 따라 교육비용 그 밖의 납부금을 달리 정할 수 있다.

1. 제12조제2항의 규정에 따른 유치원의 이용형태
2. 교육대상 유아의 국민기초생활보장법의 규정에 의한 수급권자의 자

녀여부

3. 당해 지역의 저소득층 밀집지역 또는 농어촌지역 등 사회적 취약지역여부

②제1항 제3호의 규정에 따른 사회적 취약지역의 결정기준에 대하여는 대통령령으로 정하고, 교육비용 그 밖의 납부금의 징수방법 등에 관하여 필요한 사항은 교육과학기술부령으로 정한다.

제26조(비용의 부담 등) ①국가 및 지방자치단체는 제24조제1항의 규정에 따른 무상교육 대상이 아닌 유아 중에서 국민기초생활보장법의 규정에 따른 수급권자와 대통령령이 정하는 저소득층 자녀의 유아교육에 필요한 비용의 전부 또는 일부를 예산의 범위안에서 부담하되, 유아의 보호자에게 지원하는 것을 원칙으로 한다. ②제1항의 규정에 따른 지원방법 등에 관하여 필요한 사항은 교육과학기술부령으로 정한다. ③국가 및 지방자치단체는 대통령령이 정하는 바에 따라 사립유치원의 설립 및 유치원교사의 인건비 등 운영에 소요되는 경비의 전부 또는 일부를 보조한다.

제27조(종일제 운영 등에 대한 지원) 국가 및 지방자치단체는 종일제를 운영하거나 제12조 제3항의 규정에 따라 대통령령이 정하는 수업일수를 초과하여 운영하는 유치원에 대하여는 대통령령이 정하는 바에 따라 운영에 소요되는 경비를 보조할 수 있다.

제28조(보조금의 반환) 국가 및 지방자치단체는 사립유치원의 장이 다음 각호의 1에 해당하는 때에는 이미 교부한 보조금의 전부 또는 일부의 반환을 명할 수 있다.

1. 유치원의 목적외에 보조금을 사용한 때
2. 거짓 그 밖의 부정한 방법으로 보조금의 교부를 받은 때
3. 제22조의 규정에 따른 교원자격기준을 갖추지 아니한 자를 교원으로 임용한 때

마. 제 5장 보칙 및 벌칙

제29조(권한의 위임) 교육과학기술부장관은 이 법에 의한 권한의 일부를 대통령령이 정하는 바에 의하여 교육감에게 위임할 수 있다.

제30조(시정 또는 변경 명령) ①관할청은 유치원이 시설·설비, 교육과정 운영 및 그 밖의 사항에 관하여 교육관계법령 또는 이에 의한 명령이나 유치원 규칙을 위반한 경우에는 원장 또는 그 설립·경영자에게 기간을 정하여 그 시정 또는 변경을 명할 수 있다. ②관할청은 제1항의 규정에 따른 시정 또는 변경 명령을 받은 자가 정당한 사유없이 지정된 기간 이내에 이를 이행하지 아니한 경우에는 대통령령이 정하는 바에 따라 당해 유치원의 정원의 감축, 학급의 감축 또는 유아모집의 정지 등의 조치를 취할 수 있다.

제31조(휴업 및 휴원 명령) ①관할청은 재해 등의 긴급한 사유로 정상적인 교육이 불가능하다고 인정하는 경우에는 원장에게 휴업을 명할 수 있다. ②제1항의 규정에 따른 명령을 받은 원장은 지체없이 휴업을 하여야 한다. ③관할청은 원장이 제1항의 규정에 따른 명령에 불구하고 휴업을 하지 아니하거나 특별히 긴급한 사유가 있는 경우에는 휴원처분을 할 수 있다. ④제1항 및 제2항의 규정에 따라 휴업된 유치원은 휴업기간중 원아의 등교와 교육이 정지되며, 제3항의 규정에 따라 휴원된 유치원은 휴원기간중 단순한 관리업무를 제외하고는 유치원의 모든 기능이 정지된다.

제32조(유치원의 폐쇄) ①관할청은 유치원이 다음 각호의 1에 해당하여 정상적인 교육과정 운영이 불가능한 경우에는 그 폐쇄를 명할 수 있다.

1. 원장 또는 설립·경영자가 고의 또는 중과실로 이 법 또는 이 법에 따른 명령을 위반한 경우
2. 원장 또는 설립·경영자가 이 법 또는 그 밖의 교육관계법령에 따른 관할청의 명령을 3회 이상 위반한 경우
3. 휴업기간을 제외하고 계속하여 3월 이상 교육과정을 운영하지 아니한 경우

②관할청은 제8조 제2항의 규정에 따른 유치원 설립인가를 받지 아니하고 유치원의 명칭을 사용한 자에 대하여 그 시설의 폐쇄를 명할 수 있다.

제33조(청문) 관할청은 제32조의 규정에 따라 유치원 또는 시설의 폐쇄를 명하고자 하는 경우에는 청문을 실시하여야 한다

제34조(벌칙) ①다음 각호의 1에 해당하는 자는 3년 이하의 징역 또는 2천만원 이하의 벌금에 처한다.

1. 제8조 제2항의 규정에 따른 유치원 설립인가를 받지 아니하고 유치원을 운영한 자
2. 제8조 제3항의 규정을 위반하여 폐쇄인가 또는 변경인가를 받지 아니한 자
3. 거짓 그 밖의 부정한 방법으로 제8조 제2항 또는 제3항의 규정에 따른 유치원의 설립인가·폐쇄인가 또는 변경인가를 받은 자

②다음 각호의 1에 해당하는 자는 1년 이하의 징역 또는 500만원 이하의 벌금에 처한다.

1. 제30조 제1항의 규정에 따른 명령을 위반한 자
2. 제32조 제1항의 규정에 따른 명령을 위반한 자

4 초·중등교육법

가. 제 1장 총칙

제1조(목적) 이 법은 교육기본법 제9조의 규정에 따라 초·중등교육에 관한 사항을 정함을 목적으로 한다.

제2조(학교의 종류) 초·중등교육을 실시하기 위하여 다음 각호의 학교를 둔다.

1. 삭제
2. 초등학교·공민학교
3. 중학교·고등공민학교
4. 고등학교·고등기술학교
5. 특수학교
6. 각종학교

제3조(국 · 공 · 사립학교의 구분) 제2조 각호의 학교(이하 "학교"라 한다)는 국가가 설립·경영하는 국립학교, 지방자치단체가 설립·경영하는 공립학교(설립주체에 따라 시립학교·도립학교로 구분할 수 있다), 법인 또는 사인이 설립·경영하는 사립학교로 구분한다.

제4조(학교의 설립등) ①학교를 설립하고자 하는 자는 시설·설비등 대통령령이 정하는 설립기준을 갖추어야 한다. ②사립학교를 설립하고자 하는 자는 특별시·광역시 또는 도 교육감(이하 "교육감"이라 한다)의 인가를 받아야 한다. ③사립학교를 설립·경영하는 자가 학교를 폐지하거나 대통령령이 정하는 중요사항을 변경하고자 하는 경우에는 교육감의 인가를 받아야 한다.

제5조(학교의 병설) 초등학교·중학교 및 고등학교는 지역의 실정에 따라 상호 병설할 수 있다.

제6조(지도 · 감독) 국립학교는 교육과학기술부장관의 지도·감독을 받으며, 공·사립학교는 교육감의 지도·감독을 받는다.

제7조(장학지도) 교육과학기술부장관 및 교육감은 학교에 대하여 교육과정운영 및 교수·학습방법등에 대한 장학지도를 실시할 수 있다.

제8조(학교규칙) ①학교의 장(학교를 설립하는 경우에는 당해 학교를 설립하고자 하는 자를 말한다)은 법령의 범위안에서 지도·감독기관(국립학교인 경우에는 교육과학기술부장관, 공·사립학교인 경우에는 교육감을 말한다. 이하 "관할청"이라 한다)의 인가를 받아 학교규칙(이하 "학칙"이라 한다)을 제정할 수 있다. ②학칙의 기재사항 및 제정절차등에 관하여 필요한 사항은 대통령령으로 정한다.

제9조(평가) ①교육과학기술부장관은 학교에 재학중인 학생의 학업성취도를 측정하기 위한 평가를 실시할 수 있다. ②교육과학기술부장관은 교육행정의 효율적 수행을 위하여 필요한 경우에는 지방자치단체의 교육·과학·기술·체육 기타 학예에 관한 사무를 관장하는 지방교육행정기관과 학교에 대하여 평가를 실시할 수 있다. ③제2항의 규정에 의한 평가의 대상·기준 및 절차와 평가결과의 공개등에 관하여 필요한 사항은 대통령령으로 정한다. ④평가대상기관의 장은 특별한 사유가 있는 경우를 제외하고는 제1항

및 제2항의 규정에 의한 평가에 응하여야 한다.

제10조(수업료등) ①학교의 설립·경영자는 수업료 기타 납부금을 받을 수 있다. ②제1항의 규정에 따른 수업료 기타 납부금의 징수등에 관하여 필요한 사항은 국립학교에 있어서는 교육과학기술부령으로 정하고, 공립 및 사립학교에 있어서는 특별시·광역시 또는 도(이하 "시·도"라 한다)의 조례로 정한다. 이 경우 국민의 교육을 받을 권리를 본질적으로 침해하는 내용을 정하여서는 아니 된다.

제11조(학교시설등의 이용) 모든 국민은 학교교육에 지장이 없는 범위안에서 국립학교의 경우에는 학교의 장이, 공립 및 사립학교의 경우에는 시·도의 교육규칙이 정하는 바에 의하여 학교시설등을 이용할 수 있다.

나. 제 2장 의무교육

제12조(의무교육)① 국가는 교육기본법 제8조제1항의 규정에 의한 의무교육을 실시하여야 하며, 이를 위한 시설의 확보등 필요한 조치를 강구하여야 한다. ②지방자치단체는 그 관할구역안의 의무교육대상자 전원을 취학시키는데 필요한 초등학교 및 중학교와 초등학교 및 중학교의 과정을 교육하는 특수학교를 설립·경영하여야 한다. ③지방자치단체는 지방자치단체가 설립한 초등학교·중학교 및 특수학교에 그 관할구역안의 의무교육대상자 전원을 취학시키는 것이 곤란한 경우에는 인접한 지방자치단체와 협의하여 합동으로 초등학교·중학교 또는 특수학교를 설립·경영하거나, 인접한 지방자치단체나 국립 또는 사립의 초등학교·중학교 또는 특수학교에 위탁하여 의무교육대상자의 일부에 대한 교육을 실시할 수 있다. ④국·공립학교의 설립·경영자 및 제3항의 규정에 의하여 의무교육대상자를 위탁받은 사립학교의 설립·경영자는 의무교육을 받는 자에 대하여 수업료를 받을 수 없다.

제13조(취학의무) ①모든 국민은 그가 보호하는 자녀 또는 아동이 만 6세가 된 날이 속하는 해의 다음 해 3월 1일부터 만 12세(제27조의 규정에 의하여 조기

진급 또는 조기졸업을 하는 자의 경우에는 만12세에서 해당 연수(연수)를 뺀 연령을 말하고, 출석일수의 부족 등으로 인하여 진급 또는 졸업하지 못한 자의 경우에는 해당 연수를 더한 연령을 말한다)가 되는 날이 속하는 해의 다음해 2월 말까지 그 자녀 또는 아동을 초등학교에 취학시켜야 한다. ②제1항에도 불구하고 자녀 또는 아동의 보호자는 만 5세가 된 날이 속하는 해의 다음 해 또는 만 7세가 된 날이 속하는 해의 다음 해에 그 자녀 또는 아동을 입학시킬 수 있다. 이 경우 만 5세가 된 날이 속하는 해의 다음 해에 입학한 자녀 또는 아동을 보호하는 자는 그 자녀 또는 아동이 만 11세, 만 7세가 된 날이 속하는 해의 다음 해에 입학한 자녀 또는 아동을 보호하는 자는 그 자녀 또는 아동이 만 13세(제27조에 따라 조기진급 또는 조기졸업을 하는 자의 경우에는 만 11세 또는 만 13세에서 해당 연수(年數)를 뺀 연령을 말하고, 출석일수의 부족 등으로 인하여 진급 또는 졸업하지 못한 자의 경우에는 해당 연수를 더한 연령을 말한다)가 되는 날이 속하는 해의 다음 해 2월 말까지 그 자녀 또는 아동을 초등학교에 취학시켜야 한다. ③모든 국민은 그가 보호하는 자녀 또는 아동이 초등학교를 졸업한 학년의 다음 학년초부터 만15세(제2항의 규정에 의하여 만 5세가 된 날이 속하는 해의 다음 해에 입학한 자의 경우에는 만 14세를 말하고, 만 7세가 된 날이 속하는 해의 다음 해에 입학한 자의 경우에는 만 16세를 말하며, 제27조의 규정에 의하여 조기진급 또는 조기졸업을 하는 자의 경우에는 해당 연수(연수)를 뺀 연령을 말하고, 출석일수의 부족 등으로 인하여 진급 또는 졸업하지 못한 자의 경우에는 해당 연수를 더한 연령을 말한다)가 되는 날이 속하는 해의 다음 해 2월 말까지 그 자녀 또는 아동을 중학교에 취학시켜야 한다. ④제1항 내지 제3항의 규정에 의한 취학의무의 이행 및 독려등에 관하여 필요한 사항은 대통령령으로 정한다.

제14조(취학의무의 면제등) ①질병·발육상태 등 부득이한 사유로 인하여 취학이 불가능한 의무교육대상자에 대하여는 대통령령으로 정하는 바에 따라 제13조에 따른 취학의무를 면제하거나 유예할 수 있다. ②제1항의 규정에 의하여 취학의무를 면제 또는 유예받은 자가 다시 취학하고자 하는 경우에는 대통령령이 정하는 바에 의하여 학습능력을 평가한 후 학년을 정하여 취학하게 할 수 있다. 이 경우 다시 취학하는 자의 학년이 취학의무를 면제

또는 유예받지 아니하고 계속 취학하였을 때의 학년과 차이가 있는 경우에는 제13조의 규정에 의한 연령에 그 해당 연수를 더한다.

제15조(고용자의 의무) 의무교육대상자를 고용하는 자는 그 고용으로 인하여 당해 의무교육대상자가 의무교육을 받는 것을 방해하여서는 아니된다.

제16조(친권자등에 대한 보조) 국가 및 지방자치단체는 의무교육대상자의 친권자 또는 후견인이 경제적 사유로 의무교육대상자를 취학시키기 곤란할 때에는 교육비를 보조할 수 있다.

다. 제 3장 학생과 교직원

1) 제 1절 학생

제17조(학생자치활동) 학생의 자치활동은 권장·보호되며, 그 조직 및 운영에 관한 기본적인 사항은 학칙으로 정한다.

제18조(학생의 징계) ①학교의 장은 교육상 필요한 때에는 법령 및 학칙이 정하는 바에 의하여 학생을 징계하거나 기타의 방법으로 지도할 수 있다. 다만, 의무교육과정에 있는 학생을 퇴학시킬 수 없다. ② 학교의 장은 학생을 징계하고자 하는 경우 해당 학생 또는 학부모에게 의견진술의 기회를 부여하는 등 적정한 절차를 거쳐야 한다.

제18조의2(재심청구) ①제18조 제1항에 따른 징계처분 중 퇴학조치에 대하여 이의가 있는 학생 또는 그 보호자는 그 조치를 받은 날부터 15일 이내 또는 그 조치가 있음을 안 날부터 10일 이내에 제18조의3에 따른 시·도학생징계조정위원회에 그 재심을 청구할 수 있다. ②제18조의3에 따른 시·도학생징계조정위원회는 제1항에 따른 재심청구를 받은 때에는 30일 이내에 이를 심사·결정하여 청구인에게 통보하여야 한다. ③제2항의 심사결정에 이의가 있는 청구인은 그 통보를 받은 날부터 60일 이내에 행정심판을 제기할 수 있다. ④제1항에 따른 재심청구, 제2항에 따른 심사 절차와 결정 통보 등에 필요한 사항은 대통령령으로 정한다.

제18조의3(시 · 도학생징계조정위원회의 설치) ①제18조의2제 1항에 따른 재심청구를 심사 · 결정하기 위하여 교육감 소속으로 시 · 도학생징계조정위원회(이하 "징계조정위원회"라 한다)를 둔다. ②징계조정위원회의 조직 · 운영 등에 필요한 사항은 대통령령으로 정한다.

제18조의4(학생의 인권보장) 학교의 설립자 · 경영자와 학교의 장은 「헌법」과 국제인권조약에 명시된 학생의 인권을 보장하여야 한다.

2) 제 2절 교직원

제19조(교직원의 구분) ①학교에 두는 교원은 다음 각호와 같다.

1. 삭제
2. 초등학교 · 중학교 · 고등학교 · 공민학교 · 고등공민학교 · 고등기술학교 및 특수학교에는 교장 · 교감 및 교사를 둔다. 다만, 학생수 100명이하인 학교 또는 학급수 5학급이하인 학교중 대통령령으로 정하는 일정규모이하의 학교에는 교감을 두지 아니할 수 있다.
3. 각종학교에는 제1호 및 제2호의 규정에 준하여 필요한 교원을 둔다.

②학교에는 교원외에 학교운영에 필요한 행정직원등 직원을 둔다. ③ 학교에 두는 교원과 직원(이하 "교직원"이라 한다)의 정원 · 배치기준등에 관하여 필요한 사항은 대통령령으로 정한다.

제19조의2(전문상담교사의 배치 등) ①학교에 전문상담교사를 두거나 시 · 도 교육행정기관에 교육공무원법 제22조의2의 규정에 의하여 전문상담순회교사를 둔다. ②제1항의 순회교사의 정원 · 배치기준 등에 관하여 필요한 사항은 대통령령으로 정한다.

제20조(교직원의 임무) ①교장은 교무를 통할하고, 소속 교직원을 지도 · 감독하며, 학생을 교육한다. ②교감은 교장을 보좌하여 교무를 관리하고 학생을 교육하며, 교장이 부득이한 사유로 직무를 수행할 수 없는 때에는 그 직무를 대행한다. 다만, 교감을 두지 아니하는 학교의 경우에는 교장이 미리 지명한 교사가 그 직무를 대행한다.③교사는 법령이 정하는 바에 따라 학생을 교육한다. ④행정직원등 직원은 교장의 명을 받아 학교의 행정사무와

기타의 사무를 담당한다.

제21조(교원의 자격) ①교장 및 교감은 별표 1의 자격기준에 해당하는 자로서 대통령령이 정하는 바에 의하여 교육과학기술부장관이 검정·수여하는 자격증을 받은 자이어야 한다. ②교사는 정교사(1급·2급)·준교사·전문상담교사(1급·2급)·사서교사(1급·2급)·실기교사·보건교사(1급·2급) 및 영양교사(1급·2급)로 나누되, 별표 2의 자격기준에 해당하는 자로서 대통령령이 정하는 바에 의하여 교육과학기술부장관이 검정·수여하는 자격증을 받은 자이어야 한다. ③제1항 및 제2항의 규정에 의한 교원자격의 검정에 관한 사항을 심의하기 위하여 교육과학기술부장관소속하에 교원자격검정위원회를 둔다. ④제3항의 규정에 의한 교원자격검정위원회의 조직·권한 및 운영과 교원의 자격검정에 관하여 필요한 사항은 대통령령으로 정한다.

제22조(산학겸임교사등) ①학교에는 교육과정운영상 필요한 경우에 제19조제1항의 규정에 의한 교원외에 산학겸임교사·명예교사 또는 강사등을 두어 학생의 교육을 담당하게 할 수 있다. ②제1항의 규정에 의하여 학교에 두는 산학겸임교사등의 종류·자격기준 및 임용등에 관하여 필요한 사항은 대통령령으로 정한다.

라. 제 4장 학교

1) 제 1절 통칙

제23조(교육과정등) ①학교는 교육과정을 운영하여야 한다. ②교육과학기술부장관은 제1항의 규정에 의한 교육과정의 기준과 내용에 관한 기본적인 사항을 정하며, 교육감은 교육과학기술부장관이 정한 교육과정의 범위안에서 지역의 실정에 적합한 기준과 내용을 정할 수 있다. ③학교의 교과는 대통령령으로 정한다.

제24조(수업등) ①학교의 학연도는 3월 1일부터 시작하여 다음해 2월말일까지로 한다. ②수업은 주간·전일제로 함을 원칙으로 한다. 다만, 법령 또는 학칙이 정하는 바에 의하여 야간수업·계절수업·시간수업 또는 방송·통신에

의한 수업등을 할 수 있다. ③학교의 학기·수업일수·학급편성 및 휴업일과 반의 편성·운영 기타 수업에 관하여 필요한 사항은 대통령령으로 정한다.

제25조(학교생활기록) ①학교의 장은 학생의 학업성취도 및 인성 등을 종합적으로 관찰·평가하여 학생지도 및 상급학교(「고등교육법」 제2조 각호의 규정에 의한 학교를 포함한다. 이하 같다)의 학생선발에 활용할 수 있는 다음 각호의 자료를 교육과학기술부령이 정하는 기준에 따라 작성·관리하여야 한다.

1. 인적사항
2. 학적사항
3. 출결상황
4. 자격증 및 인증취득상황
5. 교과학습발달상황
6. 행동특성 및 종합의견
7. 그 밖에 교육목적에 필요한 범위 안에서 교육과학기술부령이 정하는 사항

②학교의 장은 제1항의 규정에 의한 자료를 제30조의4의 규정에 의한 교육정보시스템으로 작성·관리하여야 한다. ③학교의 장은 소속 학교의 학생이 전출하는 때에는 제1항의 규정에 의한 자료를 전입하는 학교의 장에게 이관하여야 한다.

제26조(학년제) ①학생의 진급 또는 졸업은 학년제에 의한다. ②제1항의 규정에 불구하고 학교의 장은 관할청의 승인을 얻어 학년제외의 제도를 채택할 수 있다.

제27조(조기진급 및 조기졸업등) ①초등학교·중학교·고등학교 및 이에 준하는 각종학교의 장은 재능이 우수한 자에 대하여 제23조·제24조·제26조·제39조·제42조 및 제46조의 규정에 불구하고 수업년한의 단축(수업상의 특례를 포함한다)에 의하여 조기진급 또는 조기졸업을 할 수 있도록 하거나 상급학교 조기입학을 위한 자격을 부여할 수 있다. ②제1항의 규정에 의하여 상급학교로의 조기입학을 위한 자격을 부여받아 상급학교에 입학한 경우에는 조기졸업한 것으로 본다. ③제1항 및 제2항의 규정에 의한 재능이 우수

한 자의 선정과 조기진급, 조기졸업 및 상급학교 조기입학자격의 부여등에 관하여 필요한 사항은 대통령령으로 정한다.

제28조(학습부진아등에 대한 교육) 국가 및 지방자치단체는 학습부진 또는 성격장애등의 사유로 정상적인 학교생활을 하기 어려운 학생 및 학업을 중단한 학생들을 위하여 대통령령이 정하는 바에 의하여 수업일수 및 교육과정의 신축적 운영등 교육상 필요한 시책을 강구하여야 한다.

제29조(교과용도서의 사용) ①학교에서는 국가가 저작권을 가지고 있거나 교육과학기술부장관이 검정 또는 인정한 교과용도서를 사용하여야 한다. ②교과용도서의 범위·저작·검정·인정·발행·공급·선정 및 가격사정에 관하여 필요한 사항은 대통령령으로 정한다.

제30조(초·중·고등학교의 통합·운영) ①학교의 설립·경영자는 효율적인 학교운영을 위하여 필요한 경우 지역의 실정에 따라 초등학교 및 중학교, 중학교 및 고등학교 또는 초등학교·중학교 및 고등학교의 시설·설비 및 교원등을 통합하여 운영할 수 있다. ②제1항의 규정에 의하여 통합·운영하는 학교의 시설·설비기준 및 교원배치기준등에 관하여 필요한 사항은 대통령령으로 정한다.

제30조의2(학교회계의 설치) ①국·공립의 초등학교·중학교·고등학교 및 특수학교에 학교회계를 설치한다. ②학교회계는 다음 각호의 수입을 세입으로 한다.

1. 국가의 일반회계 또는 지방자치단체의 교육비특별회계로부터의 전입금
2. 제32조 제7호의 학교운영지원비
3. 제33조의 학교발전기금으로부터의 전입금
4. 제10조의 규정에 의한 수업료 기타 납부금 및 학교운영지원비외에 학교운영위원회의 심의를 거쳐 학부모가 부담하는 경비
5. 국가 또는 지방자치단체의 보조금 및 지원금
6. 사용료 및 수수료
7. 이월금
8. 물품매각대금
9. 기타 수입

③학교회계는 학교운영 및 학교시설의 설치등을 위하여 필요한 일체의 경비를 세출로 한다. ④학교회계는 예측할 수 없는 예산외의 지출 또는 예산초과지출에 충당하기 위하여 예비비로서 상당한 금액을 세출예산에 계상할 수 있다. ⑤학교회계의 설치에 관하여 필요한 사항은 국립학교의 경우에는 교육과학기술부령으로, 공립학교의 경우에는 시·도의 교육규칙으로 정한다.

제30조의3(학교회계의 운영) ①학교회계의 회계연도는 매년 3월 1일에 시작하여 다음해 2월 말일에 종료한다. ②학교의 장은 회계연도마다 학교회계세입세출예산안을 편성하여 회계연도 개시 30일전까지 제31조의 규정에 의한 학교운영위원회에 제출하여야 한다. ③학교운영위원회는 학교회계세입세출예산안을 회계연도 개시 5일전까지 심의하여야 한다. ④학교의 장은 제3항의 규정에 의한 예산안이 새로운 회계연도가 개시될 때까지 확정되지 아니한 때에는 다음 각호의 경비를 전년도 예산에 준하여 집행할 수 있다. 이 경우 전년도 예산에 준하여 집행된 예산은 당해연도의 예산이 확정되면 그 확정된 예산에 의하여 집행된 것으로 본다.

1. 교직원등의 인건비
2. 학교교육에 직접 사용되는 교육비
3. 학교시설의 유지관리비
4. 법령상 지급의무가 있는 경비
5. 이미 예산으로 확정된 경비

⑤학교의 장은 회계연도마다 결산서를 작성하여 회계연도 종료후 2월이내에 학교운영위원회에 제출하여야 한다. ⑥학교회계의 운영에 관하여 필요한 사항은 국립학교의 경우에는 교육과학기술부령으로, 공립학교의 경우에는 시·도의 교육규칙으로 정한다.

제30조의4(교육정보시스템의 구축·운영 등) ①교육과학기술부장관 및 교육감은 학교 및 교육행정기관의 업무를 전자적으로 처리할 수 있도록 교육정보시스템(이하 "정보시스템"이라 한다)을 구축·운영할 수 있다. ②교육과학기술부장관 및 교육감은 정보시스템의 운영 및 지원을 위하여 정보시스템운영센터를 설치·운영하거나 정보시스템의 효율적 운영을 위하여 필요하다고

인정되는 경우 정보시스템의 운영 및 지원업무를 교육의 정보화를 지원하는 법인 또는 기관에게 위탁할 수 있다. ③제1항의 규정에 의한 정보시스템의 구축·운영·접속방법 및 제2항의 규정에 의한 정보시스템운영센터의 설치·운영 등에 관하여 필요한 사항은 교육과학기술부령으로 정한다.

제30조의5(정보시스템에 의한 업무처리) ①교육과학기술부장관 및 교육감은 소관업무의 전부 또는 일부를 정보시스템을 이용하여 처리하여야 한다. ②학교의 장은 제25조제2항의 규정에 의한 학교생활기록 및 「학교보건법」 제7조의3제2항의 규정에 의한 건강검사기록을 정보시스템을 이용하여 처리하는 외에 소관업무의 전부 또는 일부를 정보시스템을 이용하여 처리하여야 한다.

제30조의6(학생 관련 자료제공의 제한) ①학교의 장은 제25조의 규정에 의한 학교생활기록 및 「학교보건법」 제7조의3의 규정에 의한 건강검사에 관한 자료를 당해 학생(학생이 미성년자인 경우에는 학생 및 학생의 부모 등 보호자)의 동의 없이 제3자에게 제공하여서는 아니된다. 다만, 다음 각호의 어느 하나에 해당하는 경우에는 그러하지 아니하다.

1. 학교에 대한 감독·감사의 권한을 가진 행정기관이 그 업무를 처리하기 위하여 필요한 경우
2. 제25조의 규정에 의한 학교생활기록을 상급학교의 학생선발에 이용하기 위하여 제공하는 경우
3. 통계작성 및 학술연구 등의 목적을 위한 경우로서 특정 개인을 식별할 수 없는 형태로 제공하는 경우
4. 범죄의 수사와 공소의 제기 및 유지에 필요한 경우
5. 법원의 재판업무수행을 위하여 필요한 경우
6. 그 밖에 관계법률의 규정에 의하여 제공하는 경우

②학교의 장은 제1항 단서의 규정에 의하여 자료를 제3자에게 제공하는 때에는 당해 자료를 제공받은 자에 대하여 사용목적·사용방법 그 밖에 필요한 사항에 대하여 제한을 하거나 당해 자료의 안전성 확보를 위하여 필요한 조치를 강구하도록 요청할 수 있다. ③제1항의 규정에 의하여 자료를 제공받은 자는 그 본래의 목적 외의 용도로 이를 이용하여서는 아니된다.

제30조의7(정보시스템에 의한 업무처리 등에 대한 지도 · 감독) 교육과학기술부장관 및 교육감은 필요하다고 인정하는 때에는 제30조의5의 규정에 의한 업무처리 및 제30조의6의 규정에 의한 자료제공 또는 이용에 관한 사항을 지도·감독할 수 있다.<개정 2008.2.29>

2) 제 2절 학교운영위원회

제31조(학교운영위원회의 설치) ①학교운영의 자율성을 높이고 지역의 실정과 특성에 맞는 다양한 교육을 창의적으로 실시할 수 있도록 하기 위하여 국·공립 및 사립의 초등학교·중학교·고등학교 및 특수학교에 학교운영위원회를 구성·운영하여야 한다. ②국·공립학교에 두는 학교운영위원회는 당해 학교의 교원대표·학부모대표 및 지역사회 인사로 구성한다. ③국·공립 및 사립학교에 두는 학교운영위원회의 위원정수는 5인이상 15인이내의 범위안에서 학교의 규모 등을 고려하여 대통령령으로 정한다.

제31조의2(결격사유) ①국가공무원법 제33조 각호의 1에 해당하는 자는 학교운영위원회의 위원으로 선출될 수 없다. ②학교운영위원회의 위원이 국가공무원법 제33조 각호의 1에 해당할 때에는 당연히 퇴직한다.

제32조(기능) ①국·공립학교에 두는 학교운영위원회는 다음 각호의 사항을 심의한다.

1. 학교헌장 및 학칙의 제정 또는 개정에 관한 사항
2. 학교의 예산안 및 결산에 관한 사항
3. 학교교육과정의 운영방법에 관한 사항
4. 교과용도서 및 교육자료의 선정에 관한 사항

4의 2. 교복·체육복·졸업앨범 등 학부모가 경비를 부담하는 사항

5. 정규학습시간 종료후 또는 방학기간중의 교육활동 및 수련활동에 관한 사항
6. 교육공무원법 제31조제2항의 규정에 의한 초빙교원의 추천에 관한 사항
7. 학교운영지원비의 조성·운용 및 사용에 관한 사항

8. 학교급식에 관한 사항

9. 대학입학 특별전형중 학교장 추천에 관한 사항

10. 학교운동부의 구성 · 운영에 관한 사항

11. 학교운영에 대한 제안 및 건의 사항

12. 기타 대통령령, 시 · 도의 조례로 정하는 사항

②사립학교의 장은 제1항 각호의 사항(제6호의 사항은 제외한다)에 대하여 학교운영위원회의 자문을 거쳐야 한다. 다만, 제1호의 사항에 대하여는 학교법인의 요청이 있는 경우에 한한다. ③국 · 공립 및 사립학교에 두는 학교운영위원회는 학교발전기금의 조성 · 운용 및 사용에 관한 사항에 대하여 심의 · 의결한다.

제33조(학교발전기금) ①제31조의 규정에 의한 학교운영위원회는 학교발전기금을 조성할 수 있다. ②제1항의 규정에 의한 학교발전기금의 조성 및 운용방법등에 관하여 필요한 사항은 대통령령으로 정한다.

제34조(학교운영위원회의 구성 · 운영) ①제31조의 규정에 의한 학교운영위원회 중 국립학교에 두는 학교운영위원회의 구성 · 운영에 관하여 필요한 사항은 대통령령으로 정하고, 공립학교에 두는 학교운영위원회의 구성 · 운영에 관하여 필요한 사항은 대통령령이 정하는 범위안에서 시 · 도의 조례로 정한다. ②사립학교에 두는 학교운영위원회의 위원구성에 관한 사항은 대통령령으로 정하고, 기타 운영에 관하여 필요한 사항은 정관으로 정한다.

제34조의2(학교운영위원회 위원의 연수 등) ①교육감은 학교운영위원회 위원의 자질과 직무수행능력의 향상을 위한 연수를 실시할 수 있다. ②교육감은 제1항에 따른 연수를 연수기관 또는 민간기관에 위탁하여 실시할 수 있다. ③교육감은 제2항에 따라 연수를 위탁받은 기관에 대하여 행정적 · 재정적 지원을 할 수 있다. ④그 밖에 필요한 사항은 대통령령으로 정한다.

5 평생교육법

가. 제 1장 총칙

제1조(목적) 이 법은 「헌법」과 「교육기본법」에 규정된 평생교육의 진흥에 대한 국가 및 지방자치단체의 책임과 평생교육제도와 그 운영에 관한 기본적인 사항을 정함을 목적으로 한다.

제2조(정의) 이 법에서 사용하는 용어의 정의는 다음과 같다.

1. "평생교육"이란 학교의 정규교육과정을 제외한 학력보완교육, 성인기초·문자해득교육, 직업능력 향상교육, 인문교양교육, 문화예술교육, 시민참여교육 등을 포함하는 모든 형태의 조직적인 교육활동을 말한다.
2. "평생교육기관"이란 다음 각 목의 어느 하나에 해당하는 시설·법인 또는 단체를 말한다.
   가. 이 법에 따라 인가·등록·신고된 시설·법인 또는 단체
   나. 「학원의 설립·운영 및 과외교습에 관한 법률」에 따른 학원 중 학교교과교습학원을 제외한 평생직업교육을 실시하는 학원
   다. 그 밖에 다른 법령에 따라 평생교육을 주된 목적으로 하는 시설·법인 또는 단체
3. "문자해득교육"이란 일상생활을 영위하는데 필요한 기초능력이 부족하여 가정·사회 및 직업생활에서 불편을 느끼는 자들을 대상으로 문자해득(文字解得) 능력을 갖출 수 있도록 하는 조직화된 교육프로그램을 말한다.

제3조(다른 법률과의 관계) 평생교육에 관하여 다른 법률에 특별한 규정이 있는 경우를 제외하고는 이 법을 적용한다.

제4조(평생교육의 이념) ①모든 국민은 평생교육의 기회를 균등하게 보장받는다. ②평생교육은 학습자의 자유로운 참여와 자발적인 학습을 기초로 이루어져야 한다. ③평생교육은 정치적·개인적 편견의 선전을 위한 방편으로 이용되어서는 아니 된다. ④일정한 평생교육과정을 이수한 자에게는 그에

상응하는 자격 및 학력인정 등 사회적 대우를 부여하여야 한다.

제5조(국가 및 지방자치단체의 임무) ①국가 및 지방자치단체는 모든 국민에게 평생교육 기회가 부여될 수 있도록 평생교육진흥정책을 수립·추진하여야 한다. ②국가 및 지방자치단체는 그 소관에 속하는 단체·시설·사업장 등의 설치자에 대하여 평생교육의 실시를 적극 권장하여야 한다.

제6조(교육과정 등) 평생교육의 교육과정·방법·시간 등에 관하여 이 법과 다른 법령에 특별한 규정이 있는 경우를 제외하고는 평생교육을 실시하는 자가 정하되, 학습자의 필요와 실용성을 존중하여야 한다.

제7조(공공시설의 이용) ①평생교육을 실시하는 자는 평생교육을 위하여 공공시설을 그 본래의 용도에 지장이 없는 범위 안에서 관련 법령으로 정하는 바에 따라 이용할 수 있다. ②제1항의 경우 공공시설의 관리자는 특별한 사유가 없는 한 그 이용을 허용하여야 한다.

제8조(학습휴가 및 학습비 지원) 국가·지방자치단체와 공공기관의 장 또는 각종 사업의 경영자는 소속 직원의 평생학습기회를 확대하기 위하여 유급 또는 무급의 학습휴가를 실시하거나 도서비·교육비·연구비 등 학습비를 지원할 수 있다.

나. 제 2장 평생교육진흥기본계획 등

제9조(평생교육진흥기본계획의 수립) ①교육과학기술부장관은 5년마다 평생교육진흥기본계획(이하 "기본계획"이라 한다)을 수립하여야 한다. ②기본계획에는 다음 각 호의 사항이 포함되어야 한다.

1. 평생교육진흥의 중·장기 정책목표 및 기본방향에 관한 사항
2. 평생교육의 기반구축 및 활성화에 관한 사항
3. 평생교육진흥을 위한 투자확대 및 소요재원에 관한 사항
4. 평생교육진흥정책에 대한 분석 및 평가에 관한 사항
5. 그 밖에 평생교육진흥을 위하여 필요한 사항

③교육과학기술부장관은 기본계획을 관계 중앙행정기관의 장, 특별시장·

광역시장 · 도지사 · 특별자치도지사(이하 "시 · 도지사"라 한다), 시 · 도교육감 및 시장 · 군수 · 자치구의 구청장에게 통보하여야 한다.

제10조(평생교육진흥위원회의 설치) ①평생교육진흥정책에 관한 주요사항을 심의하기 위하여 교육과학기술부장관 소속으로 평생교육진흥위원회(이하 "진흥위원회"라 한다)를 둔다. ②진흥위원회는 다음 각 호의 사항을 심의한다.

1. 기본계획에 관한 사항
2. 평생교육진흥정책의 평가 및 제도개선에 관한 사항
3. 평생교육지원 업무의 협력과 조정에 관한 사항
4. 그 밖에 평생교육진흥정책을 위하여 대통령령으로 정하는 사항

③진흥위원회는 위원장을 포함하여 20인 이내의 위원으로 구성한다. ④진흥위원회의 위원장은 교육과학기술부장관으로 하고, 위원은 평생교육과 관련된 관계 부처 차관, 평생교육과 관련된 전문가 등 평생교육에 관한 전문지식 및 경험이 풍부한 자 중에서 위원장이 위촉한다. ⑤진흥위원회의 구성 · 운영에 필요한 사항은 대통령령으로 정한다.

제11조(연도별 평생교육진흥시행계획의 수립 · 시행) 시 · 도지사는 기본계획에 따라 연도별 평생교육진흥시행계획(이하 "시행계획"이라 한다)을 수립 · 시행하여야 한다. 이 경우 시 · 도교육감과 협의하여야 한다.

제12조(시 · 도평생교육협의회) ①시행계획의 수립 · 시행에 필요한 사항을 심의하기 위하여 시 · 도지사 소속으로 시 · 도평생교육협의회(이하 "시 · 도협의회"라 한다)를 둔다. ②시 · 도협의회는 의장 · 부의장을 포함하여 20인 이내의 위원으로 구성한다. ③시 · 도협의회의 의장은 시 · 도지사로 하고, 부의장은 시 · 도의 부교육감으로 한다. ④시 · 도협의회 위원은 관계 공무원, 평생교육과 관련된 전문가, 평생교육 관계 기관의 운영자 등 평생교육에 관한 전문지식 및 경험이 풍부한 자 중에서 해당 시 · 도의 교육감과 협의하여 의장이 위촉한다. ⑤시 · 도협의회의 구성 · 운영에 필요한 사항은 해당 지방자치단체의 조례로 정한다.

제13조(관계 행정기관의 장 등의 협조) ①교육과학기술부장관은 기본계획을 수립하기 위하여 필요하다고 인정하는 때에는 관계 행정기관이나 그 밖의 기관 또는 단체의 장에게 관련 자료를 요청할 수 있다. ②시 · 도지사는 시행

계획을 수립하기 위하여 필요하다고 인정하는 때에는 관계 행정기관이나 그 밖의 기관 또는 단체의 장에게 관련 자료를 요청할 수 있다. ③제1항 및 제2항에 따라 자료를 요청 받은 기관 또는 단체의 장은 특별한 사정이 없는 한 협조하여야 한다.

제14조(시 · 군 · 자치구평생교육협의회) ①시 · 군 및 자치구에는 지역주민을 위한 평생교육의 실시와 관련되는 사업간 조정 및 유관기관 간 협력 증진을 위하여 시 · 군 · 자치구평생교육협의회(이하 "시 · 군 · 구협의회"라 한다)를 둔다. ②시 · 군 · 구협의회는 의장 1인과 부의장 1인을 포함하여 12인 이내의 위원으로 구성한다. ③시 · 군 · 구협의회의 의장은 시장 · 군수 또는 자치구의 구청장으로 하고, 위원은 시 · 군 · 자치구 및 지역교육청의 관계 공무원, 평생교육 전문가, 관할 지역 내 평생교육 관계 기관의 운영자 중에서 의장이 위촉한다. ④시 · 군 · 구협의회의 구성 · 운영 등에 필요한 사항은 지방자치단체의 조례로 정한다.

제15조(평생학습도시) ①국가는 지역사회의 평생교육 활성화를 위하여 시 · 군 및 자치구를 대상으로 평생학습도시를 지정 및 지원할 수 있다. ②제1항에 따른 평생학습도시 간의 연계 · 협력 및 정보교류의 증진을 위하여 전국평생학습도시협의회를 둘 수 있다. ③제2항에 따른 전국평생학습도시협의회의 구성 · 운영에 필요한 사항은 대통령령으로 정한다. ④제1항에 따른 평생학습도시의 지정 및 지원에 필요한 사항은 교육과학기술부장관이 정한다.

제16조(경비보조 및 지원) ①국가 및 지방자치단체는 이 법과 다른 법령으로 정하는 바에 따라 다음 각 호의 어느 하나에 해당하는 평생교육진흥사업을 실시 또는 지원할 수 있다.

1. 평생교육기관의 설치 · 운영
2. 제24조에 따른 평생교육사의 양성 및 배치
3. 평생교육프로그램의 개발
4. 그 밖에 국민의 평생교육 참여를 촉진하기 위하여 수행하는 사업 등

②지방자치단체의 장은 해당 지방자치단체의 조례로 정하는 바에 따라 주민을 위한 평생교육진흥사업을 실시하거나 지원할 수 있다. 이 경우 교육

감 또는 지역교육장과 협의하여야 한다.

제17조(지도 및 지원) ①국가 및 지방자치단체는 평생교육기관의 요청이 있는 때에는 그 기관의 평생교육활동을 지도 또는 지원할 수 있다. ②국가 및 지방자치단체는 평생교육기관의 요청이 있는 때에는 그 기관에서 평생교육활동에 종사하는 자의 능력향상에 필요한 연수를 실시할 수 있다.

제18조(평생교육 통계조사 등) ①교육과학기술부장관 및 시·도지사는 평생교육의 실시 및 지원에 관한 현황 등 기초자료를 조사하고 이와 관련된 통계를 공개하여야 한다. ②평생교육과 관련된 업무 담당자 및 평생교육기관 운영자 등은 제1항의 조사에 협조하여야 한다.

다. 제 3장 평생교육진흥원 등

제19조(평생교육진흥원) ①국가는 평생교육진흥과 관련된 업무를 지원하기 위하여 평생교육진흥원(이하 "진흥원"이라 한다)을 설립한다. ②진흥원은 법인으로 한다. ③진흥원은 주된 사무소의 소재지에서 설립등기를 함으로써 성립한다. ④진흥원은 다음 각 호의 업무를 수행한다.

1. 평생교육진흥을 위한 지원 및 조사 업무
2. 진흥위원회가 심의하는 기본계획 수립의 지원
3. 평생교육프로그램 개발의 지원
4. 제24조에 따른 평생교육사를 포함한 평생교육 종사자의 양성·연수
5. 평생교육기관간 연계체제의 구축
6. 제20조에 따른 시·도평생교육진흥원에 대한 지원
7. 평생교육 종합정보시스템 구축·운영
8. 「학점인정 등에 관한 법률」 및 「독학에 의한 학위취득에 관한 법률」에 따른 학점 또는 학력인정에 관한 사항
9. 제23조에 따른 학습계좌의 통합 관리·운영
10. 그 밖에 진흥원의 목적수행을 위하여 필요한 사업

⑤진흥원의 정관에는 다음 각 호의 사항을 기재하여야 한다.

1. 목적

2. 명칭
3. 주된 사무소의 소재지
4. 사업에 관한 사항
5. 임원 및 직원에 관한 주요 사항
6. 이사회에 관한 사항
7. 재산 및 회계에 관한 사항
8. 정관의 변경에 관한 사항

⑥제5항에 따른 정관의 내용을 변경하고자 하는 때에는 교육과학기술부장관의 인가를 받아야 한다. ⑦국가는 예산의 범위 내에서 진흥원의 설립·운영에 필요한 경비를 출연할 수 있다. ⑧진흥원에 관하여 이 법에서 정하는 것을 제외하고는 「민법」 중 재단법인에 관한 규정을 준용한다.

제20조(시·도평생교육진흥원의 운영) ①시·도지사는 대통령령으로 정하는 바에 따라 시·도평생교육진흥원을 설치 또는 지정·운영할 수 있다. ②시·도평생교육진흥원은 다음 각 호의 업무를 수행한다.

1. 해당 지역의 평생교육기회 및 정보의 제공
2. 평생교육 상담
3. 평생교육프로그램 운영
4. 해당 지역의 평생교육기관간 연계체제 구축
5. 그 밖에 평생교육진흥을 위하여 시·도지사가 필요하다고 인정하는 사항

제21조(시·군·구평생학습관 등의 설치·운영 등) ①시·도교육감은 관할 구역 안의 주민을 대상으로 평생교육프로그램 운영과 평생교육 기회를 제공하기 위하여 평생학습관을 설치 또는 지정·운영하여야 한다. ②시장·군수·자치구의 구청장은 평생학습관의 설치 또는 재정적 지원 등 해당 지방자치단체의 평생교육을 진흥하기 위하여 필요한 사업을 실시할 수 있다. ③제1항 및 제2항에 따른 평생학습관의 설치·운영 등에 필요한 사항은 해당 지방자치단체의 조례로 정한다.

제22조(정보화 관련 평생교육의 진흥) ①국가 및 지방자치단체는 각급학교·민간단체·기업 등과 연계하여 교육의 정보화와 이와 관련된 평생교육과정의

개발을 위하여 노력하여야 한다. ②국가 및 지방자치단체는 각급학교·평생교육기관 등이 필요한 인적자원을 활용할 수 있도록 하기 위하여 대통령령으로 정하는 바에 따라 강사에 관한 정보를 수집·제공하는 제도를 운영할 수 있다.

제23조(학습계좌) 국가는 국민의 평생교육을 촉진하고 인적자원의 개발·관리를 위하여 학습계좌(국민의 개인적 학습경험을 종합적으로 집중 관리하는 제도를 말한다)를 도입·운영할 수 있도록 노력하여야 한다.

라. 제 4장 평생교육사

제24조(평생교육사) ①교육과학기술부장관은 평생교육 전문인력을 양성하기 위하여 다음 각 호의 어느 하나에 해당하는 자에게 평생교육사의 자격을 부여한다.

1. 「고등교육법」 제2조에 따른 학교(이하 "대학"이라 한다) 또는 이 법 시행 당시 종전의 제22조 제3항에 따른 원격대학형태의 평생교육시설에서 학위과정으로 평생교육과 관련된 과목을 일정한 학점 이상 이수한 자
2. 제25조에 따른 평생교육사 양성기관에서 필요한 과정을 이수한 자
3. 그 밖에 대통령령으로 정하는 자격요건을 갖춘 자

②평생교육사는 평생교육의 기획·진행·분석·평가 및 교수업무를 수행한다. ③제28조 제2항 각 호의 어느 하나에 해당하는 자는 평생교육사가 될 수 없다. ④평생교육사의 등급, 직무범위, 이수과정, 연수 및 자격증의 교부절차 등에 필요한 사항은 대통령령으로 정한다.

제25조(평생교육사 양성기관) ①교육과학기술부장관은 평생교육사의 양성과 연수에 필요한 시설·교육과정·교원 등을 고려하여 대통령령으로 정하는 바에 따라 평생교육기관을 평생교육사 양성기관으로 지정할 수 있다. ②교육과학기술부장관은 평생교육사의 양성에 관한 업무를 진흥원에 위탁할 수 있다.

제26조(평생교육사의 배치 및 채용) ①평생교육기관에는 제24조 제1항에 따른 평생교육사를 배치하여야 한다. ②「유아교육법」, 「초·중등교육법」 및 「고등교육법」에 따른 유치원 및 학교의 장은 평생교육프로그램을 운영함에 있어서 필요한 경우에 평생교육사를 채용할 수 있다. ③제20조에 따른 시·도평생교육진흥원 및 제21조에 따른 시·군·구평생학습관에 평생교육사를 배치하여야 한다. ④제1항부터 제3항까지의 규정에 따른 평생교육사의 배치대상기관 및 배치기준은 대통령령으로 정한다.

제27조(평생교육사 채용에 대한 경비보조) 국가 및 지방자치단체는 제26조 제2항에 따른 평생교육프로그램 운영 및 평생교육사 채용에 사용되는 경비 등을 보조할 수 있다.

마. 제 5장 평생교육기관

제28조(평생교육기관의 설치자) ①평생교육기관의 설치자는 다양한 평생교육프로그램을 실시하여 지역사회 주민을 위한 평생교육에 기여하여야 한다. ②다음 각 호의 어느 하나에 해당하는 자는 평생교육기관의 설치자가 될 수 없다.

1. 금치산자 또는 한정치산자
2. 금고 이상의 실형을 선고받고 그 집행이 종료(집행이 종료된 것으로 보는 경우를 포함한다)되거나 집행이 면제된 날부터 3년이 경과되지 아니한 자
3. 금고 이상의 형의 집행유예를 선고받고 그 유예기간 중에 있는 자
4. 법원의 판결 또는 다른 법률에 따라 자격이 정지 또는 상실된 자
5. 제42조에 따라 인가 또는 등록이 취소되거나 평생교육과정이 폐쇄된 후 3년이 경과되지 아니한 자
6. 임원 중 제1호부터 제5호까지의 어느 하나에 해당하는 자가 있는 법인

③제2조 제2호가목에 따른 평생교육기관의 설치자는 특별시·광역시·도·특별자치도(이하 "시·도"라 한다)의 조례로 정하는 바에 따라 평생교육시설

의 운영과 관련하여 그 시설의 이용자에게 발생한 생명·신체상의 손해를 배상할 것을 내용으로 하는 보험가입 또는 공제사업에의 가입 등 필요한 안전조치를 하여야 한다. ④평생교육기관의 설치자는 학습자가 학습을 계속할 수 없는 경우 또는 평생교육기관의 폐쇄 등으로 교습을 계속할 수 없는 경우에는 대통령령으로 정하는 바에 따라 학습자로부터 받은 학습비 등의 반환 등 학습자의 보호를 위하여 필요한 조치를 하여야 한다. ⑤제31조 제2항에 따른 학력인정 평생교육시설의 설립 주체는 「사립학교법」에 따른 학교법인 또는 「공익법인의 설립·운영에 관한 법률」에 따른 재단법인으로 한다.

제29조(학교의 평생교육) ①「초·중등교육법」및「고등교육법」에 따른 각급학교의 장은 평생교육을 실시함에 있어서 평생교육의 이념에 따라 교육과정과 방법을 수요자 관점으로 개발·시행하도록 하며, 학교를 중심으로 공동체 및 지역문화 개발에 노력하여야 한다. ②각급학교의 장은 해당 학교의 교육여건을 고려하여 학생·학부모와 지역 주민의 요구에 부합하는 평생교육을 직접 실시하거나 지방자치단체 또는 민간에 위탁하여 실시할 수 있다. 다만, 영리를 목적으로 하는 법인 및 단체는 제외한다. ③제2항에 따른 학교의 평생교육을 실시하기 위하여 각급학교의 교실·도서관·체육관, 그 밖의 시설을 활용하여야 한다. ④제2항 및 제3항에 따라 학교의 장이 학교를 개방할 경우 개방시간 동안의 해당 시설의 관리·운영에 필요한 사항은 해당 지방자치단체의 조례로 정한다.

제30조(학교 부설 평생교육시설) ①각급학교의 장은 학생·학부모와 지역 주민을 대상으로 교양의 증진 또는 직업교육을 위한 평생교육시설을 설치·운영할 수 있다. 평생교육시설을 설치하는 경우 각급학교의 장은 관할청에 보고하여야 한다. ②대학의 장은 대학생 또는 대학생 외의 자를 대상으로 자격취득을 위한 직업교육과정 등 다양한 평생교육과정을 운영할 수 있다. ③각급학교의 시설은 다양한 평생교육을 실시하기에 편리한 형태의 구조와 설비를 갖추어야 한다.

제31조(학교형태의 평생교육시설) ①학교형태의 평생교육시설을 설치·운영하고자 하는 자는 대통령령으로 정하는 시설·설비를 갖추어 교육감에게 등록

하여야 한다. ②교육감은 제1항에 따른 학교형태의 평생교육시설 중 일정 기준 이상의 요건을 갖춘 평생교육시설에 대하여는 이를 고등학교졸업 이하의 학력이 인정되는 시설로 지정할 수 있다. ③제2항에 따른 학력인정 평생교육시설에는 「초·중등교육법」 제19조 제1항의 교원을 둘 수 있다. 이 경우 교원의 복무·국내연수와 재교육에 관하여는 국·공립학교의 교원에 관한 규정을 준용한다. ④「초·중등교육법」 제54조 제4항에 따라 전공과를 설치·운영하는 고등기술학교는 교육인적자원부장관의 인가를 받아 전문대학졸업자와 동등한 학력·학위가 인정되는 평생교육시설로 전환·운영할 수 있다. 이 경우 전공대학의 명칭을 사용할 수 있다. ⑤제2항에 따른 학력인정 평생교육시설의 지정 기준·절차, 입학자격, 교원자격 등과 제4항에 따른 평생교육시설의 인가 기준·절차, 학사관리 등의 운영 방법 등에 필요한 사항은 대통령령으로 정한다. ⑥지방자치단체는 해당 지방자치단체의 조례로 정하는 바에 따라 예산의 범위 내에서 제2항에 따른 학력인정 평생교육시설에 필요한 보조금을 교부하거나 그 밖의 지원을 할 수 있다. ⑦ 제2항에 따른 학력인정 평생교육시설로 지정을 받은 자가 그 시설을 폐쇄하고자 하는 때에는 재학생 처리방안 등 대통령령으로 정하는 사항을 갖추어 관할 교육감의 인가를 받아야 한다.

제32조(사내대학형태의 평생교육시설) ①대통령령으로 정하는 규모 이상의 사업장의 경영자는 교육과학기술부장관의 인가를 받아 전문대학 또는 대학졸업자와 동등한 학력·학위가 인정되는 평생교육시설을 설치·운영할 수 있다. ②제1항에 따른 사내대학형태의 평생교육시설은 해당 사업장에 고용된 종업원을 대상으로 하되, 교육에 필요한 비용은 고용주가 부담함을 원칙으로 한다. ③제1항에 따른 사내대학형태의 평생교육시설의 설치기준·학점제 등 운영에 필요한 사항은 대통령령으로 정한다. ④제1항에 따른 사내대학형태의 평생교육시설을 폐쇄하고자 하는 경우에는 교육과학기술부장관에게 신고하여야 한다.

제33조(원격대학형태의 평생교육시설) ①누구든지 정보통신매체를 이용하여 특정 또는 불특정 다수인에게 원격교육을 실시하거나 다양한 정보를 제공하는 등의 평생교육을 실시할 수 있다. ②제1항에 따라 불특정 다수인을 대

상으로 학습비를 받고 교육을 실시하고자 하는 경우에는 대통령령으로 정하는 바에 따라 교육과학기술부장관에게 신고하여야 한다. 이를 폐쇄하고자 하는 경우에는 그 사실을 교육과학기술부장관에게 통보하여야 한다. ③제1항에 따라 전문대학 또는 대학졸업자와 동등한 학력·학위가 인정되는 원격대학형태의 평생교육시설을 설치하고자 하는 경우에는 대통령령으로 정하는 바에 따라 교육과학기술부장관의 인가를 받아야 한다. 이를 폐쇄하고자 하는 경우에는 교육과학기술부장관에게 신고하여야 한다. ④교육과학기술부장관은 제3항에 따라 인가한 원격대학형태의 평생교육시설에 대하여는 평가를 실시하고 그 결과를 공개하여야 한다. ⑤제3항에 따른 원격대학형태의 평생교육시설의 설치기준, 학사관리 등 운영방법과 제4항에 따른 평가에 필요한 사항은 대통령령으로 정한다. ⑥제28조제2항 각 호의 어느 하나에 해당하는 자는 원격대학형태의 평생교육시설의 설치자가 될 수 없다.

제34조(준용 규정) 제33조제3항에 따른 원격대학형태의 평생교육시설을 설치·운영하는 자와 그 시설에 대하여는 「사립학교법」 제28조·제29조·제31조·제70조를 준용한다.

제35조(사업장 부설 평생교육시설) ①대통령령으로 정하는 규모 이상 사업장의 경영자는 해당 사업장의 고객 등을 대상으로 하는 평생교육시설을 설치·운영할 수 있다. ②제1항에 따른 사업장 부설 평생교육시설을 설치하고자 하는 자는 대통령령으로 정하는 바에 따라 교육감에게 신고하여야 한다. 이를 폐쇄하고자 하는 경우에는 그 사실을 교육감에게 통보하여야 한다.

제36조(시민사회단체 부설 평생교육시설) ①시민사회단체는 상호 유기적인 협조체제를 구축하고 공공시설 및 민간시설 등 유휴시설을 활용하여 해당 시민사회단체의 목적에 부합하는 평생교육과정을 운영하도록 노력하여야 한다. ②대통령령으로 정하는 시민사회단체는 일반 시민을 대상으로 하는 평생교육시설을 설치·운영할 수 있다. ③제2항에 따른 시민사회단체 부설 평생교육시설을 설치하고자 하는 자는 대통령령으로 정하는 바에 따라 교육감에게 신고하여야 한다. 이를 폐쇄하고자 하는 경우에는 그 사실을 교육감에게 통보하여야 한다.

제37조(언론기관 부설 평생교육시설) ①신문·방송 등 언론기관을 경영하는 자는

해당 언론매체를 통하여 다양한 평생교육프로그램을 방영하는 등 국민의 평생교육진흥에 기여하여야 한다. ②대통령령으로 정하는 언론기관을 경영하는 자는 일반 국민을 대상으로 교양의 증진과 능력향상을 위한 평생교육시설을 설치·운영할 수 있다. ③제2항에 따른 언론기관 부설 평생교육시설을 설치하고자 하는 자는 대통령령으로 정하는 바에 따라 교육감에게 신고하여야 한다. 이를 폐쇄하고자 하는 경우에는 그 사실을 교육감에게 통보하여야 한다.

제38조(지식 · 인력개발 관련 평생교육시설) ①국가 및 지방자치단체는 지식정보의 제공과 교육훈련을 통한 인력개발을 주된 내용으로 하는 지식·인력개발사업을 진흥·육성하여야 한다. ②제1항에 따른 지식·인력개발사업을 경영하는 자 중 대통령령으로 정하는 자는 평생교육시설을 설치·운영할 수 있다. ③제2항에 따른 지식·인력개발사업과 관련하여 평생교육시설을 설치하고자 하는 자는 대통령령으로 정하는 바에 따라 교육감에게 신고하여야 한다. 이를 폐쇄하고자 하는 경우에는 그 사실을 교육감에게 통보하여야 한다.

바. 제 6장 문자해득교육

제39조(문자해득교육의 실시 등) ①국가 및 지방자치단체는 성인의 사회생활에 필요한 문자해득능력 등 기초능력을 높이기 위하여 노력하여야 한다. ②교육감은 대통령령으로 정하는 바에 따라 관할 구역 안에 있는 초·중학교에 성인을 위한 문자해득교육 프로그램을 설치·운영하거나 지방자치단체·법인 등이 운영하는 문자해득교육 프로그램을 지정할 수 있다. ③국가 및 지방자치단체는 제2항에 따른 문자해득교육 프로그램을 위하여 대통령령으로 정하는 바에 따라 재정적 지원을 할 수 있다.

제40조(문자해득교육 프로그램의 교육과정 등) 제39조에 따라 설치 또는 지정된 문자해득교육 프로그램을 이수한 자에 대하여는 그에 상응하는 학력을 인정하되, 교육과정 편성 및 학력인정 절차 등에 필요한 사항은 대통령령으로 정한다.

사. 제 7장 평생학습 결과의 관리 · 인정

제41조(학점, 학력 등의 인정) ①이 법에 따라 학력이 인정되는 평생교육과정 외에 이 법 또는 다른 법령의 규정에 따른 평생교육과정을 이수한 자는 「학점인정 등에 관한 법률」로 정하는 바에 따라 학점 또는 학력을 인정받을 수 있다. ②다음 각 호의 어느 하나에 해당하는 자는 「학점인정 등에 관한 법률」로 정하는 바에 따라 그에 상응하는 학점 또는 학력을 인정받을 수 있다.

1. 각급학교 또는 평생교육시설에서 각종 교양과정 또는 자격취득에 필요한 과정을 이수한 자
2. 산업체 등에서 일정한 교육을 받은 후 사내인정자격을 취득한 자
3. 국가 · 지방자치단체 · 각급학교 · 산업체 또는 민간단체 등이 실시하는 능력측정검사를 통하여 자격을 인정받은 자
4. 「문화재보호법」에 따라 인정된 중요무형문화재보유자와 그 문하생으로서 일정한 전수교육을 받은 자
5. 대통령령으로 정하는 시험에 합격한 자

③각급학교 및 평생교육시설의 장은 학습자가 제31조에 따라 국내외의 각급학교 · 평생교육시설 및 평생교육기관으로부터 취득한 학점 · 학력 및 학위를 상호 인정할 수 있다.

아. 제 8장 보칙

제42조(행정처분) 교육과학기술부장관 또는 교육감은 평생교육시설의 설치자가 다음 각 호의 어느 하나에 해당하는 경우에는 그 시설의 설치인가 또는 등록을 취소하거나 평생교육과정을 폐쇄할 수 있고, 1년 이내의 기간을 정하여 평생교육과정의 전부 또는 일부에 대한 운영의 정지를 명할 수 있다. 다만, 제1호 및 제4호의 경우에는 그 인가 또는 등록을 취소하여야 한다.

1. 거짓이나 그 밖의 부정한 방법으로 인가를 받거나 등록 또는 신고한 경우

2. 인가 또는 등록 시의 기준에 미달하게 된 경우
3. 평생교육시설을 부정한 방법으로 관리·운영한 경우
4. 제28조 제2항 각 호의 어느 하나의 결격사유에 해당하는 경우

제43조(청문) 교육과학기술부장관 또는 교육감은 제42조에 따라 인가 또는 등록을 취소하고자 하는 경우에는 청문을 실시하여야 한다.

제44조(권한의 위임) 이 법에 따른 교육과학기술부장관 또는 교육감의 권한은 그 일부를 대통령령으로 정하는 바에 따라 대학기관의 장, 교육감 또는 교육장에게 위임할 수 있다.

제45조(유사 명칭의 사용 금지) 이 법에 따른 진흥위원회·진흥원·평생교육협의회 및 평생학습관이 아니면 이와 비슷한 명칭을 사용하지 못한다.

제46조(과태료) ①다음 각 호의 어느 하나에 해당하는 자에게는 500만원 이하의 과태료를 부과한다.
1. 제18조 제2항을 위반하여 자료를 제출하지 아니하거나 거짓의 자료를 제출한 자
2. 제32조 제4항, 제33조 제2항·제3항, 제35조 제2항, 제36조 제3항, 제37조 제3항 및 제38조 제3항에 따른 신고를 태만히 한 자
3. 제45조를 위반하여 유사 명칭을 사용한 자

②제1항에 따른 과태료는 대통령령으로 정하는 바에 따라 관할청이 부과·징수한다. ③제2항에 따른 과태료 처분에 불복하는 자는 그 처분을 고지받은 날부터 30일 이내에 관할청에 이의를 제기할 수 있다. ④제2항에 따른 과태료 처분을 받은 자가 제3항에 따라 이의를 제기한 때에는 관할청은 지체 없이 관할 법원에 그 사실을 통보하여야 하며, 통보를 받은 관할 법원은 「비송사건절차법」에 따른 과태료 재판을 한다. ⑤제3항에 따른 기간에 이의를 제기하지 아니하고 과태료를 내지 아니한 때에는 국세 또는 지방세 체납처분의 예에 따라 징수한다.

참 고 문 헌

이정표 · 권영신(2008). 교육학개론. 교육과학사.

이형행(2007). 교육학개론(전정 2판). 양서원.

CHAPTER

03 학교생활기록부 작성 및 관리

가. 학교생활기록부

1) 법적 근거

가) 초 · 중등교육법 제25조

(법률 제17496호, 시행 2020.10.20., 일부개정 2020.10.20.)

나) 초 · 중등교육법 시행규칙

(교육부령 제201호, 시행 2020.3.1., 일부개정 2020.2.28.)

다) 학교생활기록 작성 및 관리지침

(교육부훈령 제365호, 시행 2021.3.1., 일부개정 2021.1.4.)

2) 관련 법령

가) 초 · 중등교육법

학교생활기록부 기재와 관련된 법령으로는 '초 · 중등교육법' 제25조 학교생활기록, 제30조의 5 정보시스템을 이용한 업무처리, 제30조의 6 학생 관련 자료 제공의 제한 등에서 찾아볼 수 있다.

(1) 학교생활기록

학교의 장은 학생의 학업성취도와 인성(人性) 등을 종합적으로 관찰 · 평가하여 학생지도 및 상급학교의 학생선발에 활용할 수 있는 학생의 인적사항, 학적

사항, 출결상황, 자격증 및 인증취득상황, 교과학습발달상황, 행동특성 및 종합의견, 그 밖에 교육목적에 필요한 범위에서 교육과학기술부령이 정하는 사항에 따른 교육정보시스템으로 작성·관리하도록 하고 있다.

초 · 중등교육법 [시행 2020.10.20.] [법률 제17496호, 2020.10.20., 일부개정]
제25조(학교생활기록) ① 학교의 장은 학생의 학업성취도와 인성(人性) 등을 종합적으로 관찰 · 평가하여 학생지도 및 상급학교(「고등교육법」 제2조 각 호에 따른 학교를 포함한다. 이하 같다)의 학생 선발에 활용할 수 있는 다음 각 호의 자료를 교육부령으로 정하는 기준에 따라 작성 · 관리하여야 한다. 1. 인적사항 2. 학적사항 3. 출결상황 4. 자격증 및 인증 취득상황 5. 교과학습 발달상황 6. 행동특성 및 종합의견 7. 그 밖에 교육목적에 필요한 범위에서 교육부령으로 정하는 사항 ② 학교의 장은 제1항에 따른 자료를 제30조의4에 따른 교육정보시스템으로 작성 · 관리하여야 한다. ③ 학교의 장은 소속 학교의 학생이 전출하면 제1항에 따른 자료를 그 학생이 전입한 학교의 장에게 넘겨주어야 한다.

(2) 정보시스템을 이용한 업무처리

교육부장관과 교육감은 학교와 교육행정기관의 업무를 전자적으로 처리할 수 있도록 교육정보시스템(이하 "정보시스템"이라 한다) 을 구축·운영할 수 있다

제30조의5(정보시스템을 이용한 업무처리) ① 교육부장관과 교육감은 소관 업무의 전부 또는 일부를 정보시스템을 이용하여 처리하여야 한다.

② 학교의 장은 제25조에 따른 학교생활기록과 「학교보건법」 제7조의3에 따른 건강검사기록을 정보시스템을 이용하여 처리하여야 하며, 그 밖에 소관 업무의 전부 또는 일부를 정보시스템을 이용하여 처리하여야 한다.

(3) 학생 관련 자료 제공의 제한

학교의 장은 학교생활기록과 건강검사기록을 해당 학생(학생이 미성년자인 경우에는 학생과 학생의 부모 등 보호자)의 동의 없이 제3자에게 제공하여서는 아니 된다. 다만 다음 각 호의 어느 하나에 해당하는 경우에는 그러하지 아니한다.

- 학교에 대한 감독·감사의 권한을 가진 행정기관이 그 업무를 처리하기 위하여 필요한 경우
- 제25조에 따른 학교생활기록을 상급 학교의 학생선발에 이용하기 위하여 제공하는 경우
- 통계작성 및 학술연구 등의 목적을 위한 것으로서 자료의 당사자가 누구인지 알아볼 수 없는 형태로 제공하는 경우
- 범죄의 수사와 공소의 제기 및 유지에 필요한 경우

학교의 장은 자료를 제3자에게 제공하는 경우에는 그 자료를 받은 자에게 사용목적, 사용방법, 그 밖에 필요한 사항에 대하여 제한을 하거나 그 자료의 안전성 확보를 위하여 필요한 조치를 강구하도록 요청할 수 있으며, 자료를 받은 자는 자료를 받은 본래의 목적 외의 용도로 자료를 이용하여서는 아니 된다고 규정하고 있다.

나) 초·중등교육법 시행규칙

이 규칙은「초·중등교육법」및 같은 법 시행령에서 위임된 사항과 그 시행에 필요한 사항을 규정함을 목적으로 한다.

(1) 학교생활기록의 기재내용

법 제2조에 따른 학교(이하 "학교"라 한다)의 장이 법 제25조제1항에 따라 같은 항 제1호부터 제6호까지의 자료를 학교생활기록으로 작성하는 경우 그 기재내용은 다음 각 호와 같다.

- 인적사항: 학생의 성명·주민등록번호·주소 등
- 학적사항: 학생이 해당 학교에 입학하기 전에 졸업한 학교의 이름 졸업 연월일 및 재학 중 학적 변동이 있는 경우 그 날짜 내용 등 이 경우 학적 변

동이 「학교폭력 예방 및 대책에 관한 법률」제17조의 조치사항에 따른 것인 경우에는 그 내용도 적어야 한다.

- 출결상황: 학생의 학년별 출결상황 등 이 경우 출결상황이 학교폭력 예방 및 대책에 관한 법률 제17조의 조치사항에 따른 것인 경우에는 그 내용도 적어야 한다.
- 자격증 및 인증 취득상황: 학생이 취득한 자격증의 명칭 번호 취득 연월일 및 발급기관과 인증의 종류, 내용, 취득 연월일 및 인증기관 등
- 교과학습 발달상황: 학생의 재학 중 이수 교과 및 과목명, 평가결과, 학습활동의 발전 여부 등
- 행동특성 및 종합의견: 학교교육 이수 중 학생의 행동특성과 학생의 학교교육 이수 상황을 종합적으로 이해할 수 있는 의견 등. 이 경우 해당 학생에 대해 「학교폭력예방 및 대책에 관한 법률」 제17조 제1항 제1호부터 제3호까지 및 제7호에 따른 조치사항이 있는 경우에는 그 내용도 적어야 한다.

「초·중등교육법」 25조 제1항 제7호에서 교육부령으로 정하는 사항과 그 기재내용은 각각 다음 각 호와 같다.

- 학교정보: 학생의 재학 중 학년 반 번호 및 담임 교원의 성명 등
- 학생의 수상경력: 학생이 중학교나 고등학교 교육과정(중학교나 고등학교에 준하는 교육과정을 포함한다. 이하 이 항에서 같다) 이수 중 수상한 상의 명칭 등급 등위 수상시기 및 수여기관 등
- 학생의 창의적 체험활동 상황: 학생이 재학 중 실시한 자율활동, 봉사활동, 동아리활동 및 진로활동 등
- 학생의 독서활동 상황: 학생이 중학교나 고등학교 교육과정 이수 중에 읽은 책의 제목 및 저자 등
- 학생의 자유학기활동 상황: 학생이 자유학기 중에 실시한 자유학기활동 결과

(2) 학교생활기록의 관리 · 보존 등

<table>
<tr><td>

초· 중등교육법 시행규칙

[시행 2019.9.17., 교육부령 제 188호, 2019.9.17., 일부개정]

</td></tr>
<tr><td>

제22조(학교생활기록의 관리 · 보존 등) ① 학교의 장은 「공공기록물 관리에 관한 법률」 및 같은 법 시행령에 따라 학교생활기록부 및 학교생활 세부사항기록부를 관리 · 보존해야 한다.

② 학교의 장은 학교생활기록의 행동특성으로 기록된 「학교폭력예방 및 대책에 관한 법률」 제17조제1항 제1호부터 제3호까지 및 제7호의 조치사항을 해당 학생의 졸업과 동시에 삭제해야 한다.

③ 학교의 장은 학교생활기록의 기록 사항 중 다음 각 호의 사항을 학생이 졸업한 날부터 2년이 지난 후에 지체 없이 삭제해야 한다. 다만, 교육부장관이 정하는 바에 따라 해당 학생이 졸업하기 직전에 「학교폭력예방 및 대책에 관한 법률」 제14조제3항에 따른 전담기구의 심의를 거쳐 해당 학생의 졸업과 동시에 삭제할 수 있다. 〈개정 2020. 2. 28.〉

1. 학적사항으로 기록된 「학교폭력예방 및 대책에 관한 법률」 제17조제1항제8호의 조치사항
2. 출결상황으로 기록된 「학교폭력예방 및 대책에 관한 법률」 제17조제1항제4호부터 제6호까지의 조치사항

④ 학년도별 학교생활기록의 작성이 종료된 이후에는 해당 학교생활기록의 내용을 정정할 수 없다. 다만, 정정을 위한 객관적인 증명자료가 있는 경우에는 정정할 수 있다.

</td></tr>
</table>

다) 학교생활기록 작성 및 관리지침

이 지침은 「초 · 중등교육법 시행규칙」 25조에 따라 초등학교 중학교 고등학교에 적용하는 학교생활기록의 작성 및 관리 방법에 필요한 사항을 규정함을 목적으로 한다.

(1) 용어의 정의

- "전산자료"란 학교생활기록부 및 관련 보조부 등을 체계적으로 전산처리한 자료를 말한다.
- "전산매체"란 각종 전산자료가 기억 보관되어 있는 자기테이프 디스크 등 보조기억매체를 말한다.

• "사용자"란 교육정보시스템 운영을 위해서 학교장으로부터 정당한 권한을 부여받은자로서 시스템을 이용하여 관련 업무를 직접 처리하는 자를 말한다.
• "원적교"란 재취학 재입학 복학 포함 전입학 편입학 등 학생의 학적이 변동되기 이전에 재학하였던 학교를 말한다.

(2) 처리요령

• 학교생활기록의 자료 입력 및 정정 업무는 당해 업무를 담당하는 사용자가 수행함을 원칙으로 한다.
• 사용자는 직접 관찰 평가한 내용을 근거로 자료를 입력해야 한다.
• 문자는 한글로 부득이한 경우 영문으로 숫자는 아라비아 숫자로 입력한다.
• 학교생활기록부 작성에 필요한 보조부는 각 학교의 실정에 맞게 계획을 수립하여 전산입력 관리하되, 창의적 체험활동상황, 행동특성 및 종합의견의 누가기록 방법은 시도교육감이 정한다.
• 학생이 전 편입학 재취학할 경우 원적교의 장은 재학 당시까지의 상황을 입력한 학교생활기록부 전산자료를 전·편입학 재취학하는 학교로 이송한다.
• 학교생활기록부의 정정시 학교생활기록부 정정대장 결재 절차에 따라 발견 학년도 담임교사가 정정 처리를 하며, 졸업생의 경우 업무 담당자가 처리한다.

<table>
<tr><th colspan="2">항목</th><th>입력 주체</th><th>비고</th></tr>
<tr><td colspan="2">출결상황 특기사항</td><td>학급담임교사</td><td></td></tr>
<tr><td rowspan="3">창의적 체험활동 상황 영역별 특기사항</td><td>자율활동 · 진로활동</td><td>학급담임교사</td><td></td></tr>
<tr><td>봉사활동</td><td>학급담임교사</td><td></td></tr>
<tr><td>동아리활동</td><td>지도교사</td><td></td></tr>
<tr><td rowspan="2">교과학습발달상황</td><td>과목별 세부능력 및 특기사항</td><td>교과담당교사</td><td></td></tr>
<tr><td>개인별 세부능력 및 특기사항</td><td>학급담임교사</td><td></td></tr>
<tr><td colspan="2">자유학기활동상황</td><td>담당교사</td><td></td></tr>
</table>

항목	입력 주체	비고
독서활동상황	교과담당교사, 학급담임교사	
행동특성 및 종합의견	학급담임교사	

나. 학교생활기록부의 작성

1) 작성 시 유의 사항

가) 내용

① 학교생활기록부는 학생의 성장과 학습 과정을 상시 관찰 평가한 누가기록 중심의 종합 기록이어야 함.

② 학교생활기록부에는 학교교육계획이나 학교교육과정에 의거하여 학교에서 실시한 각종 교육활동의 이수상황 활동내용에 따른 개별적 특성이 드러나는 사항을 중심으로 기재하는 것이 원칙임.

- 학교교육계획 이외의 체험활동은 교육관련기관(교육부 및 소속기관, 시도 교육청 및 직속기관, 교육지원청 및 소속기관)에서 주최하고 주관한 행사 청소년단체 활동(3학년), 학교스포츠클럽활동, 봉사활동 등만 학교장이 승인한 경우에 한해 기재 가능함.

③ 다음은 사교육 유발 요인이 큰 사항으로 '행동특성 및 종합의견'란을 포함하여 학교생활기록부의 어떠한 항목에도 기재할 수 없음.

- 각종 공인어학시험 참여 사실과 그 성적 및 수상 실적
- 교과비교과 관련 교외대회 참여 사실과 그 성적 및 수상 실적
- 교외 기관단체(장) 등에게 수상한 교외상(표창장 감사장 공로상 등도 기재 불가함)
- 교외 인증시험 참여 사실이나 그 성적
- 모의고사 전국연합학력평가 성적(원점수, 석차, 석차등급, 백분위) 및 관련 교내 수상실적
- 논문을 학회지 등에 투고 또는 등재하거나 학회 등에서 발표한 사실

• 도서출간 사실
• 지식재산권(특허, 실용신안 등) 출원 또는 등록 사실
• 어학연수 봉사활동 등 해외 활동실적 및 관련 내용
• 부모(친인척 포함)의 사회 경제적 지위(직종명 직업명 직장명 직위명 등) 암시 내용

나) 학교생활기록부의 작성 요령

<table>
<tr><th>주요
항목</th><th>기재 요령</th></tr>
<tr><td>인적
사항</td><td>① 부모 인적사항 기재 삭제
• 남학생의 경우: 030521-300000
• 여학생의 경우: 040809-4000000
• 동성 쌍둥이인 경우: 070315-3000001, 070315-3000002
- '특기사항'란에는 학적변동의 사유를 입력한다. 특기사항 중 학교폭력과 관련된 사항은 「학교폭력 예방 및 대책에 관한 법률」 제17조에 규정된 가해학생에 대한 조치사항을 입력한다.

〈중학교〉
<table><tr><td>❶ 학생정보</td><td>성명: 성별: 주민등록번호:
주소:</td></tr></table>
〈고등학교〉
<table><tr><td>❶ 학생정보</td><td>성명: 성별: 주민등록번호:
주소:</td></tr></table>
※ 학생정보 변경 시 처리 방법
• 학생정보가 변경된 경우 증빙서류를 첨부하여 학교생활기록부 정정대장을 통하여 정정한다.
• 학생의 개명으로 인한 성명 정정은 학생 본인의 개명 이력이 표기된 주민등록초본 기본증명서를 근거로 함</td></tr>
<tr><td>학적
사항</td><td>① 검정고시 합격자는 검정고시 합격 연월일과 검정고시 합격 내용을 입력하되 중학교 입학의 경우 '초등학교 졸업학력 검정고시 합격', 고등학교 입학의 경우 '중학교 졸업학력 검정고시 합격'으로 입력한다.
② 재학 중 학적변동이 발생한 경우에는 전출교와 전입교에서 각각 학적변동이 발</td></tr>
</table>

생한 일자, 학교와 학년 학적변동 내용을 입력한다.

③ '특기사항'란에는 학적변동의 사유를 입력한다.

「학교폭력예방 및 대책에 관한 법률」제 17조(가해학생에 대한 조치) 제1항 제8호(전학), 제9호(퇴학처분)에 따른 조치사항을 조치 결정일자(교육지원청 내부결재일)와 함께 결정 즉시 입력한다.

※ 학교폭력 관련자는 학교폭력대책심의위원회의 조치가 확정될 때까지 학적변동을 제한함.

〈중학교〉

❶ 년 월 일 초등학교 제6학년 졸업 년 월 일 중학교 제1학년 입학	
❷ 특기사항	

〈고등학교〉

❶ 년 월 일 중학교 제3학년 졸업 년 월 일 고등학교 제1학년 입학	
❷ 특기사항	

출결상황

훈령 제8조 출결상황

① '수업일수'란에 「초 · 중등교육법 시행령」 제45조에 따른 수업일수를 입력한다.

② '결석일수', '지각', '조퇴', '결과' 는 별표에 따라 질병 · 미인정 · 기타로 구분하여 연간 총일수 또는 횟수를 각각 입력한다.

③ 재취학 등 학적이 변동된 학생의 동 학년의 수업일수 및 출결상황은 학적변동 전(원적교)의 것과 변동 이후의 것을 합산하여 입력한다.

④ '특기사항' 란에 결석사유 또는 개근 등 교육부장관이 별도로 정하는 내용을 학급 담임 교사가 입력한다. 특기사항 중 학교폭력과 관련된 사항은 학교폭력 예방 및 대책에 관한 법률」 제17조에 따른 가해학생에 대한 조치사항을 입력한다.

출결상황 관리

1. 수업일수

가. 수업일수는 「초 · 중등교육법 시행령」 제45조에 따라 학교장이 정한 학년별 학생이 연간 총 출석해야 할 일수를 말한다.

나. 학적변동(면제 유예 휴학 제적 자퇴 퇴학 전출 등) 당일까지를 수업일수에 산입한다.

다. 학적변동 전 · 후에 중복 일수가 있는 경우 새로 학적을 부여받은(면제 유예 휴학 제적 자퇴 퇴학 전출 등) 일수만 수업일수로 계산한다.

라. 학적을 새로 부여받은 자의 당해 학년 수업일수는 원적교의 당해 학년 수업일수와 합산하되, 중복되는 기간의 수업일수는 제외한다.

2. 결석

가. 결석일수의 산정

1) 학칙에 의거 출석하여야 할 날짜에 출석하지 않았을 때에는 결석으로 처리한다.
2) 학적을 새로 부여받은 자의 당해 학년 결석일수는 원적교의 당해 학년 결석일수와 합산하되, 중복되는 기간의 결석일수는 제외한다.

나. 다음의 경우에는 출석으로 인정한다.

1) 지진 폭우 폭설 폭풍 해일 등의 천재지변 또는 법정 감염병 등(학교 내 확산 방지를 위해 학교장이 필요하다고 인정하는 비법정 감염병을 포함)으로 출석하지 못한 경우
2) 병역관계 등 공적의무 또는 공권력의 행사로 인하여 출석하지 못한 경우
3) 학교장의 허가를 받은 학교 · 시도(교육청) · 국가를 대표한 대회 및 훈련 참가 산업체 실습과정(현장실습 현장실습과 연계한 취업), 교환학습 교외체험학습 학교보건법 제 조에 따른 등교중지 등으로 출석하지 못한 경우
4) 「초 · 중등교육법 시행령」 제31조 제1항에 따른 학교 내의 봉사 사회봉사 특별교육이수 기간
5) 「초 · 중등교육법」 제28조 제6항에 따른 상담 진로 프로그램 등 숙려제 참여 인정 기간
6) 다음 경조사로 인하여 출석하지 못한 경우

구분	대상	일수
결혼	• 형제, 자매, 부, 모	1
입양	• 학생 본인	20
사망	• 부모, 조부모, 외조부모	5
	• 증조부모, 외증조부모 • 형제·자매 및 그의 배우자	3
	• 부모의 형제·자매 및 그의 배우자	1

7) 기타 부득이한 사유로 학교장의 허가를 받은 경우
8) 「학교폭력예방 및 대책에 관한 법률」 제12조에 따른 학교폭력대책심의위원회의 개최 및 동 위원회의 학교폭력 피해학생에 대한 보호조치 요청 이전에 학교폭력 피해자가 학교폭력으로 인한 피해로 출석하지 못하였음을 같은 법 제14조 제3항에 따른 학교폭력 전담기구의 조사 및 확인을 거쳐 학교의 장이 인정한 경우

9) 경찰청 「소년업무규칙」 제31조부터 제33조에 따른 경찰청관서의 선도프로그램에 참여하는 경우

다. 질병으로 인한 결석

1) 결석한 날부터 5일 이내에 의사의 진단서 또는 의견서(의사 소견서 진료 확인서 등으로 병명, 진료기간 등이 기록된 증빙서류)를 첨부한 결석계를 제출하여 학교장의 승인을 받은 경우

2) 다만 상습적이지 않은 일 이내의 결석은 질병으로 인한 결석임을 증명할 수 있는 자료(학부모 의견서 처방전 담임교사 확인서 등가 첨부된 결석계)를 5일 이내에 제출하여 학교장의 승인을 받은 경우

3) 병원학교 및 원격수업 등 정보통신매체를 이용하여 수업 받는 건강장애학생이 결석한 경우

4) 의사의 진단서 또는 의견서를 통해 기저질환(천식, 아토피, 알레르기, 호흡기 질환, 심혈관 질환 등)을 가진 민감군으로 확인된 학생이 미세먼지와의 관련성이 드러나는 소견 또는 향후 치료의견 등이 명시된 의사의 진단서소견서를 첨부한 결석계를 결석한 날로부터 일 이내에 제출하여 학교장의 승인을 받은 경우

5) 의사의 진단서 또는 의견서를 통해 만성질환을 가진 것으로 확인된 학생이 의사의 진단서 소견서를 첨부한 결석계를 결석한 날로부터 5일 이내에 제출하여 학교장의 승인을 받은 경우

※ 4)~5)의 경우 결석계 제출 시 첨부하는 증빙서류는 학기 초 최초 제출한 진단서로 해당 학기 질병 결석 증빙을 갈음할 수 있음

라. 미인정 결석

1) 「학교폭력예방 및 대책에 관한 법률」 제17조 제1항 제6호에 따른 출석정지

2) 「초 · 중등교육법행령」제31조 제1항 제4호에 따른 출석정지

3) 「초 · 중등교육법 시행령」제31조 제6항의 가정학습 기간

4) 범법행위로 인한 책임있는 사유로 결석한 경우(관련 기관 출석 체포 도피 구속(구인 구금, 구류 포함), 교도소 수감 등)

5) 태만, 가출, 출석 거부 등 고의로 결석한 경우

6) 기타 합당하지 않은 사유로 결석한 경우

마. 기타 결석

1) 부모 가족 봉양 가사 조력 간병 등 부득이한 개인사정에 의한 결석임을 학교장이 인정하는 경우

2) 공납금 미납을 사유로 결석한 경우

3) 기타 합당한 사유에 의한 결석임을 학교장이 인정하는 경우

3. 지각 · 조퇴 · 결과

가. 지각: 학교장이 정한 등교시각까지 출석하지 않은 경우

나. 조퇴: 학교장이 정한 등교시각과 하교시각 사이에 하교한 경우

다. 결과: 수업시간의 일부 또는 전부에 불참하거나 교육활동을 고의적으로 방해한 경우

라. 위의 2. 나의 각 항에 해당되는 사유로 인한 지각, 조퇴, 결과는 각각의 횟수에 포함하지 않는다.

마. 지각, 조퇴, 결과의 사유는 각각 결석 사유와 동일하게 질병, 미인정, 기타로 처리한다.

바. 같은 날짜에 지각 조퇴 결과가 발생된 경우에는 학교장이 판단하여 어느 한 가지 경우로만 처리한다.

사. 같은 날짜에 결과가 1회 이상이라도 1회로 처리한다.

아. 학적을 새로 부여받은 자의 당해 학년 지각, 조퇴, 결과 횟수는 원적교의 당해 학년 각 횟수와 합산하되 중복되는 기간의 각 횟수는 제외한다.

4. 특기사항에는 학교생활기록부에 기재할 수 없는 내용을 입력할 수 있다.
(단, 해외 봉사활동, 해외 어학연수, 교외 대회 참가 등은 입력 불가)

〈예시〉 개근의 경우

학년	수업일수	결석일수			지각			조퇴			결과			특기사항
		질병	미인정	기타	질병	미인정	기타	질병	미인정	기타	질병	미인정	기타	
1														개근
2														개근
3														개근

수상경력

수상 기재요령

학년 초 학교교육계획서에 따라 실시한 교내상만을 기재하며 수상 사실은 수상경력 이외의 어떠한 항목에도 입력하지 않음(대회 참가 사실 등 기재 불가)

1. 수상명

가. 수상명 입력 시 연간 시상 계획의 수상명과 일치하게 입력한다.

나. 공동수상은 동일 실적물로 2인 이상이 수상한 경우로 동일한 상장번호로 발급한다.

다. 동급의 상을 여러 명이 수상한 경우라도 각자의 실적물로 수상한 경우는 개별수상에 해당 된다.

라. 교과우수상을 여러 과목에서 수상한 경우는 ( )안에 수상과목을 병기한다.

[기재방법]
교과우수상(국어, 영어, 수학)

마. 교과우수상의 과목명은 교과목의 정식 명칭으로 입력한다.

2. 등급(위)

가. 등위는 등급에 대한 등위를 나타내는 것으로 대회 결과 확정된 등위를 입력한다.

나. '등급(위)' 란에 상의 등급과 등위를 병기하되 상장에 명시된 내용을 그대로 입력한다.

예시) 상의 종류가 '금상', '은상', '동상'인 경우 '대상(1위)', '금상(2위)', '은상(3위)', '동상(4위)' 으로 입력함.

※ 대회 수상실적인 경우만 '등급(위)'을 입력하되 등위만 있는 경우 등급을 입력하지 않을 수 있음.

3. 수여기관

가. 수여기관에는 기관명이 아닌 기관장을 입력한다.

〈예시〉수상경력 작성

수상명	등급(위)	수상연월일	수여기관	참가대상(참가인원)
교과우수상(국어, 통합사회, 기술·가정)		2020.07.20.	○○학교장	수강자
교과우수상(상업 경제, 정보)		2020.07.20.	○○학교장	1·2학년 중 수강자
표창장(선행부분)		2020.05.15.	○○학교장	전교생(1200명)
과학탐구대화(실험부분, 공동수상, 3인)	금상(1위)	2020.04.27	○○학교장	1학년 중 참가자(80명)
드론날리기대회	금상(1위)	2020.05.18	○○학교장	1학년 중 참가자(38명)
독후감쓰기대회	장려상(3위)	2020.05.29	○○학교장	1·2학년(720명)
정보통신대회(정보검색부분)	대상(1위)	2020.06.08	○○학교장	전교생 중 참가자(185명)
컴퓨터경진대회(문서작성부분)	우수상(2위)	2020.09.14	○○학교장	전교생(1200명)
OO축전우수작품(시화부분)	우수상(2위)	2020.10.19	○○학교장	전교생(1200명)

□□논술대회	1위	2020.11.09	○○학교장	1학년(410명)
소프트웨어경진대회(웹프로그래밍부분)	최우수상(1위)	2020.12.21	○○학교장	△△과·□□과(355명)
자동차정비기능대회(공동수상, 2인)	장려상(3위)	2021.02.08	○○학교장	1·2·3학년 ○○과(655명)
학생토론대회(공동수상, 3인	우수상(2위)	2021.02.08	○○학교장	전교생 중 참가자(60명)

자격증 및 인증 취득 상황

제10조 자격증 및 인증 취득상황

① 고등학생이 재학중에 취득한 자격증의 명칭 또는 종류 번호 또는 내용, 취득연월일, 발급기관을 입력하며 원본을 대조한 후에 취득한 순서대로 입력한다.

② 제1항에 따라 기재할 수 있는 자격증은 다음 각 호와 같다

1. 「국가기술자격법」에 따른 국가기술자격증
2. 개별 법령에 따른 국가자격증
3. 「자격기본법」에 따른 국가공인을 받은 민간자격증 중 기술과 관련 있는 내용

③ 삭제 〈 〉

④ 고등학교의 장은 학교교육계획에 따른 국가직무능력표준의 이수상황을 학교생활기록부에 기재할 경우 별지 제3호 서식, 별지 제4호 서식, 별지 제7호 서식, 별지 제8호의 서식에 따라 입력한다.

〈예시〉 자격증 및 인증 취득상황 작성

구분	명칭 또는 종류	번호 또는 내용	취득연월일	발급기관
자격증	컴퓨터활용능력 2급	20-KA-010622	2020.08.28	대한상공회의소
	전산회계운용사 2급	20-L2-001357	2020.08.19	대한상공회의소
	정보처리기능사	20404101715C	2020.10.14	한국산업인력공단
	정보기기운용기능사	204003081539G	2020.07.22	한국산업인력공단
	한식조리기능사	20801130210J	2020.05.06	한국산업인력공단
	제과기능사	20401080508H	2020.12.02	한국산업인력공단
	정보기술자격(ITQ) A등급-한글엑셀	A001-2020103-002317	2020.04.08	한국생산성본부

<table>
<tr><td rowspan="4">자
격
증</td><td>정보기술자격(ITQ)
A등급-한글파워포인트</td><td>A001-2020103-
0023170</td><td>2020.04.08</td><td>한국생산성본부</td></tr>
<tr><td>인터넷정보관리사 2급</td><td>IIS-2004-001858</td><td>2020.12.16</td><td>한국정보통신진흥협회</td></tr>
<tr><td>전산회계 2급</td><td>2214833235</td><td>2020.05.20</td><td>한국세무사회</td></tr>
<tr><td>리눅스마스터 2급</td><td>LMS-2004-001
205</td><td>2020.09.16</td><td>한국정보통신진흥협회</td></tr>
</table>

〈예시〉 국가직무능력표준 이수상황 작성

학년	학기	세분류	능력단위 (능력단위코드)	이수시간	원점수	성취도	비고
2	2	측정	비교측정 (1502010506_14v2)	30	95	A	① [실무과목] 측정
2	2	측정	측정기 유지 관리 (1502010508_14v2)	17	87	B	② [실무과목] 측정 (학생선택)
2	2	측정	도면해독 (1501020103_14v2)	17	91	A	③ [기초과목] 기계제도
2	2	측정	작업관리 (1502010510_14v2)	17	-	-	④ [실무과목] 특정 (학교장승인과정)
3	1	선반가공	공구선정 (1502010102_14v2)	30	88	B	⑤ [실무과목] 선반가공 (위탁학생)

※ 작성 시 유의사항

- 초·중학교는 2010학년도, 고등학교는 2011학년도 이후 교내·외 인증은 학교생활기록부 어떠한 항목에도 입력하지 않음.
- 고등학교의 경우 재학 중 취득한 기술 관련 자격증에 한해 입력이 가능하며, 기술 관련 민간자격 국가공인 현황은 매년 달라질 수 있으므로 반드시 확인 과정을 거침.
- 고등학교의 경우 자격증의 명칭 및 취득 사실은 '자격증 및 인증 취득상황'란에만 입력하고, 학교생활기록부 어떠한 항목에도 입력하지 않음.

30,5302020학년도 1∼2학년의 경우 자격증 및 인증 취득상황은 대입전형자료로 제공하지 않음.

창의적 체험 활동 상황

훈령(제321호)[2021학년도부터 모든 학년 적용]

제13조 창의적 체험활동상황

1. 창의적 체험활동상황

가. 창의적 체험활동의 4개 영역(자율활동, 동아리활동, 봉사활동, 진로활동)별 활동내용 평가방법 및 기준은 교육과정을 근거로 학교별로 정한다.

나. 제1항의 자율활동, 동아리활동, 진로활동은 영역별 이수시간 및 특기사항(개별적 특성이 드러나는 사항 등)을 입력하고 봉사활동은 실적을 입력한다.

다. 제2항에도 불구하고 초등학교는 창의적 체험활동의 이수시간을 입력하지 않으며 '자율활동', '동아리활동' 2개영역의 특기사항은 통합하여 종합적으로 입력하되, '진로활동' 영역은 별도로 구분하여 기록한다. 또한 안전한 생활(1∼2학년)은 교육과정 성취기준을 근거로 특기사항을 입력한다,

라. 제2항의 봉사활동 영역의 실적은 학교계획에 의한 봉사활동과 학생 개인계획에 따른 봉사 2 활동의 구체적인 내용을 별도의 '봉사활동실적'란에 연간 실시한 봉사활동의 일자 또는 기간, 장소 또는 주관기관명 활동내용 시간을 실시일자 순으로 모두 입력한다.

마. 제2항에 따른 영역별 누가기록은 공정성 객관성 투명성 신뢰도 타당도 등이 확보되도록 서식을 개발하여 활용하되, 학생의 구체적 활동 내용이 포함된 자료를 바탕으로 작성하여 관리한다.

바. 제2항의 '진로활동'의 특기사항에 진로희망분야와 각종 진로검사 및 진로상담 결과, 관심분야 및 진로희망과 관련된 학생의 활동내용 등 학생의 진로 특성이 드러나는 사항을 담임교사가 입력한다.

사. 제6항에도 불구하고 초등학교는 진로희망분야를 입력하지 않을 수 있다.

아. 「학교체육진흥법」 제10조에 따른 학교스포츠클럽 활동 내용은 '동아리활동'란에 다음 각호의 사항을 입력 한다. 이 경우 활동 내용은 학교장이 인정한 기간 동안 수행한 것으로 한정한다.

1. 클럽명
2. 활동시간
3. 개별적 특성이 드러나는 특기사항

자. 제8항에도 불구하고 정규교육과정에 포함되지 않은 학교스포츠클럽활동은 특기사항을 입력하지 않는다.

차. 제8항의 활동시간은 동아리활동 이수시간에 합산한다.

카. 제2항에도 불구하고 동아리 활동 중 정규교육과정에는 포함되어 있지 않으나 학교교육계획에 따라 구성한 청소년단체 활동은 단체명은 입력하되 특기사항은 입력하지 않는다.

타. 제2항에 따른 자율활동의 특기사항은 담임교사가, 동아리활동의 특기사항은 해당 동아리 담당교사가 입력한다.

창의적 체험활동상황

학년	❶ 창의적 체험활동상황		
	영역	❷ 시간	❸ 특기사항
	❹ 자율활동		
	❺ 동아리 활동		
	❻ 진로활동		

학년	❼ 봉사활동 실적				
	일자 또는 기간	장소 또는 주관기관명	활동내용	시간	누계시간

2. 특기사항

가. 창의적 체험활동상황의 특기사항은 활동 내용(활동실적, 진보의 정도, 행동의 변화 등)을 종합하여 학생의 개별적 특성이 드러나도록 입력한다.

나. 특기사항에 정량적인 기록이 가능한 부분은 횟수와 시간 등을 정량적으로 입력한다.

다. 창의적 체험활동 각 영역의 이수시간이 시간인 학생에 대해서는 〈예시〉와 같이 그 사유를 특기사항에 입력한다.

〈예시〉 장기결석생인 경우: 장기결석으로 활동 내용이 없음. / 위탁학생의 경우: 위탁학생으로 활동 내용이 없음.

라. 창의적 체험활동상황의 영역별 특기사항에 입력할 수 없는 내용은 학교생활기록부 어떠한 항목에도 입력할 수 없다.

3. 자율활동

가. 자율활동의 특기사항은 활동결과에 대한 평가보다는 활동과정에서 드러나는 개별적인 행동 특성, 참여도 협력도, 활동실적 등을 평가하고 상담기록 등의 관련 자료를 참고하여 실제적인 역할과 활동 위주로 입력한다.

나. 정규교육과정 또는 학교교육계획에 의해 실시한 학생 상담활동, 자치법정 등은 자율활동 특기사항에 입력한다.

다. 자치활동 관련 특기사항에 입력하는 임원의 활동기간은 1학년은 입학일부터 학년 말, 2학년은 3월 1일부터 학년 말까지로 입력한다.

라. 자치활동 관련 내용을 특기사항에 입력할 때에는 구체적인 임원의 종류를 알 수 있도록 '전교', '학년', '학급' 등을 입력하고 재임기간을 안에 병기한다.

〈예시〉 1학년인 경우: 1학기 전교 학생자치회 부화장(2020.03.02~2020.08.16)

〈예시〉 2학년인 경우: 1학기 전교 학생자치회 부회장(2020.03.01~2020.08.16)

4. 동아리활동

가. 동아리활동 영역은 자기 평가 학생상호 평가 교사 관찰 등의 방법으로 평가하여 참여도, 협력도, 열성도, 특별한 활동실적 등을 참고하여 실제적인 활동과 역할 위주로 입력한다.

나. '동아리활동'란에는 다음 5가지 항목을 예시와 같이 입력한다.

다. 학교교육계획에 의한 청소년단체활동은 청소년단체명만 입력할 수 있으며, 학교교육계획 이외의 청소년단체활동은 어떠한 내용도 입력하지 않는다.

라. 자율동아리는 학교교육계획에 따라 학기 초에 구성할 수 있으며, 학기 중에 구성된 자율동아리활동은 입력하지 않는다.

5. 진로활동

가. 학생의 진로희망(희망분야 또는 희망직업)은 특기사항 내의 희망분야 란에 입력하며 이와 관련된 내용은 상급학교 진학 시 전형자료로 제공하지 않는다.

나. 진로활동 영역의 '특기사항'란에는 다음과 같은 사항을 참고하여 실제적인 활동과 역할 위주로 입력한다.

1) 특기·진로희망과 관련된 학생의 자질 학생이 수행한 노력과 활동
2) 학생의 특기·진로를 돕기 위해 학교와 학생이 수행한 활동과 결과
3) 학생·학부모와 진로상담을 한 결과
4) 학생의 활동 참여도, 활동, 의욕, 태도의 변화 등 진로활동과 관련된 사항
5) 학급담임교사, 상담교사, 교과담당교사, 진로전담교사의 상담 및 권고 내용

다. 학생의 학업진로, 직업진로에 대한 계획서, 진로와 관련된 각종 검사를 바탕으로 특기사항을 입력할 수 있다.

6. 봉사활동 실적

가. 봉사활동 실적에는 학교교육계획에 의해 실시한 봉사활동과 학생 개인계획에 의해 실시한 봉사활동의 구체적인 실적을 입력한다.

※ 봉사활동 실적의 '장소 또는 주관기관명'에는 구체적인 장소 또는 주관기관명을 입력함.

나. 봉사활동 시간 인정은 1일 8시간 이내로 인정한다.

〈예시〉 봉사활동 실적 작성

학년	봉사활동 실적				
	일자 또는 기간	장소 또는 주관기관명	활동내용	시간	누계시간
1	2020.03.15	(개인)○○구청	서류정리 보조	8	8

2020.03.22. -2020.04.17	(학교)○○학교	쓰레기 분리수거	5	13
2020.03.23	(개인)○○도서관	서가 정리	8	21
2020.04.03	(학교)○○학교	봉사활동 활성화를 위한 거리 캠페인	2	23
2020.04.10	(학교)○○동주민센터	○○공원 청소	3	26
2020.04.19	(개인)○○월드컵경기장	경기장 주변 청소	2	28
2020.04.26	(개인)○○YMCA	○○시민통일한마당 행사 및 북한통일자전거 보내기 운동 캠페인 참여	4	32
2020.05.05	(개인)○○우편집중국	우편물 분류 및 정리정돈	3	35
2020.05.09	(개인)○○시 종합자원봉사센터	자원봉사 교육	2	37
2020.05.23. -2020.05.24	(개인)환경보전협회 ○○도지회	환경기본교육, 환경봉사활동(하천정화활동 및 수생식물식재활동)우수환경 시설견학	16	53
2020.06.08	(개인)대한적십자사 ○○혈액원	헌혈(전혈)	4	57
2020.07.05	(개인)국립청소년수련원	녹색성장 그린 캠페인 활동	3	60
2020.08.08. -2020.09.06	(개인)○○지역아동센터	학습지도, 안전체험 학습 안전지도	20	80
2020.11.10	(개인)대한적십지사 ○○혈액원	헌혈(성분헌혈)	4	84
2020.12.02. -2020.12.31	(학교)○○학교	급식 도우미 활동	7	91

교과 학습 발달 상황

- 고등학교의 교과 성적 산출과 입력
  : 교과, 과목, 단위수, 원점수/과목평균(표준편차), 성취도(수강자수), 석차등급을 산출하여 학기말에 입력
  - '세부능력 및 특기사항' 기재
    : 특기할 만한 사항이 있는 과목 및 학생에 대하여 과목별 성취기준에 따른 성취수준의 특성 및 학습활동 참여도 등을 문장으로 입력

- 체육 · 예술 교과(군)의 '특기사항' 기재
  : 각 과목별 성취기준에 따른 성취수준의 특성, 실기능력, 교과적성, 학습활동 참여도 및 태도 등을 문장으로 입력
- 전문교과Ⅱ의 실무과목의 '특기사항' 기재
  : 능력단위별로 학습활동 참여도 및 태도 등을 문장으로 입력
- 전문교과Ⅱ의 실무과목을 운영하는 경우 실무과목의 능력단위 성적은 자격증 및 인증 취득상황의 '국가직무표준능력 이수상황'란에 입력

학년	학기	세분류	능력단위 (능력단위코드)	이수시간	원점수	성취도	비고
1	1	측정	도면 해독 (150201502_14v2)	30	95	A	[실무과목] 측정
1	1	측정	측정기 유지 관리 (1502010508_14v2)	25	92	B	[실무과목] 측정

자유학기활동상황

- 중학교에 해당하는 것으로 여기서는 생략함

독서활동상황

- 학생이 읽은 책의 제목과 저자를 교과 담당교사 또는 담임교사가 학기말에 입력
- 독서기록장, 독서 포트폴리오 등 증빙자료는 학생 개인이 보관
- 표준 가이드 라인
  : 독서 과정의 관찰 · 확인이 어려운 독서 성향 등은 기재하지 않고, 읽은 책의 제목과 저자만을 기재하여 독서활동 기록의 신뢰도 제고

학년	과목 또는 영역	독서활동상황
1	국어Ⅰ	(1학기) 교실 밖 국어여행(강혜원 외), 국어교육을 위한 국어 문법론(이관규), 국어생활백서(김홍석)
	음악과 생활	(2학기)모차르트, 천 번의 입맞춤(모차르트), 모차르트(미셸 파부티), 청소년을 위한 서양 음악사(이동활)
2		
3		

행동특성

- 수시로 관찰하여 누가기록된 행동특성을 바탕으로 총체적으로 학생을 이해할 수 있는 종합의견을 담임교사가 문장으로 입력함

및 종합의견	• 학교폭력과 관련된 사항은 학교폭력 예방 및 대책에 관한 법률 제17조에 규정된 가해학생에 대한 조치사항을 입력 • 행동발달상황을 포함한 각 항목에 기록된 자료를 종합하여 학생을 총체적으로 이해할 수 있도록 학급담임교사가 문장으로 입력하여 학생에 대한 일종의 추천서 또는 지도 자료가 되도록 작성함 • 장점과 단점은 누가 기록된 사실에 근거하여 입력하되, 단점을 입력하는 경우에는 변화 가능성을 함께 입력 • 체육 · 예술 활동은 학교교육활동을 통한 체육 및 예술활동을 종합적으로 입력할 수 있음 • 표준 가이드 라인 : 학생의 학습, 행동 및 인성 등 학교생활에 대한 상시 관찰 · 평가한 누가기록을 바탕으로 다양한 분야에서의 구체적인 변화와 성장 등을 종합적으로 기재

학년	행동특성 및 종합의견
1	유쾌하고 활동적이며 에너지가 넘치는 학생으로 다른 사람과의 대화에서 순발력과 재치가 있으며 평범한 것 보다는 독특한 것을 선호함. 영리하고 이해력이 뛰어난 학생이기 때문에 조금 더 스스로를 절제하고 세심한 면을 키운다면 학업과 생활태도의 면에서 발전이 있을 것으로 기대함. 학급 및 학교 행사에서 적극적으로 자신의 의견을 제시하며, 타인의 의견도 존중함으로써 자율적인 학급풍토 조성에 기여하는 학생으로 창의적으로 문제를 해결하려는 모습이 돋보임. 배드민턴 동아리활동을 적극적으로 하는 학생으로 점심시간 배드민턴 경기를 주도하여 급우들의 체력 증진에 기여함.
2	
3	

영역	시수	특기사항에 입력할 수 있는 내용
자율 활동	정규교육과정 시수 (행사활동은 별도 행사 시수 포함)	• 학교교육계획(정규교육과정 포함)에 의해 학교에서 주최하고 주관하여 실시한 내용 • 학교장이 승인하여 동일학교급 타학교에서 주최하고 주관한 국내 체험활동 • 학교장이 승인한 교육관련기관에서 주최하고 주관하여 실시한 국내 체험활동 * 정규교육과정에 의해 해외에서 실시한 자율활동은 시수만 인정하며, 그 이외의 해외 창의적 체험활동은 시수와 특기사항을 모두 입력하지 않음
동아리 활동	정규교육과정 시수 (정규교육과정 이외 학교스포츠클럽활동 포함)	• 정규교육과정 동아리활동(정규교육과정 내 학교스포츠클럽활동 및 청소년단체활동 포함) • 정규교육과정 이외 학교스포츠클럽활동 클럽명과 이수시간 • 학교교육계획에 의한 정규교육과정 이외의 자율동아리활동(동아리명, 동아리 소개) • 학교교육계획에 의한 정규교육과정 이외의 청소년단체활동(단체명) • 학교장이 승인하여 동일학교급 타학교에서 주최하고 주관한 국내 체험활동 • 학교장이 승인한 교육관련기관에서 주최하고 주관하여 실시한 국내 체험활동
진로 활동	정규교육과정 시수 (행사활동은 별도 행사 시수 포함)	가. 학생의 진로희망(희망분야 또는 희망직업)은 '특기사항' 내의 '희망분야'란에 입력하며, 이와 관련된 내용은 상급학교 진학 시 전형자료로 제공하지 않는다. ※ 관심 분야나 희망 직업은 커리어넷(www.career.go.kr) 직업정보의 직업분류를 참고함. ※ 기재 누락과 구분하기 위해 학생이 진로희망을 정하지 못한 경우에도 입력함. 〈예시〉 '진로탐색 중임', '현재 진로희망 없음' 등으로 입력할 수 있음. 나. 진로활동 영역의 '특기사항'란에는 다음과 같은 사항을 참고하여 실제적인 활동과 역할 위주로 입력한다. 1) 특기 · 진로희망과 관련된 학생의 자질, 학생이 수행한 노력과 활동 2) 학생의 특기 · 진로를 돕기 위해 학교와 학생이 수행한 활동과 결과

영역	시수	특기사항에 입력할 수 있는 내용
		3) 학생 · 학부모와 진로상담을 한 결과 4) 학생의 활동 참여도, 활동 의욕, 태도의 변화 등 진로활동과 관련된 사항 5) 학급담임교사, 상담교사, 교과담당교사, 진로전담교사의 상담 및 관찰·평가 내용 다. 학생의 학업진로, 직업진로에 대한 계획서, 진로와 관련된 각종 검사를 바탕으로 특기사항을 입력할 수 있다. - 특성화고, 산업수요 맞춤형 고등학교, 일반고 직업계열 학과 학생이 직업기초능력평가에 응시한 경우 다음 예시와 같이 입력한다.

학년	창의적 체험활동상황		
	영역	시간	특기사항
1	진로활동	4	직업기초능력평가(의사소통 국어, 의사소통 영어, 수리활용, 문제해결영역) 자가진단평가에 참여함.
3	진로활동	5	직업기초능력평가(의사소통 국어, 의사소통 영어, 수리활용, 문제해결영역) 본평가에 참여함.

참 고 문 헌

2020학년도 학교생활기록부 기재요령(초등, 중등)

교육부(2021). 2021학년도 학교생활기록부 기재요령(고등학교)

송기창·김민조(2009). 중등 교직실무. 학지사.

정주영(2013). 이론과 실제가 함께 담긴 교직실무. 학지사.

초 · 중등교육법 시행규칙(교육부령 제188호, 시행 일부개정 2019.9.17.)

초·중등교육법(법률 제15961호, 시행 2019.6.19., 일부개정 2018.12.18.)

학교생활기록 작성 및 관리지침(교육부훈령 제321호, 시행 2020.3.1., 일부개정 2020.1.6.)

CHAPTER

04 학교운영위원회

가. 학교운영위원회의 이해

1) 학교운영위원회의 의의

학교운영위원회는 교직원, 학부모, 지역사회 요구를 학교교육에 적극 반영함으로써 학교운영에 대한 정책결정의 민주성·합리성·투명성을 제고하고, 학교의 자율성과 책무성을 강화하는 제도이다.

최근 학교자율화 확대 등 단위학교 중심의 다양한 교육정책이 추진됨에 따라 단위학교 책임경영 체제의 기틀을 마련하는 제도로서 학교운영위원회 역할의 중요성은 더욱 커지고 있는데 결국 학교운영위원회는 학교운영에 대해 교원, 학부모, 지역 인사가 참여함으로써 학교정책 결정의 민주성과 투명성을 확보하고, 지역실정과 학교특성에 맞는 다양한 교육을 창의적으로 실시할 수 있도록 심의·자문하는 기구이다.

2) 도입

가) 배경

1995년 5월, 소위 '5.31 교육개혁'으로 알려진 '신 교육체제 수립을 위한 교육개혁 방안'을 통해서 단위학교의 자율성과 창의성에 바탕을 둔 학교운영체제로의 전환을 위해 학부모, 교원 및 지역인사의 자율적 참여를 기반으로 한 양질의 교육환경 조성을 위한 제도적 장치로서 학교운영위원회 도입을 발표하였다.

학교운영위원회는 1995년 후반기 시범학교 운영을 시작으로 1996년에는 시

지역 이상의 국·공립학교에서부터 실시되었으며, 이후 읍·면 지역의 학교로 확대되었다. 2000학년도부터 사립의 모든 초·중·고등학교에도 학교운영위원회 설치가 의무화됨으로써 명실공히 단위학교 차원의 자치기구로서 자리매김 하게 되었다.

최근 학교자율화 확대 등 단위학교 중심의 다양한 교육정책이 추진됨에 따라 단위학교 책임경영 체제의 기틀을 마련하는 제도로서 학교운영위원회 역할의 중요성은 더욱 커지고 있다.

나) 학교운영위원회의 변천과정

표 5-16 학교운영위원회의 변천과정

1995.5.31	교육개혁 방안 중 하나의 과제로 발표
1995.8.4	「지방교육자치에관한법률」에 법적 근거 마련
1995.2학기	학교운영위원회 시범학교: 355개교 운영(초177교, 중117교, 고61교)
1996.2.22	「지방교육자치에관한법률」시행령 개정 시 지역은 1996년 4월 30일까지, 읍 · 면직역은 1998년 4월 30일까지 국 · 공립학교에 학교운영위원회를 설치
1997.12.13	「초 · 중등교육법」을 제정하여 법적 설치근거 변경 국 · 공립의 모든 학교에 설치의무화, 사학은 설치 자율('98.3.1.시행)
1998.2.24	「초 · 중등교육법시행령」에 학교운영위원회의 구성 및 운영 등 세부사항 규정
1999.8.31	초 · 중등교육법 개정(2000.3.1시행) 사립학교 학교운영위원회 설치의무화(국 · 공립은 심의기구, 사립은 필수적 자문기구)
2011.3.18.	「초·중등교육법 시행령」 개정 (2011.3.18.시행) 학교운영위원회 운영방법 개선(학부모 및 학생 의견수렴, 회의록 공개 등)
2020.4.7.	「초·중등교육법 시행령」 개정 (2020.4.7.시행) 재난 등 불가피한 사유 시 전자적 방법 투표 추가

3) 성격

가) 실질적 의미

(1) 교육자치기구

학교운영위원회는 학교운영의 중요한 사항에 대해서 학교 구성원(학부모, 교원, 지역인사)들이 참여하여 민주적인 절차에 따라 자율적으로 결정하는 단위학교 차원의 교육자치기구이다.

(2) 학교공동체

학교운영위원회는 학교의 구성 주체인 교사 및 학부모와 지역사회 인사 등 교내·외의 구성원이 학교운영의 중요한 의사결정에 함께 참여하는 학교공동체이다.

(3) 제도적 장치

학교운영위원회는 학교 규모, 환경 등 개별 학교의 실정과 특색에 맞게 개성과 다양성을 살려 창의적인 교육이 가능한 제도적 장치라 할 수 있다.

나) 법규적 의미

(1) 법정 위원회

학교운영위원회는 법률, 시행령 및 조례(사립학교는 정관)에 근거하여 설치·운영되는데 법규적으로 반드시 설치하도록 하고 있는 기관이다.

(2) 심의·자문기구

학교운영위원회는 학교운영에 관한 주요사항에 대해 심의(국·공립학교)·자문(사립학교)을 거치도록 하고 있다.

(3) 독립 기구

학교운영위원회는 학교장(집행기관)과는 독립된 기구이다.

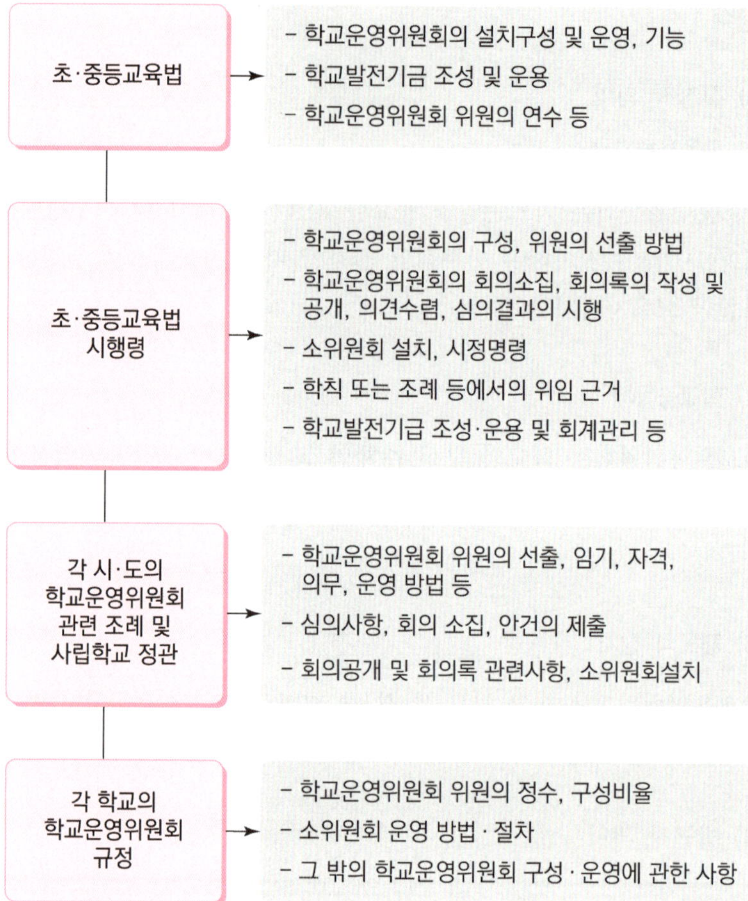

▲ 그림 5-1 학교운영위원회의 법령 체계

출처: 경기도교육청(2020)

4) 학교운영위원회의 구성

가) 구성원

해당 학교의 교원위원(학교장 포함), 학부모 위원, 지역위원

(1) 학부모 위원: 학교의 학부모를 대표하는 자

(2) 교원 위원: 학교의 교원을 대표하는 자

(3) 지역 위원: 학교 운영에 이바지하고자 하는 지역 인사 등

나) 학교운영위원회 구성 요소 및 역할

표 5-17 학교운영위원회 구성 및 역할

위원장	• 학교운영위원회의 대표, 의사정리 및 질서유지의 책임자 • 정기회·임시회 소집공고, 의사일정 작성·변경, 의안의 담당소위원회 심의 회부, 집행부서의 심의 의안 이송, 건의사항 처리결과 통보 등의 권한을 가짐
부위원장	• 위원장 유고시 부위원장이 직무를 대행한다.
운영위원	• 학교운영의 중요한 의사 결정에 참여한다.
간사	• 학교운영위원회 사무를 처리하기 위해 간사를 두되, 간사는 학교장의 추천을 받은 교직원 중 위원장이 위촉한다.

다) 위원정수 및 구성 비율(초 · 중등교육법 시행령 제58조 제1항)

표 5-18 위원정수

학생수	200명 미만	200명 이상 1천명 미만	1천명 이상
위원수	5~8명	9~12명	13~15명

※ 특성화고 및 마이스터고는 지역위원 중 2분의 1이상은 해당 학교가 소재하는 지역을 사업 활동의 근거지로 하는 사업자로 선출하여야 한다.

표 5-19 구성 비율

구분	일반학교	특성화고 및 마이스터고
학부모 위원	40%~50%	30%~40%
교원 위원	30%~40%	20%~30%
지역 위원	10%~30%	30%~50%

라) 학교운영위원회의 자격상실

표 5-20 자격 상실 사유

<table>
<tr><th>구 분</th><th>자격상실 사유</th><th>공통사유</th></tr>
<tr><td>교원
위원</td><td>① 소속을 달리하는 경우</td><td rowspan="3">④ 회의소집 통지를 받고도 사전 연락없이 3회 연속회의 불참하는 경우
⑤ 위원이 사임하고자 사직서를 위원장에게 제출 하는 경우
⑥ 「국가공무원법」제33조의 공무원 결격사유가 있는 경우
⑦ 다른 학교 위원을 겸할 수 없다.
⑧ 「초·중등교육법 시행령」제59조 제6항의 규정을 위반하여 그 지위를 남용하여 해당 학교와의 거래 등을 통하여 재산상의 권리·이익을 취득하거나 다른 사람을 위하여 그 취득을 알선한 경우</td></tr>
<tr><td>학부모
위원</td><td>② 자녀 학생이 졸업, 휴학, 전학 및 퇴학하는 경우
• 위원이 제출한 신상 자료에서 주요 내용에 거짓 사실이 발견되는 경우</td></tr>
<tr><td>지역
위원</td><td>③ 위원이 제출한 신상 자료에서 주요 내용에 거짓 사실이 발견되는 경우</td></tr>
</table>

※ 당연 자격 상실 사항: ①, ②, ⑥

5) 학교운영위원회의 구성절차

가) 학교운영위원회의 구성 절차

운영위원의 공정한 선출 관리를 위하여 학교 운영위원회 규정으로 학부모위원과 교원위원에 대한 선출관리위원회 구성과 운영에 필요한 사항을 정하고 그 규정에 따라 구성한다.

나) 학부모위원 선출

학부모위원은 민주적 대의절차에 따라 학부모 전체회의를 통하여 직접 선출한다. 학부모 전체회의에 직접 참석할 수 없는 학부모는 회의 개최 전까지 가정통신문에 대한 회신, 우편투표, 전자적 방법(「전자문서 및 전자거래기본법」제2조제2호에 따른 정보처리시스템을 사용하거나 그 밖에 정보통신기술을 이용하는 방법을 말한다)에 의한 투표 등 위원회규정으로 정하는 방법 및 절차에 의거해 후보자에게 투표할 수 있다.

표 5-21 구성 절차

단계	내용
학교운영위원회 규정 점검	• 운영위원 정수 및 구성비 확인(3월 1일 학생 수 기준) • 필요시 심의(자문)를 통한 학교운영위원회 규정 개정
↓	
학교운영위원회 구성계획 수립 및 선거홍보	• 학교운영위원회 구성 계획 수립 • 교직원 및 학부모에게 선출 관련 홍보(가정통신문, 게시판, 학교홈페이지 등)
↓	
선출관리위원회 구성	• 학부모위원(교원위원) 선출관리위원회 구성
↓	
선거공고 및 입후보	• 가정통신문, 게시판, 학교홈페이지 등을 통한 선거 공고 • 후보자 등록을 위한 충분한 기한 확보
↓	
학부모위원 및 교원위원 선출	• 임기만료 10일 이전까지 선출 • 선출방법 (학부모위원)학부모 전체회의에서 직접 선출 (교원위원)교직원 전체 회의에서 무기명 투표
↓	
지역위원 선출	학부모위원 및 교원위원의 추천을 받아 학부모위원 및 교원위원이 무기명 투표로 선출
↓	
위원장 및 부위원장 선출	교원위원이 아닌 위원 중에서 무기명 투표로 선출
↓	
선거결과 홍보	가정통신문, 게시판, 학교홈페이지 등을 통한 선거결과 홍보

다만, 학교의 규모·시설 등 객관적인 부득이한 사유로 인해 직접선출이 어려울 경우 학부모 대표회의에서 선출할 수 있다. 이러한 경우 당해 학교에서는 학교운영위원회 규정으로 그 사유와 선출방법을 명시적으로 정해야 한다.

다) 교원위원 선출

(1) 국공립학교

당연직 교원위원(학교장)을 제외한 교원위원은 교원 중에서 선출하되, 교직원(전체)회의에서 무기명투표로 선출한다.

(2) 사립학교

학교장을 제외한 교원위원은 정관이 정한 절차에 따라 교직원회의에서 추천한 자 중에서 학교장이 위촉한다.

라) 지역위원 선출

학부모위원당선자와 교원위원당선자(교장 포함)의 추천을 받아 학부모위원 당선자 및 교원위원 당선자가 무기명투표로 선출한다.

마) 위원장 및 부위원장 선출

위원장과 부위원장은 교원위원이 아닌 위원(학부모위원 또는 지역위원) 중에서 무기명투표로 선출한다.

나. 학교운영위원회 의무와 권한

1) 의무

가) 회의 참여의 의무

운영위원은 학교운영위원회가 소집되었을 때 회의에 출석하여 성실히 참여해야한다.

나) 지위남용 금지의 의무

학교운영위원회 위원이 그 지위를 남용하여 해당 학교와의 거래 등을 통하여 재산상의 권리·이익을 취득하거나 다른 사람을 위하여 그 취득을 알선한 경우에는 운영위원회 의결로 그 자격을 상실하게 할 수 있으며, 학교운영위원회 위원은 학교운영위원회 활동의 대가로 반대급부의 성격을 띤 보수나 수당을 요구할 수 없다(단, 운영위원의 대외적인 출장비 등은 예산범위 내에서 지급가능).

다) 비용부담 금지의 의무

학부모위원에게는 일반 학부모가 부담하는 비용 외에 일체의 비용을 부담지워서는 아니 된다.

2) 권한

가) 학교운영 참여권

운영위원은 학교운영위원회를 통하여 학교의 운영에 참여할 권리가 있다. 운영위원들은 자신이 대표하는 학부모, 교직원, 지역사회의 다양한 요구를 수렴하여 학교운영위원회에 건의하거나 제안할 수 있다. 다만, 운영위원들의 참여는 반드시 학교운영위원회를 통하여 이루어져야 한다.

나) 중요사항 심의 및 자문권

운영위원들은 「초·중등교육법」 제32조 및 「각 시도별 학교운영위원회 설치·운영 조례」에서 정한 학교운영에 관한 중요사항을 심의·자문할 권한이 있다. 운영위원들은 상정된 안건에 대해 질의, 논의 및 표결을 통해 학교운영의 자율성을 높이고 학교 특성에 맞는 다양한 교육을 실시할 수 있도록 하려는 학교운영위원회의 취지를 실현할 수 있다.

다) 보고 요구권

학교장이 운영위원회의 심의·의결 결과에 대해 다르게 시행하거나 운영위원회의 심의·자문사항임에도 불구하고 심의·자문을 거치지 않고 운영하는 경우, 운영위원회는 관련사항과 그 사유를 지체없이 학교운영위원회에 보고하도록 요구할 수 있다.

다. 학교운영위원회의 기능

1) 학교헌장과 학칙의 제정 또는 개정

학교헌장이란 단위학교의 설립 목적·교육 이념 및 목표와 주요 교육내용 등 그 학교에 대한 기본적인 사항을 서술한 문서를 의미하는데, 학교운영위원회는 학교구성원의 지혜와 의견을 집약하여 학교의 교육 목표와 운영의 원칙이 명시되는 학교헌장의 제·개정을 심의·자문하고, 이를 통하여 학생들이 학교에 대한 자긍심을 높이고 각 학교만의 독특한 교풍을 만들어 가는 데 기여할 수 있다.

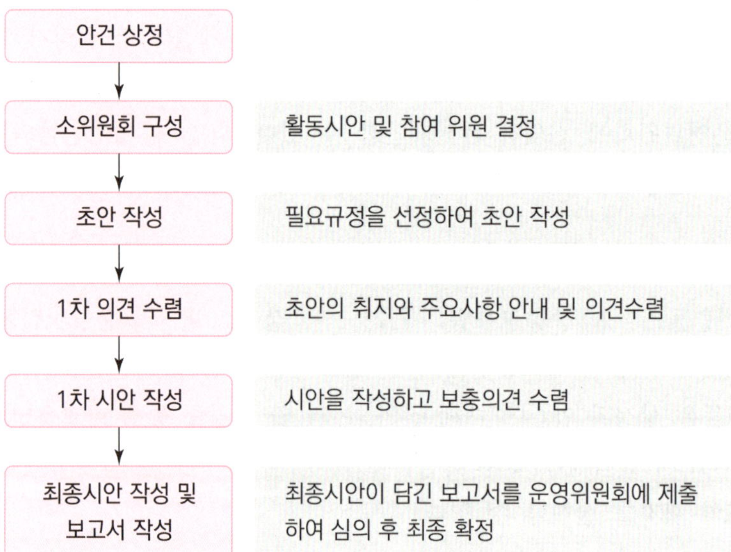

▲ 그림 5-2 학교운영위원회의 학칙 제·개정 절차

2) 학교 예산안 및 결산

학교운영위원회가 예산을 심의하여 학교구성원들의 다양한 요구(단위학교 운영의 자율성 및 효율성 제고)를 예산에 반영하고, 학교 재정을 투명하게 하여 궁극적으로 학교 교육력을 높일 수 있다.

읽을거리 예산과 결산의 불일치

<예산과 결산 용어 이해>

- 예산: 1년간의 단위학교 수입 · 지출의 예정표이며 학교의 교육계획을 금액으로 표시한 것이다.
- 결산: 1년 동안 학교의 수입 · 지출의 집행실적을 확정적 계수로 표시한 것으로 예산집행의 타당성을 평가하는 단위학교 재정운영의 가장 중요한 과정이다.

<예산과 결산은 일반적으로 불일치함>

- 예산 성립 후에 전년도로부터 이월액 발생
- 해당 년도의 불용액 발생
- 정세나 사정의 변동으로 예산 이용 및 전용 발생
- 목적경비 · 지원비 · 기부금 그리고 수익자부담 교육비 수입에 변동이 있는 경우

3) 학교교육과정의 편성 · 운영

학교 교육과정은 그 학교가 수용하고 있는 학생에게 책임지고 실현하여야 하는 해당 학교 교육의 설계도에 해당하며 구체적인 교육 운영 세부 실천 계획을 말한다. 해당 학교에 맞는 교육과정 운영에 대한 사항을 심의 · 자문하여 학생이 창의적이고 자기주도적인 학습능력을 배양하면서 학교를 즐거운 배움의 장소로 여길 수 있도록 편성 · 운영하는 구체적인 교육 활동이다.

가) 학교교육과정의 편성

각종 조사와 실태 분석을 통해 학교 교육과정 편성과 운영을 위한 기본 원칙과 방향을 결정하며, 정규 교육과정 편제와 시간 배당을 중심으로 학교 내·외에서 이루어지는 모든 교육활동을 대상으로 편성한다.

나) 학교교육과정 운영

학교마다 학생의 성취 수준, 교원 수급 등 교육여건이 다르므로 학교 구성원의 의견을 수렴하여 교육과정을 운영한다. 다만, 학교 교육과정을 국가 수준의 교육과정 기준에 적합한지, 지역과 학교의 특징 및 학생·학부모의 요구를 고려하였는지, 교육적 효과가 있었는지 등에 대한 자체 평가를 실시하여야 한다.

읽을거리 의결기구, 심의기구, 자문기구, 집행기구, 자생조직

- 의결기구: 어떤 단체의 의사를 결정하는 합의제 기구. 의결기구는 단체의 의견을 내부적으로 결정할 수 있으며, 단체는 의결기구의 결정에 기속되므로 결정 사항에 따라야함(각종 징계위원회, 지방의회 등).
- 심의기구: 어떤 단체 운영에 필요한 의사를 결정함에 있어 신중을 기하고, 운영에 관계하는 사람들의 의견을 조정·통합 및 견제하기 위해 사전적 논의 절차를 행하는 합의제 기구. 해당 단체는 심의기구 결정에 기속되지 않으므로 결정 사항을 반드시 따라야 할 필요는 없음.
- 자문기구: 어떤 단체 요청에 의하여 혹은 자발적으로 의사 결정에 참고가 될 의견을 제공하는 기구. 자문기구가 제공하는 답신·의견·건의로 법률상 해당 단체를 기속할 수 없음.
- 집행기구: 의결기구 또는 의사기구에 대해 그 의결 또는 의사 결정을 집행하는 기구나 행정기구를 말함.

관련법규

초중등교육법

제2절 학교운영위원회

제31조(학교운영위원회의 설치)

① 학교운영의 자율성을 높이고 지역의 실정과 특성에 맞는 다양하고도 창의적인 교육을 할 수 있도록 초등학교·중학교·고등학교 및 특수학교에 학교운영위원회를 구성·운영하여야 한다.

② 국립·공립 학교에 두는 학교운영위원회는 그 학교의 교원 대표, 학부모 대표 및 지역사회 인사로 구성한다.

③ 학교운영위원회의 위원 수는 5명 이상 15명 이하의 범위에서 학교의 규모 등을 고려하여 대통령령으로 정한다.[전문개정 2012.3.21]

제32조(기능)

① 국립·공립 학교에 두는 학교운영위원회는 다음 각 호의 사항을 심의한다.

1. 학교헌장과 학칙의 제정 또는 개정
2. 학교의 예산안과 결산
3. 학교교육과정의 운영방법
4. 교과용 도서와 교육 자료의 선정
5. 교복·체육복·졸업앨범 등 학부모 경비 부담 사항
6. 정규학습시간 종료 후 또는 방학기간 중의 교육활동 및 수련활동
7. 「교육공무원법」 제29조의3 제8항에 따른 공모 교장의 공모 방법, 임용, 평가 등
8. 「교육공무원법」 제31조 제2항에 따른 초빙교사의 추천
9. 학교운영지원비의 조성·운용 및 사용
10. 학교급식
11. 대학입학 특별전형 중 학교장 추천
12. 학교운동부의 구성·운영
13. 학교운영에 대한 제안 및 건의 사항
14. 그 밖에 대통령령이나 시·도의 조례로 정하는 사항

② 사립학교의 장은 제1항 각 호의 사항(제7호 및 제8호의 사항은 제외한다)에 대하여 학교운영위원회에 자문하여야 한다. 다만, 제1호의 사항에 대하여는 학교법인이 요청하는 경우에만 자문한다.

③ 학교운영위원회는 제33조에 따른 학교발전기금의 조성·운용 및 사용에 관한 사항을 심의·의결한다.[전문개정 2012.3.21]

초중등교육법 시행령

제2절 학교운영위원회

제58조(국 · 공립 학교운영위원회의 구성)

① 법 제31조의 규정에 의한 학교운영위원회(이하 "운영위원회"라 한다)중 국·공립의 초등학교·중학교·고등학교 및 특수학교(이하 제62조까지 "국·공립학교"라 한다)에 두는 학교운영위원회 위원의 정수는 다음 각 호의 구분에 의한 범위안에서 학교의 규모 등을 고려하여 당해 학교의 학교운영위원회규정(이하 이 절에서 "위원회규정"이라 한다)으로 정한다. [개정 2000.2.28]

1. 학생수가 200명 미만인 학교: 5인 이상 8인이내
2. 학생수가 200명 이상 1천명미만인 학교: 9인이상 12인이내
3. 학생수가 1천명 이상인 학교: 13인 이상 15인이내

② 국·공립학교에 두는 운영위원회 위원의 구성비율은 다음 각호의 구분에 의한 범위내에서 위원회규정으로 정한다.[개정 2011.3.18]

1. 학부모위원(당해 학교의 학부모를 대표하는 자를 말한다. 이하 이 절에서 같다): 100분의 40 내지 100분의 50
2. 교원위원(당해 학교의 교원을 대표하는 자를 말한다. 이하 이 절에서 같다): 100분의 30 내지 100분의 40
3. 지역위원(당해 학교가 소재하는 지역을 생활근거지로 하는 자로서 예산·회계·감사·법률 등에 관한 전문가 또는 교육행정에 관한 업무를 수행하는 공무원, 당해 학교가 소재하는 지역을 사업활동의 근거지로하는 사업자, 당해 학교를 졸업한 자 기타 학교운영에 이바지하고자 하는 자를 말한다. 이하 이 절에서 같다): 100분의 10 내지

100분의 30

③ 제2항의 규정에 불구하고 국립·공립의 제90조제1항제10호의 산업수요 맞춤형 고등학교 및 제91조제1항에 따른 특성화고등학교(자연현장실습 등 체험위주의 교육을 전문으로 실시하는 고등학교는 제외한다.) 운영위원회 위원의 구성비율은 다음 각호의 구분에 의한 범위내에서 위원회규정으로 정할 수 있다. 이 경우 지역위원중 2분의 1이상은 제2항제3호의 규정에 의한 사업자로 선출하여야 한다.[개정 2007.4.12, 2010.6.29]

1. 학부모위원: 100분의 30 내지 100분의 40
2. 교원위원: 100분의 20 내지 100분의 30
3. 지역위원: 100분의 30 내지 100분의 50

④ 제2항 및 제3항에도 불구하고 학생 수가 100명 미만인 국·공립학교에 두는 운영위원회 위원의 구성비율은 국립학교의 경우에는 학칙으로, 공립학교의 경우에는 시·도의 조례로 정하는 범위에서 위원회규정으로 달리 정할 수 있다. 이 경우 학부모위원, 교원위원 및 지역위원은 각각 1명 이상 포함되어야 한다.[신설 2011.3.18]

제59조(위원의 선출 등)

① 국·공립학교의 장은 운영위원회의 당연직 교원위원이 된다.

② 학부모위원은 민주적 대의절차에 따라 학부모 전체회의를 통하여 학부모 중에서 투표로 선출한다. 이 경우 학부모 전체회의에 직접 참석할 수 없는 학부모는 학부모 전체회의 개최 전까지 가정통신문에 대한 회신, 우편투표, 전자적 방법(「전자문서 및 전자거래 기본법」 제2조제2호에 따른 정보처리시스템을 사용하거나 그 밖에 정보통신기술을 이용하는 방법을 말한다)에 의한 투표 등 위원회규정으로 정하는 방법 및 절차에 따라 후보자에게 투표할 수 있다.[개정 2015.9.15, 2020.2.25]

③ 제2항에도 불구하고 학교의 규모·시설 등을 고려하여 학부모 전체회의를 통하여 학부모위원을 선출하기 곤란하다고 위원회규정으로 정한 사유에 해당하는 경우에는 위원회규정으로 정하는 바에 따라 학급별 대표로 구성된 학부모대표회의에서 학부모위원을 선출할 수 있다.[신설 2015.9.15]

④ 당연직 교원위원을 제외한 교원위원은 교원 중에서 선출하되, 교직원 전체회의에서 무기명투표로 선출한다.[개정 2000·2·28, 2015.9.15, 2020.4.7]

⑤ 제2항부터 제4항까지의 규정에도 불구하고「재난 및 안전관리 기본법」 제3조제1호에 따른 재난이나 그 밖의 불가피한 사유로 학부모 전체회의, 학부모대표회의 또는 교직원 전체회의를 개최하기 어려운 경우에는 제2항 후단에 따른 방법 및 절차에 따라 학부모위원 또는 당연직 교원위원을 제외한 교원위원을 선출할 수 있다.[신설 2020.4.7]

⑥ 지역위원은 학부모위원 또는 교원위원의 추천을 받아 학부모위원 및 교원위원이 무기명투표로 선출한다.[개정 2015.9.15, 2020.4.7]

⑦ 운영위원회에는 위원장 및 부위원장 각 1인을 두되, 교원위원이 아닌 위원중에서 무기명투표로 선출한다.[개정 2015.9.15, 2020.4.7]

⑧ 국·공립학교에 두는 운영위원회 위원이 그 지위를 남용하여 해당 학교와의 거래 등을 통하여 재산상의 권리·이익을 취득하거나 다른 사람을 위하여 그 취득을 알선한 경우에는 운영위원회의 의결로 그 자격을 상실하게 할 수 있다.[신설 2011.3.18, 2015.9.15, 2020.4.7]

참 고 문 헌

경기도교육청(2020). 학교운영위원회 업무편람.

초중등교육법

초중등교육법시행령 제58조. *(국· 공립 학교운영위원회의 구성)*

초중등교육법시행령 제59조. *(위원의 선출 등)*

CHAPTER

05 교원능력개발평가의 이해

가. 수립 목적 및 근거

1) 목적

교사에게는 자신의 교육활동에 대한 객관적인 성찰과 맞춤형 연수를 통한 전문성신장이 요구된다. 이에 교원능역개발평가는 교원의 교육활동에 대한 전문성을 진단하며 그에 따른 결과를 능력개발에 적용하여 궁극적으로 학교교육의 질 향상 도모 소통과 참여 중심의 교원 전문성 신장을 통한 공교육 신뢰 제고를 목적으로 실시한다.

2) 근거

• 대통령령 제28780호, (2018.4.3.) 「교원 등의 연수에 관한 규정」 제18조~제23조

> **제18조(교원능력개발평가)** ① 교육부장관 및 교육감은 법 제37조부터 제42조까지의 규정에 따른 연수자를 선발하기 위하여 매년 「유아교육법」 제2조 제2호에 따른 유치원 및 「초 · 중등교육법」 제2조에 따른 학교에 근무하는 교원의 능력을 진단하기 위한 평가(이하 "교원능력개발평가"라 한다)를 하여야 한다.

• 교육부훈령 제320호(2020.1.1.) 「교원능력개발평가 실시에 관한 훈령」

> **제1조(목적)** 이 훈령은 「교원 등의 연수에 관한 규정」(이하 "규정"이라 한다) 제23조에 따라 교원능력개발평가(이하 "평가"라 한다) 시행에 필요한 기준과 절차를 규정함을 목적으로 한다.

나. 교원능력개발평가 시행 방향

1) 교원능력개발평가 실시 목적

교원의 교육활동에 대한 전문성을 진단하고, 그 결과에 따른 능력개발을 지원하여 학교교육의 질 향상을 도모하기 위해 교사의 교육활동 전반(학습지도, 생활지도 등)을 진단하고 그 결과에 따른 능력 개발을 지원하여 소통과 참여 중심의 학교 수립과 함께 공교육의 신뢰 제고를 목적으로 한다.

2) 기본 방향

가) 교사의 전문성 신장 도모

교원, 학생, 학부모로 구성된 교육공동체가 참여하는 평가를 실시하고, 평가결과는 전문성 신장을 위한 자료로 적극 활용한다.

나) 평가과정 및 결과활용의 신뢰도 제고

학교에서 실시하는 교육활동을 평가하여 교사의 전문성 신장을 위함이며, 평가과정 및 결과활용의 공정성과 객관성을 확보하며, 평가결과 분석 후 결과활용의 확대를 통해 신뢰도를 제고한다.

다) 교원능력개발평가제 참여에 대한 교육공동체 인식 확산

(1) 교육공동체 간 소통과 참여 활성화로 평가제의 목적, 결과 활용 등에 대한 정확한 이해를 바탕으로 공정한 평가제를 실시한다.

(2) 교원 상호 간 지식과 경험이 원활하게 공유되고 지속적으로 학습이 일어날 수 있는 집단지성 체제 구축한다.

(3) 교원의 업무 부담이 최소화 할 수 있고, 객관적이며 공정한 평가가 이루어질 수 있는 체제를 만들 수 있다.

다. 교원능력개발평가 개요

1) 평가관리위원회

가) 평가관리위원회 구성 현황

교원평가관리위원회의 위원 구성 시, 교원이 아닌 위원 비율이 50% 이상이어야 함(훈령 제 13조 제3항)

나) 평가관리위원회 구성 현황

다) 평가관리위원회

(1) 교원능력개발평가 운영 홍보

(2) 교원능력개발평가 관련 의견수렴

(3) 교원능력개발평가 결과에 따른 분석

연번	직책	구 분	성 명
1	위원장		
2	위원(평가관리자)	교감	
3	학부모위원		
4	학부모위원		
5	학부모위원		
6	학부모위원		
7	외부위원		
8	교원위원		
9	교원위원		

라) 평가관리자

(1) 단위학교 평가 운영계획 수립

(2) 학교 평가관리위원회 운영 지원

(3) 평가 관련 회의, 협의회, 간담회 등 주관

(4) 평가 결과에 대한 분석 및 능력개발 지원

(5) 교원능력개발평가 실시를 위한 업무 추진

마) 평가실무자

(1) 학부모 만족도 조사 실시

(2) 영역별 평가자 그룹화 작업

(3) 교원능력개발평가 평가관리자 업무지원과 전체 업무 추진

바) 평가관리위원회 심의사항

(1) 소속 교원에 대한 교원능력개발평가 등의 학교 운영계획

(2) 평가참여자 구성 및 평가 문항의 개발 및 검토

(3) 평가대상자, 평가참여자, 평가내용 · 방법 · 절차 · 시기 등

사) 학부모 위원은 교원능력개발평가 관리위원과 겸임이 가능하며, 학교공동체 구성원과 협의하여 업무 내용을 결정할 수 있음

2) 평가의 주체 및 참여자

가) 평가 주체: 교육감

나) 위임: 교장 · 교감은 관할 교육장에게, 교사 · 수석교사는 소속 학교장에게 위임한다.

다) 평가대상자의 구성

(1) 국 · 공 · 사립 초 · 중 · 고 및 특수학교에 당해 학년도 기준 2개월 이상 재직하는 교원(계약제 교원 포함)

(2) 교육행정기관 및 연수기관의 파견교사는 평가대상에서 제외
: 평가제외대상자(제외사유): 2021년 3월~2022년 2월 ○○○ 파견

(3) 평가대상자(교사)의 권리와 의무

- 교원능력개발평가 운영에 적극적으로 참여해야 한다.

- 대상자는 평가 받음과 동시에 동료교원 평가에 참여한다.
- 평가 결과에 대해 원 자료 열람을 요청할 수 있다.
- 제도 개선에 대한 의견을 평가관리위원회에 제시할 수 있다.

라) 평가참여자의 구성

(1) 평가대상자로 결정된 교원 전체

(2) 직접 지도를 받은 학생

- 중1~고3 학생은 학생만족도조사에 참여함
- 초4~초6은 교사 전문성 신장을 위한 서술형 조사에 참여함

(3) 직접 지도를 받은(는) 학생의 학부모 전체(개별교원 대상)

※ 당해 학년도 평가 개시일까지의 기간 중 2개월 미만 재학한 학생과 그 학생의 학부모는 만족도조사 참여자에서 제외

마) 평가참여자 그룹의 구성

(1) 동료교원 평가참여자 그룹은 교장·교감 중 1인 이상, 수석교사(수석교사 미배치교는 부장교사) 1인 이상, 동료교사 등 포함 총 5인 이상으로 구성한다.

(2) 학생(의견)만족도조사 참여는 교사로부터 직접 지도를 받는 학생 전체가 참여하며, 학급 무선표집의 구체적인 방법은 학교급별 규모, 학년 및 교과 특성을 고려한다.

(3) 학부모만족도조사 참여는 지도받는 학생의 학부모 전체이며, 학부모 참여율은 객관성을 확보할 수 있는 수준으로 설정하고, 2자녀 이상이 동일 학교에 다닐 경우, 지도 교원 각각에 대해 만족도 조사에 참여하고, 동일 교원에 대해 중복 참여하지 않는다.

라. 평가 내용

1) 평가영역/요소/지표/문항의 구성

평가 영역은 교원의 교육활동 전반

- 교장 · 교감: 학교경영 영역
- 수석교사: 교수 · 연구 활동 지원, 학습지도, 생활지도, 집단지성 영역
- 교사: 학습지도, 생활지도, 집단지성 영역

* 비교과 교사: 학생지원 영역, 집단지성 영역(수업을 하는 경우, 학습지도 영역이 포함될 수 있음)

* 수석교사는 동료교원평가에 교수 · 연구활동지원 영역 추가

평가 영역	평가 요소	평가(조사) 지표	평가 문항	매우 우수	우수	보통	미흡	매우 미흡
학교 경영 (5개 요소, 11개 지표)	학교 교육계획	• 학교 경영 목표 관리 • 교육과정 편성 · 운영 • 창의 · 인성 학생 관리	• 학교 경영 목표 관리 지원 • 교육과정 편성 · 운영 지원 • 학사업무관리					
	교내장학	• 교실수업개선 • 자율장학운영	• 교실수업개선 지원 • 자율장학 지원					
	교원인사	• 교원인사관리	• 인사업무 수행					
	시설관리 및 예산운용	• 시설관리 • 예산 편성 · 집행						
	소통과 배려	• 민주적 학교운영 • 조직 협업문화 기여 • 학부모 및 지역사회 연계	• 민주적 학교운영 지원 • 조직 협업문화 기여 • 학부모 및 지역사회연계 지원					

2) 일반교사에 대한 평가 영역/요소/지표

동료교원 평가지(일반교사-담임교사용 예시) 평가대상자: ○○○ 선생님

평가영역	평가요소	평가(조사)지표	평가 문항	매우우수	우수	보통	미흡	매우미흡
학습지도	수업준비	교과내용 분석	학습목표 도달을 위해 교과내용 분석에 노력하는가?					
		수업계획 수립	교과내용과 특성에 맞는 수업목표, 수업방법, 평가계획 등을 체계적으로 수립하는가?					
	수업실행	학습환경 조성	다양한 방법으로 학생의 흥미와 호기심을 자극하며 허용적 수업 분위기 조성을 위해 노력하는가?					
		교사·학생 상호작용	생각의 차이를 존중하면서 학생과의 의사소통이 원활한가?					
		학습 자료 및 매체 활용	배움의 효과를 높이기 위해 교수·학습자료를 적절하게 활용하는가?					
	평가 및 활용	평가내용 및 방법	학생 수준을 고려하여 적절한 평가 방법을 적용하는가?					
		평가 결과의 활용	평가 결과에 따라 학생들에게 적절한 피드백을 제공하는가?					

평가영역	평가요소	평가(조사) 지표	평가 문항	매우우수	우수	보통	미흡	매우미흡
생활지도	상담 및 정보제공	개별학생 특성 파악	학생 개개인의 특성을 파악하여 관심을 갖고 지도하는가?					
		진로 진학 지도	학생의 특기와 적성을 파악하여 그에 적합한 진로진학지도를 위해 노력하는가?					
	문제행동 예방 및 지도	학교생활 적응 지도	학생들이 학교생활에 잘 적응하도록 폭력 · 자살 · 집단 따돌림 예방, 교우관계, 생활안전, 학칙준수 등에 관심을 갖고 지도하는가?					
		건강 · 안전 지도	학생들에게 건강과 안전에 대한 정보를 제공하고 안전사고 예방 지도를 위해 노력하는가?					
	생활습관 및 인성지도	기본생활 습관 지도	학생들이 기본생활습관과 바른 품성을 갖출 수 있도록 꾸준히 지도하는가?					
집단지성	책무성	교육자의 품위유지	교사로서의 품성과 자긍심을 가지고 자기계발을 위해 노력하는가?					
	업무수행	혁신적 업무 추진	동료교원과 협력하여 업무를 혁신하기 위해 노력하는가?					
	소통과 배려	조직 협업문화 기여	교육공동체 과제나 공동의 목표에 관심을 갖고 상호 존중하며 배려 · 참여하는가?					

학생 만족도조사지(교과담당용 예시)

평가대상자: ○○○ 선생님

평가영역	평가요소	평가(조사) 지표	평가 문항	만족도				
				매우그렇다	그렇다	보통이다	그렇지않다	매우그렇지않다
학습지도	수업 준비	수업 계획 수립	선생님은 수업 및 평가 계획을 알려주십니다.					
	수업 실행	학습 자료 및 매체 활용	선생님은 학습내용을 이해할 수 있도록 가르쳐 주십니다.					
	평가 및 활용	평가내용 및 방법	선생님은 다양한 방법으로 우리가 배운 내용을 평가해 주십니다.					
생활지도	문제행동 예방 및 지도	학교생활 적응 지도	선생님은 우리가 학교생활에 잘 적응할 수 있도록 지도해 주십니다.					
	생활습관 및 인성지도	기본생활 습관지도	선생님은 언어 · 예절교육 등을 통해 우리가 기본생활습관을 지니도록 지도해 주십니다.					

※ 위의 조사내용 이외에 선생님의 교육활동과 관련된 여러분의 의견을 자유롭게 기술하여 주시기 바랍니다.

마. 평가방법 및 실시

1) 동료교원평가: 5점 척도 계량적(체크리스트) 평가 및 자유서술식평가 병행
2) 학생 · 학부모 만족도조사: 5점 척도 계량적(체크리스트) 평가 및 자유서술식평가 병행

3) 평가 실시 방법

가) 평가(만족도조사) 시작 시기: 2021.9.○.(요일)

나) 평가(만족도조사) 종료 시기: 2021.11.○.(요일)

4) 평가 참여 방식 및 판단 정보 제공 등

평가 및 참여 방법 개선으로 평가의 객관성 제고

- 교내자율장학 등과 연계하여 동료교원평가 실시 권장
- 동료교원, 학생, 학부모에게 제시할 교원의 교육활동 소개 자료는 평가 문항을 직접 판단할 수 있는 내용으로 탑재

  * 현재 운영하고 있는 학급홈페이지나 관련 사이트 제시 가능
- 교육정보시스템 참여자 익명성 보장 강화
- 학생에 대한 사전 교육 및 학생만족도조사 참여 등 안내

  * 학생들끼리 약속하여 특정 교사에 대해 보복성 응답을 하지 않도록 사전교육
- 동료교원평가의 질 제고를 위한 수업분석능력 연수 사전 실시

바. 평가 결과

1) 평가 결과 통보

평가가 마감되면 해당교원은 학교에서 정한 열람기간 중 NEIS시스템을 통해 평가종류별, 평가지별 평가결과와 개인별 합산표 등을 열람.

2) 이의신청 및 원자료 열람

평가대상자는 자신의 평소 교육활동 노력에 비해 평가결과가 현저한 차이가 있다고 판단될 경우, 평가결과 열람기간 종료일 다음 날로부터 1주일 이내에 '원자료'의 열람을 평가관리자(교감)에게 요구할 수 있음

3) 평가 결과 활용 방안

가) 맞춤형 연수 운영

결과분석에 따라 교사는 자기능력개발 계획서를 작성하고, 학교는 단위학교 평가결과를 온라인평가시스템을 통해 확인하고 그 결과를 분석하여 학교 구성원 간 공유하며, 평가결과를 활용한 학교 단위 맞춤형 연수 실시 권장한다.

〈교원능력개발평가 맞춤형 연수 유형〉

대 상	연수명	연수시간
우수교원	학습연구년 특별연수	1년
일반교원	평가지표별 직무연수	15시간 이상
지원필요교원	단기 능력향상연수	60시간 이상
	장기기본 능력향상연수	150시간 이상
	장기심화 능력향상연수	6개월 이상

나) 능력향상연수별 운영 방법

(1) (단기능력향상연수) 능력개발지원이 필요한 평가요소 및 평가지표에 대한 연수프로그램 개발·개설
교육감 또는 교육장, 학교장의 연수지명에 따라 60시간 이상 직무연수 이수

(2) (장기기본 능력향상연수) 방학 중 연수기관에서의 집중연수를 통해 현장적응을 돕고, 학기 중에는 현장성 있는 연수를 실시
학교에서 교감의 지도를 받아 150시간 이상 직무연수 실시

(3) (장기심화 능력향상연수)
장기심화 능력향상연수 표준 교육과정(훈령 제320호, 제15조 3항 관련)에 의거하여 6개월 연수 파견(평화교육연수원)

4) 정보 공시 및 자료 보관

가) 정보 공시

• 익년 4월 정보공시 지침에 따라 정보를 공시

나) 자료의 보관

• 자료의 보관은 훈령 및 교육부 지침에 따라 보관

〈훈령 제16조 및 교육부 지침에 따른 자료별 보관 요령〉

자료명	자료	출력	기간	결재	매체	비 고
학교 교원능력개발평가 운영 계획서	파일	×	5년	○	업무관리 시스템	
개인별 원자료 (합산표/체크리스트/서술형)	파일	×	5년		USB 등	온라인평가시스템 파일 내려 받기
능력개발계획서	파일	×	5년	○	업무관리 시스템	온라인평가시스템 파일 내려 받기
학교 교원능력개발평가 운영 결과 보고서	파일	×	5년	○	업무관리 시스템	온라인평가시스템 제공 파일을 활용하여 작성

〈평가절차에 따른 세부 시행 계획(예시)〉

순	활동 내용	일시 (기간)	담당자	비고
1	평가관리자 및 평가실무자 임명	3월	학교장	
2	교원능력개발평가 관리위원회 구성, 운영 규정 개정 등	3~4월	평가관리(실무)자	학교운영위원회 심의
3	관리위원회 실시, 운영계획 수립	3~4월	학교장 평가관리(실무)자	학교장 결재 홈페이지 공개
4	동료평가참여자 그룹 구성 확정	8월	평가관리(실무)자	

순	활동 내용	일시 (기간)	담당자	비고
5	교원 대상 연수 · 홍보	6월~9월	평가관리(실무)자	평가문항 구성 관련 의견 수렴
6	학생 · 학부모 대상 연수 · 홍보	6월~9월	평가관리(실무)자	평가문항 구성 관련 의견 수렴
7	수업 공개	6월~9월	전교원	
8	교육활동 소개자료 양식 구성	8월~9월	평가관리(실무)자	
9	평가 기초 자료 NEIS 입력	8월	평가관리(실무)자	
10	교육활동 소개자료 탑재	8월~9월	전교원	교사 개별 작성 · 저장
11	평가방법 안내(연수 및 홍보)	9월~10월	평가관리(실무)자	
12	학생 · 학부모 만족도조사 실시	9월~10월	평가참여자	
13	동료교원평가 실시	9월~10월	교원 전체	
14	평가결과 취합 및 정리	11월	평가관리자	
15	평가결과 보고	12월	평가관리자	학교장에게 보고
16	평가결과 통보	12월	학교장	해당 교사
17	결과분석 및 능력개발계획서 제출 · 수합	12월	평가관리자	학교장에게 제출
18	학교보고서 심의 및 보고(제출)	12월	평가관리자 교원평가 관리위원회	학교장에게 보고 NEIS 시스템 상 제출버튼 클릭
19	맞춤형 자율연수 실시 및 능력개발실적 자기점검 실시	익년 2월~ 11월	전교원	
20	학교 교원능력개발평가 결과 정보공시	익년 4월	평가관리자	

관련법규

교원 등의 연수에 관한 규정

[시행 2018. 4. 3.] [대통령령 제28780호, 2018. 4. 3., 일부개정]

제4장 교원능력개발평가

제18조(교원능력개발평가) ① 교육부장관 및 교육감은 법 제37조부터 제42조까지의 규정에 따른 연수자를 선발하기 위하여 매년 「초·중등교육법」에 따른 학교에 근무하는 교원의 능력을 진단하기 위한 평가(이하 "교원능력개발평가"라 한다)를 하여야 한다.

② 교원능력개발평가는 교원 상호 간의 평가 및 학생·학부모의 만족도 조사 등의 방법으로 한다.

제19조(평가의 원칙) 교육부장관 및 교육감은 다음 각 호의 원칙에 따라 교원능력개발평가를 하여야 한다.

1. 평가대상 및 평가참여자의 범위는 평가의 공정성 및 신뢰성이 확보될 수 있도록 기준을 정할 것
2. 평가방법은 계량화할 수 있는 측정방법과 서술형 평가방법 등을 함께 사용하여 평가의 객관성 및 타당성을 확보할 것
3. 평가에 참여하는 교원, 학생 및 학부모의 익명성을 보장할 것
4. 평가에 관한 학교의 자율성을 최대한 보장할 것

제20조(평가항목) 교원능력개발평가는 평가대상 교원에 따라 다음 각 호의 구분에 따른 항목을 평가한다.

1. 교장 및 교감: 학교 경영에 관한 능력
2. 수석교사: 학습지도 및 생활지도 등에 관한 능력과 교사의 교수·연구 활동 지원 능력
3. 교사: 학습지도 및 생활지도 등에 관한 능력

제21조(평가 결과의 통보 및 활용) ① 교육부장관 및 교육감은 교원능력개발평가를 하였을 때에는 그 평가 결과를 해당 교원과 해당 교원(학교의 장은 제외한다)이 근무하는 학교의 장에게 통보하여야 한다.

② 교육부장관, 교육감 및 학교의 장은 교원능력개발평가의 결과를 직무연수 대상자의 선정, 각종 연수프로그램의 개발 및 제공, 연수비의 지원 등에 활용할 수 있다.

제22조(교원능력개발평가 관리위원회) ① 교육감 및 「초·중등교육법」에 따른 학교의 장은 교원능력개발평가에 필요한 사항을 심의하기 위하여 해당 교육청 및 학교별로 교원능력개발평가 관리위원회(이하 "위원회"라 한다)를 구성·운영하여야 한다.

② 위원회는 교원, 학부모 및 외부 전문가 등을 포함하여 5명 이상 11명 이하의 위원으로 구성한다.

③ 위원회의 심의사항, 구성 및 운영 등에 필요한 세부 사항은 교육부장관이 정하는 기준에 따라 교육감과 해당 학교의 장이 각각 정한다.

제23조(세부 평가방법) 교원능력개발평가의 구체적인 방법과 기준은 다음 각 호의 사항에 관하여 교육부장관이 정하는 기준과 절차에 따라 교육감이 정한다.

1. 평가대상 교원 및 평가대상에서 제외되는 교원의 범위와 기준
2. 평가에 참여하는 교원, 학생 및 학부모의 범위
3. 평가항목의 추가 및 조정
4. 평가의 방법 및 절차
5. 평가시기
6. 연수자의 선정 기준·방법 등 평가 결과의 활용 및 연수 지원
7. 그 밖에 교원능력개발평가에 필요한 중요 사항

교원능력개발평가 실시에 관한 훈령
[시행 2020. 1. 1.] [교육부훈령 제320호, 2020. 1. 1., 일부개정.]

제1장 총칙

제1조(목적) 이 훈령은 「교원 등의 연수에 관한 규정」(이하 "규정"이라 한다) 제23조에 따라 교원능력개발평가(이하 "평가"라 한다) 시행에 필요한 기준과 절차를 규정함을 목적으로 한다.

제2조(적용범위) 이 훈령은 「유아교육법」 제2조제2호 및 「초·중등교육법」 제2조에 따른 학교(유치원을 포함한다. 이하 같다)에 근무하는 교원에게 적용한다.

제3조(정의) 이 훈령에서 사용되는 용어의 정의는 다음과 같다.

1. 평가관리자: 평가시행을 관리하는 담당자로 학교의 교감(원감을 포함한다. 이하 같다)과 교육청의 주무부서 과장
2. 평가실무자: 평가관리자를 보좌하는 평가실무 담당자로 학교의 업무담당교사와 교육청의 주무부서 업무담당자

제2장 평가 실시

제4조(평가시행 주체) 평가시행 주체는 교육부장관(이하 '장관'이라 한다) 및 시·도 교육감으로 한다. 다만, 위임에 따라 교육장 및 학교장(유치원장을 포함한다. 이하 같다)이 실시한다.

제5조(평가대상 교원) ① 평가대상 교원은 제2조에 따른 학교에 매 학년도 기준 2개월 이상 재직하는 교원으로 계약제 교원을 포함한다. 다만, 교육행정기관 및 연수기관 소속 및 파견 교사의 평가대상 여부는 시·도 교육감이 정하고, 전일제로 근무하지 않는 계약제교원의 평가대상 여부는 해당 학교장이 정한다.

② 삭제

③ 평가대상 교원은 공정하고 객관적인 평가여건을 조성하기 위해 평가참여자에게 자신의 교육활동 및 교육지원활동에 대한 직·간접적 교육활동 소개자료를 제공하여야 한다.

제6조(학교구성원의 평가 참여) ① 교원은 동료교원평가에 참여하되 구체적인

평가대상자별 평가참여자 구성은 평가관리위원회의 심의를 거쳐 학교장이 다음 각 호의 기준에 따라 정한다.

1. 「유아교육법」 제20조에 따른 교원은 평가대상자별로 원장·원감 중 1인 이상, 수석교사(수석교사 미배치교는 부장교사) 1인 이상, 동료교사 등 포함 총 3인 이상의 교원이 참여하되, 소규모 유치원은 2인 이상의 교원이 참여하거나, 초·중등학교와 통합하여 구성할 수 있다.
2. 「초·중등교육법」 제19조에 따른 교원은 평가대상자별로 교장·교감 중 1인 이상, 수석교사(수석교사 미배치교는 부장교사) 1인 이상, 동료교사 등 포함 총 5인 이상의 교원이 참여하되, 소규모학교는 전체 교원을 하나의 평가참여자집단으로 구성할 수 있다.

② 초등학교 4학년부터 6학년까지의 학생은 교사의 전문성 신장을 위한 자기성찰적 의견조사에 참여하게 하고, 중학년 1학년부터 고등학교 3학년까지의 학생은 교사대상 만족도조사에 참여하도록 한다. 다만, 2개월 미만 재학 학생은 참여에서 제외한다.

③ 학부모는 교장(원장을 포함한다. 이하 같다), 담임교사 외 1인 이상 총 3인 이상의 교원에 대한 만족도조사에 참여하도록 한다. 다만, 2개월 미만 재학 학생의 학부모는 참여에서 제외한다.

제7조(평가계획 등의 수립 · 안내) ① 시·도교육감은 매 학년도 2월말까지 당해 학년도 평가 결과를 참고하여 차기 학년도 평가시행계획을 수립하여 학교에 안내하고, 장관에게 보고하여야 하며, 학교장은 평가시행계획에 따라 평가운영계획을 4월말까지 수립하여 시행하여야 한다.

② 시·도교육감은 평가실시 전에 단위학교 평가관리자 및 실무자를 대상으로 평가시행계획에 대한 연수를 실시하고, 학교장은 소속 교원·학생·학부모를 대상으로 평가운영계획에 대해 연수·교육·홍보하여야 한다.

제8조(평가영역 · 요소 · 지표) ① 시·도교육감은 초·중등학교 교원에 대해 별표 1, 유치원 교원에 대해 별표1의2에 따라 평가의 영역·요소·지표를 정한다.

② 시·도교육감은 필요할 경우 제1항의 평가영역·요소·지표 외에 별도의 영역·요소·지표를 추가할 수 있다.

제9조(평가문항) ① 시·도교육감은 제8조에 따라 교장·교감 평가문항을 정하고, 학교장은 소속 수석교사·교사의 평가문항을 정하며, 개별교원 특색교육활동 문항을 추가할 수 있다.

② 제1항에 따른 평가 문항 수는 별표 2에 따라 구성한다.

③ 시·도교육감과 학교장은 평가문항을 정할 때 사전 의견수렴을 거쳐야 하며, 평가관리위원회의 심의를 거쳐 확정하되, 평가실시 전에 공개하여야 한다.

제10조(평가방법) ① 평가는 「유아교육법」 제19조의2 및 「초·중등교육법」 제30조의4와 제30조의5에 따라 교육정보시스템을 사용하여야 한다. 다만, 학부모의 경우 종이설문지를 활용할 수 있다.

② 평가지는 5단척도 체크리스트 응답 방식과 서술형 응답 방식을 병행하여 제공하여야 한다. 다만, 초등학생 4학년부터 6학년은 별표 2에 따른다.

제11조(평가시기) 평가는 매 학년도마다 실시하되 11월말까지 종료하여야 한다.

제3장 평가관리위원회

제12조(평가관리위원회 심의사항) 규정 제22조제2항에 따른 평가관리위원회는 다음 각 호의 사항을 심의한다.

1. 소속 교원에 대한 평가 시행 또는 운영 계획
2. 소속 교원에 대한 평가의 구체적인 평가대상자 및 평가참여자, 평가내용·방법(학생·학부모 참여방식 등)·절차·시기
3. 평가문항의 선정에 관한 사항
4. 평가결과에 대한 해당 교원의 원자료 열람 여부
5. 교육청·단위학교 평가 운영결과 보고서
6. 평가결과에 따른 능력개발 지원 계획, 맞춤형연수 대상자 선정 및 추천에 관한 사항
7. 평가 및 맞춤형연수 거부·방해·해태한 교원에 대한 조치 사항
8. 기타 평가 실시를 위해 필요하다고 인정되는 사항

제13조(평가관리위원회 구성) ① 교육청 평가관리위원회 위원 수는 5인 이상 11

인 이하로 '교육청 시행 계획'으로 정하고, 단위학교 평가관리위원회 위원 수는 5인 이상 11인 이하로 학교 소속 교원 수를 고려하여 '단위학교 평가관리위원회 운영 규정'으로 정한다. 다만, 소규모 유치원의 경우 초·중등학교와 통합하여 구성할 수 있다.

② 교육청의 평가관리위원회 위원은 교육감이 위촉하며, 위원장은 위원회에서 호선한다.

③ 단위학교 평가관리위원회는 다음 각호의 위원으로 구성하며, 위원장은 위원회에서 호선한다. 다만, 위원회 구성에 있어서 '교원이 아닌 위원'의 비율을 50%이상으로 하여야 한다.

1. 당연직 위원으로 학교장이 지명하는 교감 1인 및 교무협의회에서 무기명 투표로 선출되는 교원위원
2. 학교운영위원회 또는 학부모회대표의 추천으로 학교장이 위촉하는 학부모위원
3. 학교장이 위촉하는 외부전문가위원

제14조(평가관리위원회 운영) ① 평가관리위원회 위원은 임기를 1년으로 하고, 1회에 한해 연임할 수 있으며, 학년도 단위로 선출한다.

② 평가관리위원회는 위원장의 요구로 개회한다.

③ 평가관리위원회의 회의 내용 및 결과는 비공개를 원칙으로 하되, 부득이한 경우 위원회의 결정으로 공개할 수 있다.

제4장 평가결과 활용 및 처리

제15조(결과활용) ① 시·도교육감과 학교장은 평가 실시 후 평가결과를 평가대상 교원에게 제공하여야 한다.

② 평가대상 교원은 전문성 개발을 위한 능력개발계획서를 작성하여 시·도교육감 또는 학교장에게 제출하여야 한다.

③ 시·도교육감과 학교장은 평가결과를 분석하여 활용계획을 수립하고, 평가대상 교원을 대상으로 별표 3, 4, 5에 따라 맞춤형연수를 지원하며, 차기 학년도 교원연수계획 등에 반영하여야 한다.

제16조(자료보관) 개인별 원자료는 소속 학교에 전자파일로 5년간 보관한다.

제17조(징계 등) 평가 및 맞춤형연수 등을 고의로 거부·방해·해태하는 교원에 대해서는 시·도교육청 평가관리위원회의 심의를 통하여 징계 등을 요청할 수 있다.

제18조(관리·점검) 시·도교육감은 평가 실시 등에 관해 소속 기관 및 학교를 관리·점검하여야 한다.

제19조(결과보고) ① 평가관리자는 운영결과보고서(결과활용지원계획 포함)를 작성하여 시·도교육감 및 학교장에게 제출하여야 한다.

② 시·도교육감은 시행결과종합보고서를 다음해 1월말까지 장관에게 보고하여야 한다.

제20조(정보공시) 학교장은 동료교원평가지, 학생 및 학부모만족도조사지, 교사에 대한 교원능력개발평가 등의 결과(학교 평균값)를 다음해 4월말까지 유치원정보공시사이트 및 학교정보공시사이트에 공개한다.

제21조(재검토기한) 교육부장관은 이 훈령에 대하여 「훈령·예규 등의 발령 및 관리에 관한 규정」에 따라 2020년 1월 1일 기준으로 매3년이 되는 시점(매 3년째의 12월 31일까지를 말한다)마다 그 타당성을 검토하여 개선 등의 조치를 하여야 한다.

부칙 〈제320호, 2020. 1. 1.〉

제1조(시행일) 이 훈령은 발령한 날부터 시행한다.

참 고 문 헌

대통령령 제28780호, (2018.4.3.)「교원 등의 연수에 관한 규정」 제18조~제23조

경기도교육청(2020). 단위학교 교원능력개발평가 운영계획

교육부훈령 제320호(2020.1.1.) "교원능력개발평가 실시에 관한 훈령"

저자소개

신재한 교수

- 대구교대 국어교육학 학사
- 경북대 석,박사(교수이론/교육방법/교수법)

논문

• 뇌과학적 고찰을 통한 뇌교육 기반 인성교육 방향 탐색
• 뇌교육 기반 인성놀이 프로그램이 초등학생의 인성지수에 미치는 효과
• 뇌교육 기반 인성계발 통합프로그램이 아동의 자아존중감 및 사회성에 미치는 영향
• 뇌교육 기반 인성교육과정이 청소년의 인성지수에 미치는 영향
• 에너지집중력 스톤을 활용한 자석놀이가 초등학생의 집중력과 두뇌활용능력에 미치는 영향
• 테니스 운동 경력자와 비경력자의 뇌파와 두뇌활용능력의 차이 분석
• 두뇌활용능력의 이론 및 원리 탐색

학술연구

• 인성교육 평가 모형 및 지표 개발 연구
• 2015개정 교육과정 및 교과서 개발 연구
• 학교폭력 예방을 위한 학교장 연수프로그램 -개발 연구
• 진로캠프 프로그램 개발 연구
• 집중력 향상 프로그램 개발 연구

저서

• 인성교육의 이론과 실제
• 뇌기반 자기주도학습의 이론과 실제

• 교육 프로그램 개발의 이론과 실제
• 창의인성교육을 위한 수업 설계 전략
• 융합교육의 이론과 실제
• 자유학기제의 이론과 실제
• 구조중심 협동학습 전략
• 수업컨설팅의 이론과 실제

조진호 교수

인하대학교 대학원 교육학과 박사

대학수학능력시험 출제위원 역임

한국직업교육학회 재무이사

교육부 교육과정심의회 전문위원

부경대학교 수산과학대학 부학장

부경대학교 수해양산업교육과 조교수

인공지능 시대 미래 핵심 역량 향상을 위한 교직실무의 이해

초판발행 2022년 3월 2일

지은이 신재한 · 조진호
펴낸이 노 현

편 집 김윤정
기획/마케팅 오치웅
표지디자인 이수빈
제 작 고철민 · 조영환

펴낸곳 ㈜ 피와이메이트
서울특별시 금천구 가산디지털2로 53 한라시그마밸리 210호(가산동)
등록 2014. 2. 12. 제2018-000080호
전 화 02)733-6771
f a x 02)736-4818
e-mail pys@pybook.co.kr
homepage www.pybook.co.kr
ISBN 979-11-6519-184-9 93370

정 가 26,000원